문명의 텍스트로 읽는 『국가』

석학人文강좌 21

문명의 텍스트로 읽는 『국가』

초판 1쇄 인쇄 2018년 12월 3일

초판 1쇄 발행 2018년 12월 10일

지은이 김남두

펴낸이 이방원

편 집 강윤경 · 김명희 · 안효희 · 윤원진 · 홍순용

디자인 박혜옥 · 손경화 **영업** 최성수 **마케팅** 이미선

펴낸곳 세창출판사

출판신고 1990년 10월 8일 제300-1990-63호

주소 03735 서울시 서대문구 경기대로 88 냉천빌딩 4층

전화 02-723-8660

팩스 02-720-4579

이메일 edit@sechangpub.co.kr

홈페이지 http://www.sechangpub.co.kr

ISBN 978-89-8411-781-5   04100

    978-89-8411-350-3(세트)

이 도서의 국립중앙도서관 출판시도서목록(CIP)은 서지정보유통지원시스템 홈페이지(http://seoji.nl.go.kr)와

국가자료공동목록시스템(http://www.nl.go.kr/kolisnet)에서 이용하실 수 있습니다. (CIP제어번호: CIP2018037663)

석학人文강좌 21

문명의 텍스트로 읽는 『국가』

김남두 지음

세창출판사

"어제 나는 아리스톤의 아들 글라우콘과 함께 피레우스에 내려갔었다네."
『국가』의 첫 구절은 이렇게 시작된다. 화자인 나는 소크라테스임이 곧 밝혀
진다. 어제 일어났던 일을 그가 누구에겐가 이야기하는 형식으로 서술되는
이 책은 특정 시간과 공간에서 사람들이 만나 특정 주제에 관해 대화하는
사건을 전해 주고 있다. 이런 대화가 철학적 활동의 한 경우라면 플라톤의
이 저술에서 독자에게 일차적으로 주어지는 것은 철학적 교설 이전에 철학
적 활동의 기록이라고 할 수 있다.

정의란 무엇이며 과연 정의로운 사람이 더 행복한 삶을 사는지를 물으며
진행되는 대화에서 플라톤 자신은 대화 참여자로 등장하지 않는다. 따라서
독자들은 등장하는 인물들의 이야기를 접할 뿐 플라톤 자신의 주장을 직접
들을 수 없다. 작품에 나오는 소크라테스가 플라톤의 생각을 대변한다는 통
상의 믿음이 타당하다고 하더라도, 소크라테스는 플라톤의 대변자이기만
한 것인지, 또 대화에 참여하는 다른 사람들의 이야기는 플라톤의 생각과 관
련이 없는 것인지 등의 물음이 다시 제기된다.

플라톤이 왜 자신의 생각을 주장의 형식으로 직접 말하지 않고 이런 대화
의 형식을 취했느냐의 물음에 대해 여러 대답이 제시되어 왔다. 철학적 내
용과 큰 상관없는 문학적 장치일 뿐이라거나, 구술 시대 소통 방식의 잔재가
아직 남아 영향을 미친 것이라는 입장에서부터, 구체적 개인들의 살아 있는
대화만이 철학이 이루어지는 현장이며, 따라서 구체적 활동으로서 대화의

형식은 플라톤 철학의 본질과 뗄 수 없는 것이라는 데 이르기까지 그 대답은 다양하다.

대화체 언술 방식에 대한 물음에 어떤 입장을 취하든 플라톤 저술의 이런 형식이 저자와 독자의 관계를 여느 철학 저술과는 다른 방식으로 설정한다고 말할 수 있다. 독자에게 일차적으로 주어지는 것이 저자의 철학적 교설이 아니라 특정 시간과 특정 장소에서 소크라테스를 비롯해 역사적으로 실존했다고 알려진 인물들 사이에 이루어진 대화이며, 등장인물들도 대부분 역사적으로 실존했던 인물들이니 만치, 우선 나오는 인물들이 누구인지, 이야기는 언제 일어난 것으로 설정되는지 등 우리가 희곡 작품이나 역사서를 읽으면서 던질 법한 물음들이 제기된다. 대화 중에 철학적 교설이 제시되는 경우에도 그것이 저자의 주장인지 혹은 다른 누군가의 주장인지가 문제가 되며, 나아가 그것이 실제 주장되는 것인지, 잠정적인 가설인지 혹은 어떤 다른 언술적 장치와 함께 주어지는지 살펴볼 필요가 있다. 대화자들을 매개로 저자는 논의에서 항시 구조적으로 한 발짝 물러서 있게 되며, 독자들은 작품 내 대화자들의 논의에 자신의 입장을 취하며 대화 진행 과정에 개입한다.

소크라테스의 대화 상대자들은 제기된 문제에 관해 자신의 견해를 이야기하며, 그 견해를 대화를 통한 검토 과정에서 방어해야 한다. 초기 저술들에서 이런 검토의 과정을 이겨 내지 못하고 제기된 주장들이 논박당하면서 아포리아로 끝나던 것과는 달리 『국가』, 『향연』, 『파이돈』 등 플라톤의 중기 이후의 작품들에서는 적극적인 철학적 교설들이 도입되고 좀 더 적극적인 결론이 추구된다. 대화를 통한 변증 과정으로 본다면 이데아론이나 상기설, 영혼불멸설과 같은 교설도 검토받아야 할 하나의 가설 혹은 대화자들이 특정 대화 내에서 공동적으로 합의해 나가야 할 논의의 전제 이상의 위치를 가질 수 없다. 어떤 주장이나 교설도 변증적 따짐의 과정 밖에서 따짐을 넘어서는 권위를 인정받지 못하며, 물음과 대답의 과정을 통해 주장의 타당성을 검증받아야 한다. 불변의 이데아를 말하고 이에 관한 절대적 앎을 주장했던 독단적 철학자라는 플라톤에 관한 통상적 이미지는 그의 저술에서 대화를 통한 변증 과정이라는 엄격한 과정의 성격을 이해하지 못한 데서 기인한 것이라 할 수 있다.

문답으로 진행되는 변증적 따짐이 플라톤 저술의 기본 형식이 되지만 이외에도 그의 저술은 비유나 신화가 논의 진행에 중요한 역할을 하며, 생생한 인물 묘사나 드라마적 소품들이 존재한다. 플라톤의 특정 철학적 교설이 궁금한 독자들에게 그의 저술에 등장하는 다양한 언술상의 장치들은 주변적인 것으로 생각될 수도 있겠지만, 이런 부분을 귀찮다고 뛰어넘는 순간 그는 플라톤 읽기의 재미를 절반쯤은 놓친 것이며, 나아가 아마도 플라톤 철학의 가장 중요한 지점을 눈감고 통과한 것이라 보아도 무방하다. 철학적 교설 이전에 그의 작품은 하나의 뛰어난 문학작품으로 읽힐 수 있으며, 실제 그의 작품들은 서양 문학사의 가장 뛰어난 성취의 하나라고 평가되고 있다.

좋은 나라를 세우고 인간 삶의 최상의 조건을 검토하는 과정에서 이데아론을 비롯하여 철인 통치론, 시인 추방론, 통치자들의 공산 사회론, 여성의 동등한 통치자로서의 자격, 교육의 공적 성격 등 당시에나 오늘에나 문제가 될 대담한 주장들이 제시된다. 이 주장들에 찬성하건 반대하건, 독자들이 직접 논의에 참여하여 옹호 가능한 공동의 결론을 찾아가라는 것, 그리고 철학은 항시 그렇게 상호 대화를 통해 해답을 찾아가는 공동 탐구의 도상에 있다는 것, 이런 점들이 대화체로 서술된 『국가』의 저자가 독자에게 전하려던 메시지라고 할 수 있다.

이 책에는 서론을 포함하여 11편의 글이 실려 있다. 1985년 발표된 '플라톤과 수학'부터 2014년에 발표된 '플라톤의 정치철학에서 정치적 지식의 성격'에 이르기까지 학회 발표나 저널 게재 등 여러 곳에서 발표한 글들을 함께 묶었다. "문명의 텍스트로 읽는 『국가』"라는 책의 제목은 2007년 한국연구재단 주최로 4회에 걸쳐 행했던 석학인문강좌의 제목에서 온 것이다. 이 책의 2장, 3장, 5장, 11장은 석학 강좌에서 발표된 글들의 내용을 다듬은 것이다. 석학 강좌 없이 출판되었다면 "플라톤의 『국가』 연구" 정도의 제목이 붙여졌을 것이다. 좀 더 전문적인 독자를 대상으로 쓰인 글들도 있고, 일반 독자를 대상으로 쓰인 글들도 있으나 내용의 밀도나 난이도에서 아주 큰 차이가 있다고 생각되지는 않는다. 이전에 논문으로 쓰인 글들을 다듬는다고 다듬었으나 논문 투의 글과 철학 주제의 성격에서 오는 난삽함을 온전히 떨쳐 버리지는 못했을 것이다.

책을 내면서 은사이신 박홍규 선생을 생각한다. 입원해 계시던 병상에서도 다음 학기 강의 계획을 이야기하시던 선생님, 죽음을 앞에 두고도 곧고 깊으셨던 선생님의 학문 탐구의 형형하신 정신 앞에 이 보잘것없는 책을 바치는 마음이 부끄럽고 또 부끄럽다. 동도의 선배, 동학들, 제자들과의 즐거운 토론과 끊임없는 대화가 없었다면 이 작은 책조차도 지금의 모습을 갖추기 어려웠을 것이다. 석학 강좌를 지원해 준 한국연구재단과 석학강좌운영위원회, 책을 만드는 데 정성을 쏟은 세창출판사의 편집진에게도 심심한 감사의 뜻을 전한다. 늦어지는 출간을 기다리며 책 나오는 것을 응원해 준 나의 아내 순영과 딸들에게도 고마운 마음을 전한다.

2018. 11.

김남두

_ 일러두기

글들 가운데 다른 지면에 실렸던 글들의 서지사항은 다음과 같다.

Ⅰ. 서론: "국가 해제", 「철학과 현실」 창간호, 1990 봄.

Ⅱ. 제기되는 문제: "국가 해제", 「철학과 현실」 창간호, 1990 봄.

Ⅲ. 국가의 형성과 전개: "플라톤과 유토피아", 「외국문학」 13호, 전예원, 1987 가을.

Ⅳ. 정의란 무엇인가?: "플라톤의 정의 규정고", 「희랍철학연구」, 조요한 교수 회갑기념 논문집, 종로서적, 1988.

Ⅴ. 정의로운 도시의 시민은 부정의한가?: 「인간, 환경, 미래」 제9호, 2012년 가을.

Ⅵ. 철인 통치와 이성의 지배: 『사회철학대계』 1, 고전적 사회철학 사상, 민음사, 1993.

Ⅶ. 좋음의 이데아와 앎의 성격: 「서양 고대철학의 세계」, 박홍규 교수 1주기 추모논문집, 민음사, 1995.

Ⅷ. 플라톤의 정치철학과 정치적 앎의 성격: 「서양고전학연구」 54-1집.

Ⅸ. 플라톤과 수학: 「철학논구」 15집, 윤명로 선생 정년퇴임 및 한전숙 선생 화갑기념 특집호, 서울대학교 철학과, 1987.

Ⅹ. 시가와 영혼의 교육: 플라톤의 예술 이해: "플라톤과 시인", 계간 「현대예술비평」 창간호, 1991 여름.

I

서론

1. 고전과 고전 읽기

모든 인간의 행위가 진공 속에서 이루어지는 것이 아니듯이 철학책을 포함한 모든 저술들도 특정한 역사적 공간 속에서 쓰이고 탄생을 보게 된다. 따라서 그 책 속에는 의식적이든 무의식적이든 저자가 살았던 시대의 모습이 이런저런 모습으로 각인(刻印)되기 마련이며, 적지 않은 경우 그 저술은 보다 적극적으로 그가 살았던 시대의 문제에 대한 저자의 문제의식과 해결의 시도를 담고 있다.

그러나 많은 경우 한 철학자에게 해결해야 할 문제나 그 문제를 담고 있는 현실은 이미 확정된 크기의 어떤 것으로 주어지는 것은 아니다. 그가 살고 있는 시대와 세계에서 그가 어떤 것을 문제로 파악하고, 그 같은 문제 파악을 밑받침하고 있는 현실에 대한 그의 이해가 어떤 것인지는 종종 그 자체가 한 철학자의 사상 내용을 구성하는 핵심적인 부분으로 이해되는 것이 타당하다. 많은 경우 철학자의 작업이란 이미 숨겨져 있는 보물을 찾으면 되는 보물찾기 작업과 같이 앞에 주어진 문제를 해결하면 되는 입장이라기보다는, 문제가 무엇인지를 찾아, 분명하게 표현하고 체계화하는 것 자체가 가장 중요한 일의 하나가 되는 그런 작업이라는 것이다. 철학자의 경우뿐 아니라 학문의 제 분야들에서도 새로운 시대를 열고 그 방향과 해답을 추구하는 일이란 대체로 어지러운 일들의 진행 가운데에서 도대체 무엇이 왜 문제되며, 그 문제가 어떻게 파악되고 어떤 개념을 통해 제대로 표현될 수 있을지조차가 분명하지 않은 상태로 주어지는 것이 대부분이다. 철학을 비롯한 제반 학문의 탐구과정이란 기존의 혹은 새로운 개념을 통해 물음을 담아내고, 이렇게 드러난 문제의 해결을 찾아가는 과정으로 이해되어야 한다는 것이다.

이렇게 본다면 우리가 한 권의 책을 접하여 읽어 낼 수 있는 것은 한 철학자가 제시했던 문제의 해결책에 못지않게, 도대체 그가 무엇을 문제로 생각했으며 이 문제들을 어떤 개념 틀을 통해 제시하고 있느냐 하는 점이라는 사실에 큰 어려움 없이 동의할 수 있다. 철학책의 경우 이 사실의 중요성은 보다 강조될 수 있다. 이는 철학사가 어떤 철학자를 평가할 때 흔히 그가 제시했던 대답이 얼마나 완벽한가 보다도, 종종 그가 제시했던 문제의 새로움이나, 이 문제를 담아 표현했던 개념 틀이 보여 주는 통찰의 깊이에 보다 큰 무게를 둔다는 사실에서도 쉽게 확인될 수 있다. 특정한 문제에 대한 한 철학자의 대답이 이미 문제에 대한 지배적 패러다임과 다르거나, 좀 더 세련된 해답이 제시된 후에도 그 철학자의 사상 체계는 단순히 박물관 수장품(收藏品)적 가치를 넘어 계속 음미되고 논의되는 것도 문제 제기와 그에 포함된 개념 체계들이 사상의 역사에서 가지는 의미와 무게 때문이라 할 수 있다. 이는 철학의 거시적 패러다임이 다종다양한 것도 아니거니와, 이후의 철학이 바로 그가 제시했던 문제의 틀 내에서 그리고 그 문제들을 담아 표현했던 개념들의 토대 위에서 인간과 세계에 접근하고 있다는 데서 그 이유가 찾아질 수 있다.

이 같은 문제 틀이나 이 문제 틀을 구성하고 있는 개념적 도구들은 많은 경우 사람들에게 세계를 보고 사회를 파악하는 데 당연한 토대가 되어 있어, 특별한 경우가 아니면, 우리가 숨 쉬는 공기를 의식하지 못하듯이, 직접 의식되지 않는 것이 보통이다. 고전 읽기란 적지 않은 경우 우리가 공기처럼 의식하지 않고 우리 삶의 토대가 되어 있으며, 세계 이해의 기초가 되고 있는 모든 개념 체계들을 그것들이 형성되고 있는 현장에서 만나는 일이며, 왜 그것이 문제되고 어떤 과정을 통해 그것이 오늘날 우리에게 당연하게 여겨지는 방식으로 정착하게 되었는지를 확인하는 작업이다. 더 나아가 과연 그것이 그렇게 당연한 것이며 또 다른 물음의 가능성과 세계를 보는 새로운 틀이 가능하지 않을지를 묻는 작업이라 할 수 있다.

철학사나 사상사가 단선적으로 진행되지 않고 많은 이론들이 제시되고 각축했던 만큼 고전과 현대와의 관계는 이 같은 단선적 연속성에 의해서만 표현될 수 있게끔 간단하지는 않은 것이 사실이다. 세계에 접근하고 인간을 파악하는 모델 자체의 변화 과정에 의해 지나간 철학 내지 사상사의 진전이 특징지어 진다면 당연히 사상사는 연속성과 더불어 단절을 포함하기 마련이며, 실제로 오늘날 우리에게 낯익은 생각들과는 상당히 거리가 먼 낯선 생각들을 만나는 것이 고전 읽기에서 우리가 경험하는 보다 일반적인 경우라고 얘기해도 지나친 말은 아니다. 더욱이 이른바 고전이라고 자리 매겨진 저술들은 이미 성립해 있는 기존 사상을 요약 정리한 것이기 보다는, 아무도 발 들여놓지 않았던 거친 땅을 개척하여 새로운 길을 여는 책들이라 할 수 있다. 이런 저술들에는 따라서 미답의 땅을 헤매는 자의 고투와 불안정함이 적나라하게 때로는 과장되어 표현되는 것이 보통이기에 고전에 대한 우리의 낯선 인상은 강화되기 마련이다.

그러나 고전과의 만남에서 우리가 종종 경험하는 이 같은 단절이나 낯섦은 사실 앞서 지적된 연속성의 확인에 못지않게, 혹은 그 이상으로 우리에게 또 다른 의미에서 하나의 찬스요 귀중한 경험이라고 이야기될 수 있다. 우리에게 낯익고 자연스러운 것들과는 다른 어떤 것을 경험할 때 우리가 가지게 되는 느낌이 낯섦이라면, 어떤 한 고전에서 경험하는 낯섦이란 바로 우리가 당연하게 생각하고, 기대하는 세계나 세계 내의 사건들과는 전연 다른 세계와 일들이 그 고전 내에 제시되어 있다는 데서 가능하게 된다. 우리가 당연한 것으로 의심하지 않고 받아들이는 삶과 세계와 인간에 대한 제반 전제들과는 전연 다른 전제 위에 그려진 삶과 세계는, 바로 그 낯섦과 그 낯섦이 기반해 있는 다름 때문에 우리에게 우리가 당연하게 여기고 있는 제반 생각들이 과연 그렇게 당연하며 타당한 것인지에 대해 다시 생각해 보기를 요구한다. 그리고 만약 한 독자가 바로 이 같은 우리의 일상적 믿음의 당연성에 대한 의문으로부터 출발하여 새로운 전제와 또 다른 세계의 가능성을 찾아나선 경우라면, 그에게 제시된 고전의 낯선 세계는 낯설기보다는 새로운 가능성의 세계요, 그가 해결하고자 하는 문제의 해결까지는 아닐지라도 새로운 시각과 지평을 열어 주는 경험일 수 있겠고 찬스일 수 있겠기 때문이다.

이제 플라톤의 생애와 그가 살았던 시대를 간략히 개관하면서 그가 자신이 살았던 시대를 어떻게 파악했으며 무엇을, 왜 문제로 생각했는지의 물음에 대한 실마리를 풀어 가 보도록 하자. 그가 해결해야 할 중심 문제로 생각했던 것은 무엇이며 그는 어떤 개념들을 통해 문제를 파악하고 해결의 방향을 찾고자 했는가? 이런 개념들은 문제 해결의 방향을 어떻게 앞서 규정하는가? 그의 사상이 어떤 방식으로 오늘날 우리의 세계와 현실 이해에 맞닿아 친숙한 것이 되어 있으며, 또한 넘어서기 어려운 낯섦의 경험으로 우리에게 다가서는지를 살펴보도록 하자.

2. 문명의 텍스트

『국가』는 대략 기원전 370년대에 쓰인 것으로 추정되고 있다. 도시국가 아테네는 BC 324년 마케도니아에 정복당해 멸망한다. 책이 쓰인 지 약 50년후의 일이다. BC 427년에 태어나 BC 347년에 사망한 플라톤은 아테네의 멸망을 직접 보지는 못했다. 그러나 그가 살았던 시기는 30여 년에 걸친 펠로폰네소스 전쟁의 여파로 전성기 아테네의 찬란한 빛이 사위어 가는 시기였다. 소생을 희망하며 그가 그렸던 나라에는 쇠망하는 아테네의 그림자가 짙게 드리워서 있다. 도시국가 체제의 쇄신을 통해 아테네의 소생을 바랐던 그의 꿈은 실패한 것이었다고 평가될 수 있다. 그러나 『국가』 9권의 말미에 언급된 "지상의 어느 곳에도 이 나라가 존재하지 않으리라"(592b)[01]는 소크라테스의 말은 플라톤의 시각이 이미 역사적 아테네 너머를 보고 있는 것이 아닌가 하는 우리의 짐작에 힘을 보태 준다. 하늘 위에 우리가 항시 바라보아야 할 모범(paradeigma, 592b)으로서 그는 하나의 도시를 그려 냈다. 소크라테스가 그의 대화 상대자들과 말(logos)을 통해 근거를 밝히기를(logon didonai) 요구하며 진행되는 이성적 대화의 과정은 대화술, 혹은 변증술의 이름으로 그리스 문명을 특징짓는 표징이 되고 이후 서양의 지적 활동의 규범이 되었다. 지상의 아무 곳에도 존재하지 않는 이 도시의 비전은 아테네를 구하는 데에는 실패했다고 평가되어야 할 것이지만, 그가 제시한 공동체의 이상은 지난 2500년 인간의 지적 활동의 여러 분야에서 끊임없는 조회와 논쟁의 대상이 되어 왔다. 정의가 정치 공동체의 골간을 이루고, 좋음에 관한 참된 앎이 통치의 종국 규범이 되며, 교육이 국가의 가장 중요한 일이 된다는 그의 주장은 바로 쇠망하는 그 현실의 너머를 바라보는 시각을 드러내 준다. 유토피아가 가능케 하는 것이 당대적 현실성이기보다는 그 비현실성에도 불구하고 우리가 조회하고 바라보지 않을 수 없는 시대를 넘어서는 규범을 제시하는 것이라면, 10권에 걸쳐 개진된 플라톤의 생각은 바로 정치

---

01 이하 번역은 박종현 교수 번역의 『국가·정체』(개정증보판, 2005, 서광사)를 사용함. 『국가』의 면수는 스테파누스(Stephanus) 면수만을 표시함.

공동체의 목적과 올바른 틀에 관한 규범적 논의로 그 성격을 규정할 수 있을 것이다. 이런 점에서 우리가 읽게 될 이 책을 문명의 텍스트라 이름 붙여도 무리가 없으리라 생각한다.

『국가』를 지칭하며 위에서 '문명의 텍스트'라는 말을 썼지만, 생각해 보면 어떤 점에서 모든 텍스트는 문명의 텍스트이다. 어떤 텍스트든 특정 시기, 특정 지역, 특정 문명하에서 생성되고 전승된다. 원하든 원치 않든 하나의 텍스트는 그것이 생성되고 수용된 문명의 틀 안에서 존재하며 이런 의미에서 문명의 이모저모를 담고 있기 마련이다. 유적지에서 발견된 하찮은 도자기 파편의 무늬 하나, 고서 더미 사이에서 우연히 찾아낸 옛 독자의 희미한 코멘트 한 줄에서도 그 시대와 역사의 내밀한 삶의 편린을 읽어 내는 것이 가능할 수 있다. 이런 점에서 모든 텍스트들에는 그 텍스트가 성립한 시대와 그 시대를 떠받치고 있는 문명의 빛과 그림자가 각인되어 있으며, 이런 점에서 모든 텍스트는 원칙적으로 문명의 텍스트라 할 수 있다.

그러나 이런 일반적인 의미를 넘어서 우리는 좀 더 적극적인 의미에서 문명의 텍스트를 이야기할 수 있다. 특정 시대, 특정 문명하에 생겨나고, 적극적이건 소극적이건 그 기록을 담고 있다는 의미를 넘어서 특정 문명을 생성시키고, 그 문명의 방향을 결정하는 특징적 성격을 형성하고 각인하는 데 결정적 역할을 한 문헌들을 우리는 좀 더 적극적인 의미에서 문명의 텍스트라 부른다. 제자백가 시대의 유가, 도가, 법가의 문헌들이 동아시아 문명의 기본 틀을 형성하고 지속적인 영향을 미쳐 왔으며, 불경, 성서나 코란은 또 다른 지역에서 생성되어 그 텍스트를 생성시킨 민족의 범위를 훨씬 넘어서는 광대한 지역에서 오늘날에 이르기까지 지속적인 영향을 미쳐 오고 있다. 근대 물리학을 성립시킨 갈릴레이나 뉴턴 같은 과학자들의 저술들 역시 문명의 방향을 바꾼 문헌들이며, 이런 문헌들을 말의 본격적인 의미에서 우리는 문명의 텍스트라 부를 수 있다.

우리가 『국가』를 '문명의 텍스트'라고 말할 때, 우리는 이런 좀 더 적극적인 의미에서 문명과의 연관을 이야기한다. 단지 특정 시대와 지역에 매여 있고 그 조건 아래서 쓰인 것이며, 특정한 시공의 조건들이 텍스트에 투영되어 있다는 소극적 의미를 넘어서, 특정 문명의 생성과 형성에 적극적으로 영향을 미치고 문명 자체의 틀과 진행을 규정하고 각인했다는 의미에서 우리는 『국가』라는 텍스트가 문명의 텍스트라고 말한다. 어떤 점에서 『국가』는 문명의 텍스트라 칭해질 수 있으며, 서구의 문명은 이 텍스트에 의해 어떻게 규정되고 성격 지어지는가라는 물음이 이 책의 바닥을 관류하는 물음이다.

3. 플라톤과 그의 시대

플라톤은 기원전 427년 아테네 명문 귀족 가문에서 태어나 기원전 347년까지 80여 년의 생애를 살았다. 기원전 429년 그러니까 플라톤이 태어나기 2년 전 아테네의 정치인 페리클레스가 펠로폰네소스 전쟁의 와중에서 사망한다. 선출직 장군의 직책으로 아테네를 통치했던 페리클레스 치세 12년은 페르시아 전쟁 이후 정치, 경제, 사상, 예술의 모든 영역에서 그리스의 중심이 되었던 아테네의 절정기였다. 역사는 흔히 그의 죽음과 더불어 아테네의 번성과 영화도 내리막길을 시작한다고 기술한다. 전 희랍 세계를 아테네 세력과 스파르타 세력으로 양분했던 펠로폰네소스 전쟁은 기원전 404년 아테네 측의 패배로 끝난다. 30여 년에 걸쳐 진행된 이 전쟁은 패자와 승자를 구분하지 않고 작은 폴리스의 체제와 삶에 심대한 자취를 남겼다. 기원전 5세기 초반 전 폴리스가 단합하여 페르시아의 대군을 격파했을 때, 이 페르시아 전쟁의 승리의 경험이 그리스인의 민족적 자부심을 일깨우고 생동하는 내적 생명력에 불을 붙였다면, 같은 세기 후반 그리스 폴리스들 사이의 지루하고도 소모적인 전쟁은 그리스 전체 세계를 분열시켰을 뿐 아니라, 폴리스 체제를 지탱하던 경제적 토대를 뿌리에서부터 고갈시켰다. 폴리스의 구성원들을 묶고 있던 내적인 연대의 끈들은 흔들리고 사회적 규범들은 토대로부터 와해되기 시작했으며, 더불어 정치 공동체의 기나긴 와해 과정이 시작된다. 기원전 411년과 기원전 404년에 있었던 반동 귀족 세력의 쿠데타가 불발로 끝나고 아테네의 민주정체는 그 명맥을 유지했으나, 더 이상 한 세대 전 아테네의 영광과 생명력을 되살려 내지는 못했다. 이후 기원전 324년 마케도니아의 젊은 치자 알렉산더에 의해 멸망당하기까지 기원전 4세기 아테네의 역사는 한때 지중해 세계를 정치, 경제, 군사 그리고 문화적으로 지배했던, 그리고 모든 부문에서 서구 문화의 초석을 놓았던 빛나는 작은 거인의 기나긴 죽음에로의 행진이라고 기술될 수 있다. 그리스의 변방이었던 마케도니아에 의해 그리스 도시국가 체제는 종말을 고하게 되고, 그리스에서 인도 서북부에 이르는 거대 제국의 시대가 시작된다.

전쟁과 정변의 혼란 가운데서 소년기와 청년기를 보냈던 플라톤은 기원전 399년 그의 스승 소크라테스가 아테네의 법정에서 사형을 선고받고, 독배를 마시면서 처형당하는 경험과 더불어 정치 세계로부터 손을 떼기로 결심한다. 그러나 이후의 그의 삶이 은둔과 관상의 삶에만 머물렀던 것은 물론 아니다. 소크라테스가 죽은 후 그의 나이가 40세에 이르기까지 플라톤은 소아시아의 메가라 지방, 이집트 그리고 남부 이태리 지방들을 두루 여행하고 두세 차례 전쟁에 참여했던 것으로 전해지고 있다. 이 여행 중에 이태리 남부 시칠리아의 작은 도시 시라쿠사 사람 디온과 교분을 가지게 되며 그와의 교분으로 이후 세 차례에 걸쳐 시라쿠사 조정으로 초청되어 당시 왕자였고(1차) 후에 왕이 된 디오니시오스 2세(2차 및 3차)의 교육과 자문을 맡게 된다. 기원전 387년경, 367년경, 361년경 그러니까 그의 나이 40세, 60세 그리고 66세경을 전후한 이 세 차례의 정치적 참여를 통해 소규모의 나라에서나마 자신의 비전을 실현해 보고자 했던 그의 계획은 디오니시오스 2세의 인간적 한계, 시라쿠사 궁정 내의 정치적 모함 등으로 참담한 실패로 끝나게 되며, 생명을 잃을 뻔한 고비를 넘기며 겨우 고국으로 귀환하게 된다.

아테네의 정변에서 시라쿠사 여행에 걸치는 삶의 긴 행정의 주요 고비들과 그가 겪었던 사건들에 대한 그의 술회는 그의 이름으로 전해지는 열두 편의 서한 가운데 그가 쓴 것이라고 평가되는 『제7서한』에 꽤 소상히 기록되어 있다.

플라톤이 경험했던 개인적 삶이나 공동체적 삶의 이런저런 굴곡들이 우리들에게 전해 오는 40편 전후의 그의 저술에 깊은 그림자를 드리우고 있음은 물론이다. 기원전 370년대 그러니까 제1차와 제2차 시실리 여행 사이에 쓰인 것으로 여겨지는 『국가』편이나 그의 최후의 작품으로 여겨지는 『법률』편은 직접 가장 좋은 나라, 혹은 현실적으로 가능할 차선으로서의 나라가 어떤 모습인가를 그리고 있으며, 초기에서 후기에 이르는 전 저술들은 좋은 나라와 그것의 조건, 사람으로서의 훌륭함, 인간의 교육 가능성, 허위와 거짓의 사회적 영향 등을 주제로 하여 대화가 이루어진다는 점에서 그의 관심이 그가 살고 있던 시대와 그가 경험했던 제반 사회 현실에서 직접 그 출발점을 찾고 있다는 사실은 쉽게 확인될 수 있다. 그의 중기 저술로 분류되는 『국가』편은 바로 이 점, 즉 그의 현실에 대한 깊은 관심을 보여 주는 면에 있어서도 그의 대표작이라고 불러도 지나침이 없다. 이후 철학 및 사상사에 미친 지속적이고도 심대한 영향에 있어서나, 오늘날 이루어지고 있는 논의의 양에 있어서나 플라톤의 사상을 대표한다고 할 이 저술은 전체 10권으로 이루어져 있으며 이는 다시 내용상 다섯 부분으로 나뉘어 논의되는 것이 보통이다. 1권은 흔히 여타 부분에 훨씬 앞서 『트라시마코스』라는 이름으로 초기에 쓰였다가 나중에 쓰인 부분과 결합되었다고 주장되는데, 이 주장의 진위에 관계없이 전체의 도입부로서 문제 제기의 역할을 한다고 볼 수 있다. 1권에서 제시된 정의란 무엇인가라는 문제가 2권에서 4권에 걸쳐 플라톤 자신의 입장에서 본격적으로 다루어지며, 이를 위해 국가의 성립과 전개가 이론적 관점에서 개진되고 가장 좋은 나라의 모습이 그려진다. 이 좋은 나라에서 예시된 정의에 근거하여 인간 영혼 내에서의 정의가 논의되고, 아울러 좋은 나라에서의 교육에 관한 논의가 두 번째 부분의 주요 내용을 이룬다. 이 좋은 나라의 통치자에 여성이 포함되고, 통치자 그룹이 사유재산과 가족을 소유하지 않는 공산 사회의 그림이 그려진 후 이 같은 나라의 실현 가능성의 문제가 제기되는 것이 5권에서 7권에 이르는 세 번째 부분으로, 이 물음과 관련하여 철인 통치자의 아이디어가 등장한다. 이들의 교육 프로그램을 논의하면서 좋음의 이데아가 논의에 도입되고 이 좋음의 이데아에 접근하기 위해 세 비유, 즉 해의 비유, 선분의 비유, 동굴의 비유가 제시된다. 8권에서 9권에 걸치는 네 번째 부분은 앞에 그려진 가장 좋은 나라가 명예정, 과두정, 민주정, 참주정을 거쳐 퇴락하는 과정을 그리면서 이 정치체제들에서 어떻게 개인적 삶과 공동체적 삶이 서로 영향을 주고받는지가 논의된다. 마지막 부분인 10권은 2, 3권에서 제기되었던 국가 내에서의 시가의 역할 문제를 예술과 진리, 영혼에의 영향이라는 관점에서 다시 논의하면서 시인(詩人)이 왜 좋은 나라에서 추방되어야 하는지를 밝힌다. 마지막으로 다시 정의로운 삶이 행복한가 아니면 부정의한 삶이 더 행복한가의 문제에 대해 신화를 통해 대답하면서 전체의 막이 내린다.

국가 내에서의 인간의 삶이 다양하고 복잡한 만큼 『국가』 편에서 다루어지는 문제들도 다양하고 복잡하다. 정치와 교육, 법과 윤리, 인식과 학문, 심리와 예술, 성적·연령적 특성 등의 다양한 문제들이 맥락에 따라 제시되면서, 공동체적 삶의 제 국면들이 총체적으로 다루어 진다. 이러한 문제들의 다양성에도 불구하고 정의란 무엇이냐, 정의로운 삶이 과연 인간에게 좋은 삶을 가능하게 하느냐 하는 물음이 전편을 관통하는 중심적인 문제를 이루고 있다. 책 안에서 제기되는 수많은 문제들이 이 물음과 관련하여 논의되고 검토된다. 이 같은 물음이 단순히 개인적 차원에서의 도덕적 결단의 문제임을 넘어서 공동체 전체의 조직과 공동체적 삶의 방식에 관계된다는 것, 이것이 플라톤의 생각이었다. 좋은 나라를 그리며, 좋은 나라를 가능케 할 제 조건들을 검토하는 작업은 바로 이런 통찰 위에서 진행된다.

II

_____

제기되는 문제

: 정의란 무엇인가?

『국가』편이 담고 있는 내용 가운데 그 당시에나 오늘날 우리의 입장에서 나 대단히 새롭고 대담한 주장들이 적지 않다. 통치는 철인(哲人)이라 불리는 소수의 사람들에게 맡겨져야 한다는 주장부터, 여성도 남성과 동등하게 국정에 참여시켜야 한다는 주장, 통치자 계층에게는 가족과 사유재산이 허용되어서는 안 된다는 주장, 시인들이 그의 좋은 나라에서 추방되어야 한다는 주장 등은 그 대담함으로 인하여 오늘날까지 논란이 끊이지 않는 주장들이다. 이 주장들보다는 덜 극단적이어서 오늘날 이미 당연한 것으로 받아들여진 주장들로 국가가 교육의 주체가 되어야 한다든지, 또는 능력과 시험에 의해 통치자가 선발되어야 한다는 것들이 예시될 수 있겠다.

이 같은 주장들과 함께 『국가』 전편을 통해 플라톤이 중심적으로 제기하는 또 하나의 주장을 만날 수 있다. 그것은 국가가 정의로워야 하며, 오직 정의로운 나라만이 좋은 나라일 수 있다는 것, 나아가 이런 나라에서만 사람다운 삶이 가능하다는 주장이다. 국가가 정의에 기반해야 한다는 평범하다면 평범하다고 할 수 있을 이 주장이 현실적으로는 물론 이론적으로도 처음부터 당연한 것은 물론 아니었으며, 적어도 서양 세계에서 이 주장을 국가에 관한 논의에서 최초로 전면화하는 것은 바로 플라톤의 『국가』라고 평가할 수 있다. 나아가 플라톤이 『국가』 편에서 시도하고 있는 것만큼 이 주장을 본격적이고도 집요하게 그리고 개인과 공동체를 포괄하는 전체적인 규모에서 체계적으로 주장하는 경우를 이전 그리고 이후의 철학사에서 찾아보기 어렵다. 플라톤이 보여 주었던 날카로운 정치적 관심이 당시의 아테네의 상황과 깊이 연관되어 있다는 점은 앞서도 이미 언급한 바 있다. 기원전 4세기 아테네가 드러내고 있던 여러 병적 증상의 뿌리에는 그 정치 공동체가 정의롭지 못하다는 사실이 자리 잡고 있으며, 그래서 이 부정의함을 극복하고, 정의로운 질서를 가지게 되지 못한다면, 이 정치 공동체의 질병이 치유될 수 없으리라는 플라톤의 인식이 이 저술의 큰 틀을 이루고 있다. 문제되고 있는 사안의 핵심은 정의라는 것, 이것이 플라톤의 문제의식이었고, 이 물음은 인간 마음의 구조로부터 욕망, 교육, 앎, 정치를 포괄하는 복합적인 성격의 것이라는 점을 그는 이미 책의 서두에서부터 분명하게 부각시키고 있다.

정의가 무엇이며, 어떤 조건 아래서 한 나라가 정의롭다고 이야기될 수 있는지, 또한 왜 정의로운 나라만이 좋은 나라라고 이야기될 수 있는가라는 논의는 소크라테스 일행이 벤디스 여신의 축제일 저녁 피레우스에서 아테네로 올라가는 길에 폴레마르코스 부자와 그 형제들을 우연히 만나 시작된 것이라는 사정이 작품의 앞머리에 그려져 있다. 그러나 이 거류외인들의 집에서 그 저녁내 이어졌을 길고도 복잡한 대화는 동시에 저물어 가는 아테네와 그리스 도시국가들의 앞날에 대한 근심과 어두운 전망을 안중에 두고서 진행되는 절실성을 지니기도 한 것이었다.

1. 문제의 제기: 정의에 관한 전통적 견해의 검토

1권이 전 저술의 도입부로서 문제를 제기하는 역할을 하고 있다는 점은 앞에서 이미 지적하였다. 이 부분의 개관은 이야기의 진행을 우리에게 알려 주면서 동시에 플라톤이 스스로 해결해야 할 문제를 어떻게 파악하고 있는지, 그 해결의 방향을 어떻게 생각하고 있는지를 들여다볼 기회를 마련해 준다.

많은 다른 플라톤의 저술들과 마찬가지로 『국가』편에서도 소크라테스가 주 대화자로 등장하며 여섯 사람이 그와 대화에 참여한다. 1권에서 케팔로스, 폴레마르코스, 클레이토폰, 트라시마코스가 나오고 2권 이후 글라우콘과 아데이만토스가 이야기를 이어받아 10권까지 소크라테스와 대화를 이어 간다. 트라시마코스와의 이야기 도중 잠시 등장하는 클레이토폰을 제하면 1권에서 세 사람과의 대화가 제시되는데 이들은 각각 정의에 관해 당시의 상이한 태도와 입장들을 대표해 준다고 볼 수 있다. 그들은 주장하는 내용에 있어서뿐 아니라 문제를 대하는 태도나 그것을 다루는 지적 능력에서도 선명히 대비된다. 우리가 이들 대화 모두를 여기서 분석해 보일 수는 없으나 대표적인 몇 개 논의의 과정을 검토해 보는 일은 2권 이후의 논의가 가지는 성격을 이해하기 위해서도 필요한 일이다.

케팔로스, 그의 아들 폴레마르코스 그리고 소피스트로 알려진 트라시마코스 세 사람의 대화자들을 통해 플라톤은 당시의 정의에 대한 전통적인 입장과 델로스 동맹하의 아테네에서 강대국으로서의 이로움을 누리던 시민 계층의 입장들을 비판적으로 성찰하고 있다. 논의 진행의 기본적인 틀은 정의가 무엇인가라는 문제에 맞추어져 있다. 우리가 텍스트를 읽으며 주목해야 할 사항은 먼저 제시되는 논의들이 어떤 논변 구조를 보여 주느냐 하는 점이다. 그러나 이와 함께 이 같은 논의에서 어떤 개념들을 통해 물음의 방향이 잡히며, 그 개념이 논의를 어떤 방향으로, 어떤 대답을 향해 이끌어 가는지의 물음이다. 우리가 전체 논의를 단지 정의에 대한 규정 작업으로만 파악하게 되면 대화자들과 논변의 많은 부분이 초점에 벗어난 것이거나 이해되기 곤란한 것으로 보인다. 많은 논변들은 단지 정의가 무엇인가라는 문제들을 검토하기 위해 제기 되었다기보다는, 전통적인 정의에 대한 견해와 그 귀결들이 적절한 것인지의 문제를 점검하기 위해 제기되고 있다. 그리고 기존의 정의 규정이 적절치 못한 것이라면 보다 적절한 물음 방식이나 논의 차원은 어떤 것인지를 따져 보는 데 바쳐지고 있다. 이 같은 점들은 표면적인 논의 진행에 못지않게 중요하다. 이 사실을 우리는 1권에서 등장하는 소크라테스의 세 대화 상대자들과의 논의에서 추적해 볼 수 있다.

아테네 거류외인으로 철물 사업으로 적지 않은 재산을 모았던 노년의 케팔로스와의 대화는 노년의 삶에 관련된 일상적일 수 있는 물음에서 시작된다. 부(富)가 노년의 삶에서 할 수 있는 것은 무엇인지, 그리고 이것이 올바른 삶에 필수적인 것인지에 관한 물음으로 자연스럽게 이어진다. 거짓말하지 않고, 신에게나 인간에게 빚진 것이 없이 사는 삶이 올바른 삶이요, 따라서 정의란 거짓말하지 않고 빚진 것을 돌려줌이라는 소박한 생각을 개진하는 케팔로스에게 소크라테스는 과연 그 같은 행위가 항상 정의로울 수 있을지에 대해 의문을 제기한다. 예컨대 어떤 사람이 친구로부터 무기를 빌렸다가 그 친구가 제정신이 아닌 상태에 있을 때 그 무기를 되돌려 줌이 과연 옳은 일인가? 두 대화자는 이것이 옳지 않다는 결론에 이른다. 이 논의 과정을 살펴보면 '빚진 것을 갚음'이라는 행위 규율이 정의 규정으로 부적합하다는 판정을 받는 것은 그 규정이 예외 없이 타당하지 않다는 데 그 이유가 있었다. 빌렸던 무기를 돌려줌이 때로는 옳으나 때로는 옳지 않은 것으로 드러남으로써 빚진 것을 돌려줌이라는 규정은 예외가 있을 수 있는, 따라서 모든 경우를 포괄하는 보편적 규정이 아니라는 것이 밝혀진다.

두 가지 사실이 여기서 지적될 수 있다. 첫째, 빚진 것을 갚음이라는 규정은 일종의 행위규범이다. 빚진 것을 갚음이라는 규정이 부적절하다는 지적은 단지 검토되었던 규정의 부적절성만을 드러내 주는 것을 넘어서 개별적 행위규범의 수준에서 정의를 규정하는 것이 일반적으로 부적절함을 드러내 준 것이었다. 이 사실은 지적될 두 번째 사실과 결합되어 좀 더 분명하게 밝혀질 수 있다. 빚진 것을 갚음이 때로는 정의롭지 않다고 이야기된 이유는 그것이 주는 이나 받는 이 모두에게 때로는 이롭지 않을 수 있다는 데 있었다. 제시된 첫 정의 규정인 빚진 것을 갚음이 각하되는 데 기준의 역할을 한 것은 이로움이라는 개념이다. 이로움이라는 관점에서 본다면 항상 절대적으로 이롭다고 이야기될 수 있을 행위규범이란 존재하지 않는다. 진행된 논변은 이 같은 함축 위에서 진행된다. 따라서 이야기가 개별적 행위규범의 차원에 국한되어 논의되는 것이 더 이상 적절치 않다는 점이 함께 드러난다. 이 점이 논의의 전면적 테마는 아니었으나 묵시적으로는 동의되었다고 할 수 있으며, 따라서 이후의 대화에서는 지금까지와는 또 다른 개념 틀이 동원된다.

실제로 이어지는 폴레마르코스와의 대화에서는 기술(technē)이 중심 개념이 되어 논의가 진행된다. 여러 기술들과 유비되어 정의가 적절히 기술이라 할 수 있는지 여부가 논의된다. 빌린 무기를 돌려줌이 친구에게 해롭다면 정의일 수 없다고 하면서 폴레마르코스는 '친구를 이롭게 하고 적에게 해를 끼침'이 정의라는 또 다른 전통적 격률을 정의 규정으로 제시한다. 이 규정에 관해 먼저 정의가 기술(technē, 332c)로서 어떤 적용 영역을 가지는가라는 물음이 제기되며, 이어지는 논의에서 정의란 돈을 쓰지 않고 보관하는 기술이라는 데 귀결된다. 나아가 모든 기술은 기술이 가지는 양가성(ambivalence)으로 인해 반대되는 일도 뛰어나게 수행하므로, 정의란 또한 도둑질하는 기술이라는 결론에 이른다. 정의가 기술이라는 전제 아래, 기술이 기술로서 가지는 특징적 제 측면에 따른 검토의 끝에 도달한 이 같은 귀결들은 우리가 쉬 받아들이기 어려운 것들임에 틀림이 없으나, 이 논의들이 정의를 그것의 작용 방식과 능력(dynamis)이라는 관점에서 검토한다는 점은 분명히 할 수 있다.

이미 지적되었듯이 이상에 간략히 소개된 논의 과정은 정의(正義)의 정의(定義)를 추구하는 과정으로 볼 수 있으나, 이 작업이 정의가 할 수 있는 일, 정의의 능력을 기술개념에 대비하여 검토하면서 수행되고 있다. 이로써 정의가 작용하는 영역으로서 국가와 개인 영혼이 이야기되고 정의가 작용하는 영혼과 국가, 부정의가 지배하는 영혼과 국가에 관한 2권 이후의 논의가 예비되고 있음을 알 수 있다. 1권의 마지막 대화자인 트라시마코스와의 논의에서도 이 점은 마찬가지로 타당하다.

2. 트라시마코스와 아테네 시민들의 정의관

세 번째 대화자로 등장하는 소피스트(Sophist) 트라시마코스는 여러 면에서 앞의 두 사람과 다르다. 그의 주장은 앞서 제시된 입장들보다 좀 더 높은 추상 수준을 보여 주며, 그는 자신의 입장을 이론적으로 방어하는 데 적어도 앞의 두 사람과는 비견될 수 없을 만큼 유능하다. 트라시마코스의 입장은 흔히 플라톤에 의해 부정적으로 그려지는 소피스트들의 모습을 전형적으로 보여 준다. 그의 입장은 동시에 여러 점에서 당시의 제국주의적 상업 국가로서의 아테네의 면모와 델로스 동맹 체제 내에서 아테네가 취했던 제국주의적 정책에 그 경제적 기반을 두고 있던 많은 시민들과 상업에 종사하는 거류외인들의 생각을 적나라하게 대변해 주는 것이기도 했다. 앞선 두 사람, 케팔로스와 폴레마르코스와의 대화가 전통적 윤리관에 대한 검토 작업의 성격을 지닌 것이었다면 트라시마코스와의 논의는 페르시아 전쟁 이후의 아테네 민주정과 델로스 동맹 체제의 혜택을 입고 있던 아테네 시민들의 입장에 대한 검토 작업의 성격을 지니고 있다.

트라시마코스에 의해 정의에 관한 세 개의 규정이 제시된다. 먼저 "정의란 강자의 이익 이외에 다른 것이 아니다"(338c)라는 주장이 제시된다. 강자가 사자를 말하느냐, 레슬링 선수를 말하느냐, 누가 강자냐라는 소크라테스의 물음에 각 나라에서 정권을 잡고 있는 자들이라는 대답이 제시된다. 나아가 각 나라들에서 정권을 잡고 있는 자들이 그들에게 이익이 되는 것을 법으로 정하여 그것을 지키는 것이 정의라고 공포하고, 법을 지키는 자를 상주고 범하는 자를 벌준다는 설명과 함께, "지배자의 명령에 따름"이 정의라는(339b) 두 번째 규정이 제시된다. 각 나라에서 현실적으로 정권을 잡고 있는 자들이 그들에게 이익 되는 것을 법으로 정하면서 그들 자신의 이익과 관련하여 종종 잘못 생각하는 일이 있는가 혹은 전연 잘못하는 일이 없는가를 묻는 소크라테스에게 물론 잘못을 저지르는 일이 있다는 트라시마코스의 대답은 곧바로 소크라테스의 반격을 불러들인다. 자신의 이익에 관해 잘못된 계산 가운데 내려진 법률을 따를 경우, 이 법을 따르는 사람은 통치자, 즉 강자에 손해되는 것을 행해야 하며, 그렇다면 강자에게 이익 되는 것이 정의라는 주장과 배치되는 것이 아니냐?

소크라테스의 이 반격에 대해 트라시마코스는 통치자도 때로 실수를 한다는 앞서의 말과 달리 엄밀한 의미에서(340e) 통치자란 이런 실수를 범하지 않는 사람이라고 하면서 자신의 입장을 바꾼다. 이 같은 실수를 범하지 않고 현실적으로 살아남는 자만이 진정한 의미에서 통치자라는 것이 자신의 엄밀한 의미에 따라 수정 · 제시된 트라시마코스의 주장이다. 앞에서 개진된 그의 첫 정의가 보다 사회학적인 성격의 것으로 현실 정치의 핵심을 찌른 통찰이었다면, 이후에 전개되는 그의 입장은 적극적으로 부정의가 보다 가질 만한 가치가 있는 것이요, "정의란 오직 남 좋은 일"일 뿐(343c)이라는 주장으로 간결히 요약될 수 있다. 이는 단순한 사회학적 기술이기보다는 어떤 것이 바람직하다는 가치 규정을 함축한 보다 적극적인 주장이라고 할 수 있다. 긴 웅변으로 토해진 그의 입장은 오늘날의 현실에도 별 수정 없이 적용될 수 있게 생생하다. 트라시마코스의 말을 직접 들어 보자.

"그건 선생께서 양이나 소를 치는 사람들이 양이나 소를 좋도록 보살피며, 이들이 살찌게 하고 돌보는 것이 주인이나 자기 자신의 이익이 아닌 다른 어떤 것에 유의하고서라고 생각하시니까 하는 말입니다. 더더구나 선생께선 나라들에 있어서의 지배자들이, 적어도 그들이 참으로 통치를 한다면, 피지배자들에 대해 마음 쓰는 것이, 양치는 사람이 양들을 대할 때와는, 그래도 어떻게는 다른 데가 있다고 생각하시며, 따라서 지배자들은 자신들이 이득을 보게 될 것보다도 다른 어떤 것을 밤낮으로 생각하고 있다고 믿고 계시기 때문입니다. [⋯] 올바름[01] 내지 올바른 것이란 실은 남에게 좋은 것, 즉 강자 내지 지배자의 편익인 반면에, 복종하며 섬기는 자에 있어서는 자기 자신의 손해라는 사실을, 그리고 부정은 그 반대의 것일뿐더러 참으로 착하고 올바른 사람들을 지배까지 한다는 사실을, 그리고 또 피지배자들은 자기들보다 강한 자의 편익이 되는 것을 행하며, 또한 그에게 봉사함으로써 그를 행복하게 해 주는 것이지 결코 자기들을 행복하게 하는 것은 아니라는 사실을 선생께선 모르고 계신 겁니다. [⋯] 그러니, 만약에 선생께서 올바른 것보다도 부정한 것이 개인적으로 자신에게 얼마나 더 이로운가를 진정으로 판정하고 싶으시다면, [⋯] 가장 완벽한 부정의 경우에 생각이 미친다면 될 겁니다. 그런 부정은 그 부정을 저지른 자를 가장 행복하게 만들어 주지만, 반면에 그 부정을 당한 자들 내지 부정을 저지르려 하지 않은 자들을 가장 비참한 처지에 몰아

---

01 박종현 교수는 '정의'를 '올바름'으로 옮기고 있다. 고전 그리스어의 *dikaiosyne*나 *to dikaion*은 두 번역이 모두 가능하다.

넣습니다. 이런 건 참주 정치(tyranny)의 경우입니다. 이 정치체제는 남의 것들을, 그것들이 성스러운 것들이든 세속적인 것들이든, 또는 개인의 것들이든 공공의 것들이든 간에, 결코 조금씩 몰래 또는 강제로 빼앗는 것이 아니고 한꺼번에 모조리 빼앗아 버리죠. 그러나 이런 부정을 하나씩 부분적으로 어떤 사람이 저지르다가 발각될 때는, 그 사람은 최대의 벌과 비난을 받습니다. 왜냐하면, 성물 절취범이니, 노예로 팔기 위한 납치범이니 강도니 또는 사기꾼이니 도둑이니 하고 불리는 사람들은 이와 같은 못된 짓들을 부분적으로 하나씩 저지른 사람들이기 때문입니다. 그러나 어떤 사람이 시민들의 재산을 빼앗을뿐더러 그들을 노예로 만들게 될 땐, 그러한 불명예스러운 이름으로 불리기는커녕, 행복한 사람이니, 축복 받은 사람이니 하고 불리지요. [...] 왜냐하면 부정을 나무라는 사람들이 막상 부정을 비난하는 것은 스스로 부정을 행하는 것을 두려워해서가 아니라 부정을 당하는 것을 두려워해서이니까요. 소크라테스, 이처럼 부정이 아주 대규모로 저질러지는 때에는, 그것은 올바름보다도 더 강력하고 자유로우며 전횡적인 것입니다. 따라서 제가 처음부터 말했듯, 올바른 것은 강자의 편익이지만, 부정한 것은 자신을 위한 이득이며 편익입니다." (343b-344c)

인용문에 개진된 트라시마코스의 견해는 간단히 요약될 수 있다. 첫째, 정의를 행함은 손해요 부정의를 행함이 행하는 자에게 이익이다. 정의는 이런 점에서 남 좋은 일일 뿐이며 약자의 일이다. 둘째, 정의를 행하는 자는 정의가 좋아서 행한다기보다 부정의를 행할 능력이 없고, 이에 따른 비난과 처벌이 두려워서일 뿐이다. 셋째, 가장 큰 규모에서 부정의를 행하는 자는 범법자로 치부되지 않고 부러움의 대상이 되며 바로 그 사람이 가장 행복한 자이다. 따라서 트라시마코스에게는 폭력과 부정의로 전 도시를 자신의 노

예로 만든 폭군이 영웅이요, 이 사람의 삶이 추구될 만한 것, 좋은 것이라고 할 수 있다.

비교적 길게 인용된 이 부분은 정의와 부정의 가운데 어떤 것이 왜 더 가질 만한 것인가에 대한 트라시마코스의 입장이자 동시에 플라톤에 의해 파악된 당시의 현실이기도 하다. 트라시마코스의 이 입장에서 당시 많은 사람들의 입장이 훌륭한 대변자를 발견할 수 있었으며, 귀하고 좋은 것과 그렇지 않은 것에 대한 이 전도된 가치 체계에 아테네의 모든 병적 증상들의 핵심이 있다고 플라톤은 생각했다.

현존하는 정치 질서가 부정의하다는 데 대해서 소크라테스도 트라시마코스도 이견이 없다. 양자 사이의 진정한 견해 차이는 현실이 부정의하다는 사실에 관한 것이 아니라 이 사실을 어떻게 해석하고 평가할 것이냐에 개재한다. 즉 이런 부정의한 도시와 개인이 참으로 행복하며 번성하는지, 나아가 이런 도시에서 자라나고 번성하는 것, 즉 트라시마코스의 폭군이 소크라테스가 생각하듯 인간 속의 짐승에 불과한 것인지 혹은 트라시마코스가 주장하듯 진정으로 신적인 능력인지의 물음에 관해서 두 사람의 생각이 다르다.

폭포수 같은 트라시마코스의 변설에 소크라테스는 다시 기술의 비유를 통해 이야기를 계속한다. 통치술이란 통치술인 한에서는 통치받는 이를 이롭게 하는 기술이요, 통치자가 통치행위를 통해 치부한다면 그는 통치 기술자로서가 아니라 돈 버는 기술자로서 행세하는 것이라는 요지의 반박을 한다. 통치자에게 우리가 보수를 따로 지불함은 통치 그 자체가 통치자에게 이익을 가져다주는 일이 아니기 때문이라는 소크라테스의 논거는 이후의 철인 통치자에 관한 논의의 예비로 보아도 무방할 것이다. 이 같은 소크라테스의 반박을 플라톤 자신이 충분하다고 생각하지 않았음은 2권 이후의 긴 논의가 새로이 전개된 것을 보면 알 수 있다. 트라시마코스의 논변은 이미 정의가 무엇이냐라는 물음의 범위를 넘어서 정의가 과연 가질 만한 가치가 있는 것인가라는 물음을 제기하고 스스로 그렇지 않다는 입장을 분명히 하고 있다. 여기서부터 정의란 무엇인가와 더불어 저술 전체의 주제를 이루는 물음, 즉 정의로운 삶이 더 좋은 삶인가, 부정의한 삶이 더 좋은 삶인가라는 문제가 전면에 부상된다.

부정의한 자가 더 지혜롭고 강하며 잘 산다는 트라시마코스의 주장에 대해 1권 내에서 소크라테스에 의해 세 개의 반박이 제시된다. 세 반박들에 있어서도 역시 기술들과의 유비, 정의와 부정의의 능력, 기능의 개념들이 논변의 중심이 되고 있다. 두 번째 논변이 특히 주목될 수 있는데 요지는 불의한 자들의 집단이라도 내부에 얼마간의 정의가 존재하지 않으면 유지될 수 없고, 따라서 부정의가 더 힘 있다는 주장은 성립될 수 없다는 것이다. 부정의는 증오와 불화를 심고 따라서 그것이 있는 곳에는 대립과 싸움이 있고, 역으로 정의가 화해와 평화를 심으며, 정의가 있을 때 나라나 개인이나 통일된 모습이 가능하다는 입론은 부자와 빈자, 치자와 피치자 사이에 반목과 대립으로 분열되었던 그리스 모든 도시국가들의 현실에 대한 플라톤의 직접적 언급으로 볼 수 있으며, 앞으로 자세하게 진행될 논변을 선취하여 제시하고 있다. 1권과 2권 초반의 내용을 통해, 앞으로 논의될 문제가 분명한 형태로 제기되었을 뿐 아니라, 더 나아가 그것이 어떤 방식으로 어떤 개념들을 중심으로 다루어질 것인지도 이미 상당히 분명한 윤곽이 그려졌다고 할 수 있다.

2권 초반부에 플라톤의 실형들인 글라우콘과 아데이만토스에 의해 문제가 다시 정리되어 제기된다. 이 문제 제기는 기본적으로는 트라시마코스에 의해 제기된 문제들에 기반해 있으며, 명시적으로 정의의 능력(dynamis)이 무엇인지, 그것이 그것을 가진 이에게 과연 무엇을 가능하게 하는지를 밝혀 줄 것을 요구한다. 따라서 1권과 2권 초반의 내용을 통해 앞으로 논의될 문제가 분명한 형태로 제기되었을 뿐 아니라, 더 나아가 그것이 어떤 방식으로 어떤 개념들을 중심으로 다루어질 것인지도 이미 상당히 분명한 윤곽이 그려졌다고 할 수 있다. 이제 정의가 무엇이며, 그것을 가진 이에게 정의가 무엇을 가능케 해 주는지 과연 좋은 삶이 약속되는지 플라톤의 대답을 들어볼 차례가 되었다.

III

국가의 형성과 전개

앞장에서 우리는 플라톤의 『국가』를 '나라를 세우는 이야기'라고 특징지었다. 구체적인 사람들이 특정 시간과 장소에서 행해지는 사건을 전하는 점에서 이야기(story)이며, 이 이야기의 주제가 나라를 세우는 일이라는 점에서 '나라를 세우는 이야기'라 할 수 있다. 여기서 소크라테스와 그 대화 상대자들 사이에서 말을 통해(to logo) 세워지는 나라가 작은 도시국가(polis, civitas)이며 또한 이 도시국가들의 시민(civis)의 시민다움(civilis, civilitas)이 논의된다는 점에서 이 이야기가 '시민다워짐', '시민다움의 기준을 충족함'이라는 의미의 civilization, 즉 문명의 이야기라는 점이 언급되었다. 나아가 이 이야기가 말(文)을 통해 나라의 기원과 변화, 제반 제도의 도입 이유를 따져 밝힌다(明)는 점에서도, 이야기가 전개되는 『국가』가 문명의 텍스트라고 명명될 수 있다는 점을 지적했다. 이제 이 문명의 텍스트에서 전개되는 나라 세우는 이야기를 좀 더 자세히 들여다보자.

1. 폴리스의 기원과 성격

앞에 소개된 트라시마코스와 소크라테스의 입장은 두 사람 사이의 메꿀수 없는 현격한 차이에도 불구하고 두 가지 점에서 공통의 지반 위에 서 있다. 두 사람의 경우 모두 사람들이 좋은 어떤 것을 추구한다는 것을 출발점으로 한다는 점에서 공통적이다. 문제는 어떤 것이 좋은 것이며, 어떤 삶이 좋은 삶이냐에 관해 두 사람의 견해 사이에 깊은 간극이 있다는 데 있다. 또 다른 하나는 두 사람이 모두 뛰어난 사람, 훌륭한 사람이라는 개념 위에서 이야기를 진행시키며 이를 지향한다는 점이다. 이 경우에도 역시 어떤 사람이 뛰어난 사람이며, 뛰어남, 훌륭함(arête)이 무엇에서 성립하느냐 하는 물음에 대해 두 사람의 대답은 상반되는 방향을 가리키고 있다. 모든 사람이 좋은 삶, 행복한 삶을 추구하며, 여기에서 뛰어난 사람이 훌륭한 사람이고, 강자라는 데에는 두 사람의 의견에 차이가 없다. 뿐만 아니라 이에 관해서는 당시의 아테네인들이나 그리스인들 전체가 같은 생각이었다고 해도 큰 무리가 없다. 폭군의 삶이 바람직한 삶이며, 폭군의 삶의 토대가 되는 부정의가 최대의 수단이라는 것 그리고 바로 폭군이 그와 같은 능력과 수단을 구비한 강자요, 훌륭한 사람이라는 것이 트라시마코스의 주장이다. 이 같은 트라시마코스의 입장에 대해 소크라테스는 1권에서 자신의 대답이 충분하다고 생각하지 않으며 좀 더 근본적이고 본격적인 논의가 필요하다고 생각한다. 2권 이후의 논의는 1권에 대한 플라톤의 이런 생각을 반영한다고 보아도 큰 무리가 없다. 소크라테스는 그의 대답을 개인의 삶의 차원에서 시작하지 않는다.

정의가 무엇인지도 알지 못하면서 정의가 좋은지 부정의가 좋은지를 따지는 것은 합당치 않으며, 따라서 정의가 무엇인지를 먼저 밝혀야 한다면서 1권을 끝냈던(354c) 대화자들이 국가의 성립과 전개 과정을 논의하는 것은 바로 한 개인의 영혼에서보다 큰 모델인 국가에서 정의가 더 잘 찾아질 수 있으리라는 기대에서였다. 개인의 영혼이나 국가나 모두 정의가 찾아질 수 있는 곳, 정의가 존재하는 곳으로 전제되면서 진행되는 이야기에서는 최초의 인간 공동체의 성립 과정이 이미 추후에 부각될 정의 규정의 핵심적 계기들을 예시해 준다.

2권에서 4권 초반에 걸쳐 펼쳐지는 것은 국가의 성립과 전개 과정이다.

국가 성립을 역사적으로 추적하는 것이기보다 소크라테스 자신이 명시적으로 언명하고 있듯이 말을 통해 그려지는(tō logō, 369c) 이 국가의 성립과 전개 과정은 크게 세 단계로 나누어 살펴질 수 있다. 글라우콘에 의해 돼지들의 폴리스라고 명명된 최초의 나라, 다양한 욕망들의 확장과 이의 충족으로 부풀어 열에 뜬 두 번째 나라, 이 부풀어난 욕망들이 이성적 원칙에 따라 절제되고, 통치의 원칙이 확립되는 플라톤의 이른바 가장 좋은 나라가 차례로 그려진다. 먼저 국가의 기원에 관해 이야기하는 대화자들의 말을 들어 보자.

"그런데 내가 생각하기로는 나라가 생기는 것은 우리 각자가 자족하지 못하고 여러 가지 것이 필요하게 되기 때문일세. 아니면 자네는 나라를 수립시키는 기원(起源)으로서 다른 무엇을 생각하는가?"

"다른 어떤 기원도 없습니다." 그가 대답했네.

"그러니까 바로 이런 경위로 해서, 즉 한 사람이 한 가지 필요 때문에 다른 사람을 맞아들이고, 또 다른 필요 때문에 또 다른 사람을 맞아들이는 식으로 하는데, 사람들에겐 많은 것이 필요하니까, 많은 사람이 동반자 및 협력자들로서 한 거주지에 모이게 되었고, 이 '공동생활체'(synoikia)에다 우리가 '나라'(도시국가: polis)라는 이름을 붙여 주었네. 안 그런가?"

"그렇고 말고요."

"한 사람이 다른 사람과 서로 나누어 주거나 받거나 할 경우, 그들이 정작 그러는 것은 그게 자기를 위해서 더 좋다고 생각해서겠지?"

"물론입니다."

"자, 그러면 이론상으로 처음부터 나라를 수립해 보세. 그런데 나라를 수립시키는 것은 우리의 '필요'(chreia)가 하는 일인 것 같으이." 내가 말했네.

"어찌 그렇지 않겠습니까?"

"그렇지만 여러 가지 필요 중에서도 첫째이며 가장 중대한 것은 생존을 위한 음식물의 마련일세."

"전적으로 그렇습니다."

"그리고 둘째 것은 주거의 마련일 것이며, 셋째 것은 의복 및 그와 같은 유의 것들의 마련일세."

"그렇습니다."

"자, 그러면 나라는 이처럼 많은 여러 가지 것의 마련을 위해, 이를 어떻게 충족시켜 줄 것인가? 농부가 한 사람, 집 짓는 사람이 또 한 사람, 또 다른 한 사람을 직물을 짜는 사람이 있어야 할 수밖에? 혹시 우리는 여기에다 제화공이나 아니면 신체와 관련되는 것들을 보살피는 또 다른 사람을 보탤 것인가?" 내가 물었네.

"물론입니다."

"그렇다면 '최소 한도의 나라'(최소 필요국: hē anankaiotatē polis)는 넷 또는 다섯 사람으로 이루어지겠네."

"그럴 것 같습니다." (369b-e)

폴리스의 생성에 관한 이 인용 구절에서 우리는 폴리스의 생성 원인과 더불어 그것의 성격에 관한 플라톤의 기본적인 견해를 읽어 낼 수 있다. 폴리스란 사람들이 함께 모여 서로 돕고 사는 협동적 삶의 터에 붙여진 이름이다. 이제 우리는 첫째, 사람들은 왜 모여 사는가? 폴리스는 왜 생겨났는가? 둘째, 이 공동적 삶으로서의 폴리스는 어떤 성격을 지니는가? 하는 물음들에 보다 자세한 대답을 추구해 볼 수 있다. 먼저 첫 번째 물음에 대답을 시도해 보자. 사람들은 왜 홀로 살지 않고 함께 모여 사는가? 왜 공동체가 생겨나는가라는 이 물음과 관련하여 우리는 앞서 인용된 구절로부터 다음 세 가지의 인간학적 사실들을 이끌어 낼 수 있다.

1) 인간은 많은 욕구, 충족되어야 할 필요들을 가지고 있다.
2) 그러나 인간은 독자적으로 이 모든 욕구를 충족시킬 수 없다. 그는 자족적
   이지 못하다.
3) 그런 만큼 그의 본성(physis)은 그의 자연적 욕구의 충족이란 관점에서 볼
   때 불완전하다.
4) 따라서 인간은 본성상 서로 타자에 의존하게 되어 있다.

이상에 제시된 인간학적 사실에 비추어 볼 때, 사람들은 왜 모여 사는가, 폴리스는 왜 생겨났는가 하는 물음에 대한 플라톤의 대답은 간단하고도 분명하다. 인간은 본성상 혼자 살 수 없다. 따라서 그들은 모여 산다. 홀로 살 수 없다는 것은 혼자 힘으로 자신의 여러 욕구를 모두 효과적으로 충족시킬 수 없음을 말한다. 혼자 충족시킬 수 없는 이러한 제반 욕구의 충족은 함께 모여서 서로가 서로의 욕구를 충족시키는 데 협조함으로써 가능해진다. 즉, 많은 것들이 결핍되어 있고 자족적으로 이 결핍을 채우지 못하며 협동을 통해 이 부족함과 비자족성을 해결해야 한다는 인간의 본성이 폴리스 형성의 원리(archē)요, 폴리스의 기원이라는 것, 이 점이 위 인용문에서 플라톤이 국가의 기원에 관해 이야기하는 바이다.

이 같은 원리 위에 성립한 폴리스에 대해 위에 인용된 구절로부터 우리는 다음과 같은 몇 가지 성격을 이끌어 낼 수 있다. 첫째, 인간이 자족적이지 못하다는 사실 때문에 형성된 인간들의 공동체로서의 폴리스는 인간의 이 부족함을 제거시키고, 인간들이 홀로는 제대로 충족시키지 못하는 제반 욕구를 충족시키는 것이어야 한다. 둘째, 이 같은 부족함의 제거와 욕구의 충족

은 플라톤에 따르면 서로가 서로의 상이한 욕구를 채워 줌으로써 가능해진다. 폴리스란 기본적으로 인간들 상호 간의 협동체이다. 셋째, 각 개인이 한 인간으로서 가지는 부족함이 공동체 내에서의 공동생활에서 상호 협동에 의해 제거된다 함은 이 공동체가 공동체인 한에서만 수행할 수 있는 독자적인 기능이 있음을 뜻한다. 즉 공동체란 이런 의미에서 개인들의 단순한 집합(集合) 이상의 어떤 것이다. 넷째, 공동체로서의 폴리스가 수행해야 할 기능이란 여기서 이 공동체 구성원들의 상이한 욕구의 충족이라고 할 수 있다. 따라서 이 공동체의 기능이 제대로 발휘됨은 공동체 구성원들의 욕구가 제대로 충족된다는 것을 뜻하며, 이런 의미에서 함께 산다는 것, 공동체 내에서의 삶이란 공동체 구성원에게 좋은 것, 이익이 되는 것이라고 할 수 있다. 이상에서 언급된 폴리스의 성격에 기반을 두어 마지막으로 지적할 수 있는 사실은 플라톤에게 있어 폴리스란 인간이 여러 욕구를 가진다는 것과 그것을 홀로는 채울 수 없다는 인간의 자연적 사실에 근거한 것이나, 바로 그 같은 인간의 본성 때문에 목적적 구조물의 성격을 가진다는 점이다.

2. 폴리스의 일의 배분 원칙

플라톤은 폴리스의 생성 이후 세 단계를 통해 폴리스의 발전을 고찰한다. 최초의 그리고 최소한의 욕구가 충족되는 폴리스, 욕구의 팽창과 함께 부풀어 병든 폴리스, 그리고 마지막으로 두 번째 폴리스의 병폐로부터 정화된 가장 뛰어난 폴리스의 세 단계가 그것이다. 플라톤의 최초의 폴리스는 농사짓는 이, 집짓는 이, 옷 만드는 이, 신발 만드는 이의 네 사람으로 이루어져 있다. 가장 필수 불가결한 폴리스(hē anankaiotate polis, 369d)라고 명명된 이 공동체에서 플라톤이 먼저 다루고 있는 것은 의식주라는 기본 욕구의 충족을 위해 이 폴리스 내의 여러 일들이 어떤 방식으로 나누어지고 수행되어야 하는가 하는 문제, 즉 일의 배분 문제이다. 이 문제에 관하여 두 가지 대안이 제시된다. 하나는 각자가 스스로에게 필요한 것들을 모두 스스로 만들어 사용하는 것이요, 다른 하나는 분업을 통해 각기 어떤 한 분야의 일을 나누어 맡아 서로 교환, 배분하는 방식이다. 이 최초의 폴리스가 농부, 옷 만드는 이, 집짓는 이, 구두 만드는 이로 이루어졌다는 언급은 이미 이 도시의 일들이 분업의 체제라는 것을 말해 준다. 분업이 일을 나누는 원리로 채택되는 이유는 무엇인가? 사람들이 타고난 자질에 있어 모두 같지 않으며 따라서 서로 다른 일에 적합하다는 데에서 분업의 근거가 제시된다. 타고난 자질이 서로 다름은 분업을 통해 서로 협력하는 체제의 근거로 제시된다. 더불어 누가 어떤 일을 맡느냐 하는 물음에도 각자가 자신의 소질에 맞는 일을 맡는다는 기준이 주어지게 된다. 글라우콘에 의해 돼지들의 폴리스(372d)로 지칭된 최초의 폴리스가 농부, 옷 만드는 이, 집짓는 이, 구두 만드는 이의 네 직종으로 이루어졌다는 사실은 앞서 언급된 바대로 최초의 폴리스에 관한 여기서의 언급이 역사적인 것이기보다 이론적 재구성이라는 사실을 확인시켜 준다. 정치 공동체라기보다 아직 경제 공동체의 성격을 띠고 있는 폴리스에 이 네 가지의 직종이 제시된 것은 아마도 어떤 폴리스도 그것이 폴리스로서 역할을 하기 위해서는 의식주라는 인간의 기본적 욕구를 효과적으로 충족시킬 수 있어야 한다는 뜻으로 이해될 수 있다. 이 같은 분업화된 조직은 사실 인간이 모두 자족적이지 못하기에 서로 모여 살게 되었다는 사실에서 이미 예견되어 있다. 분업 체계가 이 같은 인간의 자연적 제한에 기인하고, 나아가 공동체를 성립시킨 목적에 더 적합하기에 채택된 것이라는 점이 다음 구절에 분명히 나타난다.

"그렇다면 다음은 어떤가? 이들 한 사람 한 사람은 자신의 일을 모두를 위한 공동의 것(koinon)으로 제공해야만 하는가? 이를테면, 한 사람인 농부는 네 사람을 위한 식량을 마련해야만 하고, 또 그 식량의 마련을 위해 4배의 시간과 노고를 바치고서 그걸 다른 사람들과 나누어야만 하는가? 아니면 남들에 대해서는 아랑곳도 하지 않고(370a), 오직 자신만을 위해 그 식량의 4분의 1의 분량을 4분의 1의 시간 동안에 생산하고, 나머지 4분의 3의 시간을 일부는 집의 마련을 위해 그리고 일부는 옷의 마련을 위해 그리고 또 일부는 신발의 마련을 위해 보냄으로써, 남들과 나누는 수고를 하지 않고, 스스로 자신의 힘으로 자신의 일들을 처리해야만 하는가?"

"소크라테스 선생님, 아마도 그편보다는 먼저 말씀하신 편이 더 수월할 것 같습니다." 역시 아데이만토스가 대답했네.

"그건 단연코 조금도 놀랄 일이 못 되네. 자네가 말하고 있는 동안에 나도 이런 생각을 했으니까. 첫째로 우리 각자는 서로가 그다지 닮지를 않았고(370b), 각기 성향에 있어서 서로가 다르게 태어나서, 저마다 다른 일에 매달리게 될 것이라는 걸세. 혹시 자네에겐 그렇게 생각되지 않는가?"

"제겐 그렇게 생각됩니다."

[…]

"이로 미루어 볼진대, 각각의 것이 더 많이, 더 훌륭하게, 그리고 더 쉽게 이루어지는 것은 한 사람이 한 가지 일을 '성향에 따라'(kata physin) 적기에 하되, 다른 일들에 대해서는 한가로이 대할 때에 있어서이네."

"전적으로 그렇습니다." (369e–370c)

이 인용문으로부터 두 가지 사실이 지적될 수 있다. 먼저 사람들이 모두 같지 않고 각자가 다른 소질과 성향을 타고났으며, 따라서 각자는 자신의 성향과 소질에 맞는 일을 맡는 것이 마땅하다. 둘째로 이 같은 일의 분담은 그로 하여금 그 일을 보다 훌륭하게 수행할 수 있게 하며, 이 경우 공동체 형성의 목적이 보다 쉽게 이루어질 수 있다. 여기서 각인의 소질이 그에게 어떤 일이 맡겨지는지를 결정하는 기준이 되며, 자연적 성향과 소질(physis) 그리고 보다 효과적인 목적의 수행이 이 같은 분업 조직 자체의 정당화 근거가 된다.

소크라테스가 가장 최소한도의 나라(hē anankaiotatē polis, 369d)라고 불렀던 이 나라는 아직 통치 조직이 없다는 점에서 경제 공동체의 성격을 띠고 있다. 그러나 이 나라는 자신의 성립과 조직 원리 내에 이미 확대될 소지를 내포하고 있다. 적성에 따른 분업이 이 공동체의 조직 원리라면 농부가 사용할 농기구가 농부에 의해서가 아니라 농기구 제작자에 의해 만들어 져야 했기 때문이다. 그리고 이것은 다른 직종의 경우에도 마찬가지다. 인간의 욕구가 최소한의 의식주의 충족에 멈추지 않는다면 조미료 제조업자에서 이발사, 유모, 사냥꾼, 화가, 배우에 이르기까지 다양한 직업의 종류가 분화되겠고, 따라서 분업 원리와 욕망의 확대에 따른 공동체의 확대는 불가피한 과정이라고 할 수 있다.

폴리스의 생성 원인의 분석은 그것의 기능과 목적이 어떤 것이어야 하느냐에 대한 대답까지도 포함하고 있다. 인간이 비자족적이요 불완전한 존재라는 인간의 본성에 관한 사실은 폴리스가 어떤 목적을 가지게 되며 그것이 어떤 방식으로 기능을 해야 한다는 것까지도 미리 규정한다. 즉, 폴리스의 목적과 기능은 폴리스 구성원의 일부 또는 전부에 의해 자의적으로 설정되고 규정될 수 있는 성격의 것이 아니다. 지금까지의 우리의 분석이 보여 주는 바에 따라 그것은 인간의 불완전성을 제거하고 부족함을 채워 준다는 목적 아래 형성된 어떤 것이요 그 같은 기능을 수행함에서 그 존재 가치를 가지는 수단적인 것이라고 할 수 있다.

이 같은 맥락에서 우리는 왜 소크라테스가 폴리스를 세우고 가장 뛰어난 폴리스를 그리는 과정에서 반복적으로 그 뛰어난 폴리스와 그것의 제반 제도들이 인간의 본성에 맞다(kata physin)는 것(예컨대 428e, 456c 등)을 강조하는지 이해할 수 있게 된다. 공동생활을 한다는 사실 자체는 —그것이 어떤 종류의 공동생활이든— 인간이 선택하거나 또는 선택하지 않거나 간에 자의적으로 결정할 수 있는 능력 밖의 일이라는 것이 인간의 비자족성이라는 폴리스의 성립 원리에 함축되어 있는 메시지이다. 한 공동체가 그 공동체를 성립시킨 본래의 목적을 제대로 수행하지 못할 때, 즉 인간의 본성상의 부족함을 제거하고 그 구성원들에게 좋은 어떤 것을 더 이상 가능하게 하지 못할 때, 플라톤이 이에 대해 내린 처방은 폴리스를 떠나 다시 원자적 개인으로 돌아가라는 것이 아니라, 인간이 공동체를 이루게 되는 그 본래의 목적에 맞는 폴리스를 건설하라는 것이었다. 『국가』편 전체에 걸쳐 플라톤이 그리고 있는 가장 뛰어난 폴리스란 바로 플라톤이 그려 본 공동체 성립 목적을 가장 잘 충족시키는 폴리스의 한 모습이라고 할 수 있다.

3. 폴리스의 변화와 좋은 나라의 성립

지금까지 이야기된 관점에서 우리는 최초의 폴리스가 두 번째의 부풀어 병든 폴리스로, 그리고 이 폴리스로부터 다시 마지막 가장 좋은 폴리스로 이행하는 데에 대한 대화의 과정을 추적해 볼 수 있다. 두 번째 폴리스로의 이행(移行)을 결정하는 계기가 최초의 폴리스에서는 인간에게 필수적으로 요구되는 욕구가 만족되는 데에 있는 것에 비해, 이 두 번째 부풀어난 폴리스에서는 적어도 플라톤의 눈으로 볼 때는 필수적이라고 할 수만은 없을 욕구들이 충족되고 이것이 충족되기 위하여 최초의 폴리스에는 없었던 여러 직종들이 등장한다는 점이다. 농부, 직조공, 미장이, 제화공이라는 필수적 직종뿐 아니라 노동 분업을 사회조직 원리로 택함에 따라 필연적 발전이라고 할 수 있을 많은 나른 직종이 분업의 형태로 요구되게 된다. 농부를 위해 낫과 호미를 만드는 사람이나 산에서 나무를 자르는 사람이 독자적인 직종으로 독립되어야 되겠고, 또한 직조기 제작자, 재단사가 직조공으로부터 독립된 직종으로 필요하게 된다. 뿐만 아니라 이 같은 직종의 증가는 인간의 욕구의 유발과 증대를 수반하게 된다. 지금까지 주곡으로만 이루어지던 식사에 조미료가 필요하게 되고, 땅바닥에 앉아 먹던 이들이 식탁과 의자에 앉아 수저로 식사를 하게 되는 것 같은, 초기 폴리스에 비하면 호사(豪奢)라 할 수 있을 여러 수요가 생기게 되며, 이를 위한 직종들이 더불어 형성된다. 이 같은 물품들을 교환하는 데 필요한 화폐가 만들어지고 교환을 전문업으로 하는 상인들이 출현하며 또한 음악인, 화가, 의사 등의 직종도 생겨난다.

최초의 폴리스에서 두 번째 폴리스가 생겨나는 원인을 플라톤은 최초의 폴리스의 간소하고 건강한(372e, 373b) 삶이 어떤 사람들에게는 충분치 못하게 여겨지기 때문이라고 말하고 있다.(373a) 첫 번째 폴리스로부터 두 번째 폴리스로의 이행은 이미 지적된 두 가지 점에서 불가피하다고 할 수 있다. 즉, 두 번째 폴리스에서 제시되고 충족되는 갖가지 욕구들이란 소수의 예외적인 사람들의 경우를 제외한다면 많은 부분 인간이 삶을 영위하면서 요구하게 마련인 것들이라는 사실이 먼저 지적될 수 있겠고, 둘째로 최초로 폴리스 자체가 그 조직 원리에 따라 나름으로 제대로 기능을 발휘하기 위해서는 이미 네 사람의 직인 이외에 또 다른 직종들이 분화된다는 것은 어쩔 수 없는 일이기 때문이다. 즉, 첫 번째 폴리스로부터 두 번째 폴리스로의 이행도 인간의 본성상, 그리고 폴리스 조직의 원리에 근거해서도 피할 수 없는 과정이라고 할 수 있다. 플라톤이 두 번째 폴리스를 염증 상태의 병든 폴리스라고 불렀던 이유는 아마도 앞서 열거된 여러 욕망들이 충족되고 그를 위해 원시 폴리스에는 없었던 새로운 직종들이 생겨났기 때문이기보다는, 이같이 팽창하는 욕구들에 적절한 제한을 가할 원리가 존재하지 않는 데 있다고 할 수 있다. 왜냐하면 욕망의 증가나 업종의 분화, 그리고 이에 따른 욕망의 무분별한 충족이 그 자체로서의 선이 아니요 또 다른 기준에 비추어 욕망이 어느 선에서 어느 정도까지 충족됨이 좋으냐가 다시 결정되어야 하는 것이다. 따라서 욕망의 분화와 이의 한정 없는 충족의 추구가 본래 폴리스를 성립시켰던 그 목적을 넘어서는 것이라면, 이 같은 염증 상태의 폴리스의 병적인 측면을 제거하고 본래 폴리스 건립의 목적에 맞게 폴리스를 재조직함은 반드시 따라야 할 과정이라고 할 수 있기 때문이다.

사실 이 같은 욕망의 적절한 규제 조치가 존재하느냐, 그리고 그를 통해 인간이 폴리스를 통해 추구하고 실현하고자 하는 선을 이룩함이 가능하냐 여부가 두 번째 폴리스와 세 번째 폴리스를 구분하는 핵심적 계기라고 할 수 있다. 세 번째 가장 뛰어난 폴리스의 형성과 조직 원리(432d-433a)도 앞에서 언급된 두 폴리스에서와 마찬가지로 분업 원칙이라고 할 수 있다. 그러나 이 세 번째 폴리스의 사회조직은 그것이 분업에 근거한 것이기는 하되, 이 원리에 근거하여 성립한 폴리스의 업무 가운데 일부가 올바른 분업 원리 자체를 유지하고 욕망의 충족을 규제하는 업무를 수행하게 된다는 점에서 질적인 전환을 이룩한다고 할 수 있다.

대화의 전개 과정에서 두 번째 폴리스와 세 번째 가장 뛰어난 폴리스의 구분이 썩 명확한 것은 아니다. 두 번째 폴리스가 여러 분화된 직종을 가지게 되는 사치스런 폴리스임을 언급하고서 이 같은 다양한 욕구의 충족을 위해서는 영토의 확장이 필요하게 되리라는 점이 지적된다. 이 같은 영토 확장을 위해 전쟁이 일어나게 되고, 이 전쟁에서 자국의 국민과 영토 및 재산을 보호하기 위해 무사(武士)라는 또 다른 분화된 업무가 새로운 직종으로 등장하게 된다. 수호자(phylakes)라고 명명된 이 계층은 다시 통치자와 보조자로 나뉘게 되는데 전자가 도시의 내외사(內外事)에 관해 결정을 하고 명령하는 자라면 후자는 이들을 돕는 군(軍), 경(警), 행정관리(行政官吏)들이라고 할 수 있다. 이후의 논의는 어떤 자질을 갖춘 이들이 이 새로운 계층으로 선발되어야 하며, 이들이 그들의 임무를 제대로 수행하기 위해 어떤 교육을 받아야 하는지에 초점이 맞추어 진다. 2권 중반에서 4권 초반까지 이어지는 이 논의의 중간에서 소크라테스는 이미 그들이 대화 과정에서 두 번째 병든 폴리스의 정화 작업을 하고 있으며 그 작업을 완성하자고 한다.(399e)

경제적인 협업체의 성격을 가졌던 최초와 두 번째의 폴리스가 정치 공동체의 성격을 가지게 되는 것은 이같이 지배 계층이 도입되면서인데 이 같은 통치 계층의 도입 자체가 좋은 폴리스의 시작이요 정화의 시작이라고 말할 수는 없다. 좋지 않은, 제대로 기능하지 않는 통치의 모습이 8권과 9권에서 논의되며 1권에서도 트라시마코스와의 대화 과정에서 이미 상당히 언급되었기 때문이다. 따라서 폴리스의 정화 작업은 통치 업무의 도입 자체에서보다는 제대로 된 통치 기능이 수행되기 위해 통치자의 자질과 엄격한 교육이 논의되는 과정과 관련된다고 할 수 있겠다. 시가(詩歌)와 체육을 통해 이루어지는 교육은 지식을 전달하는 측면보다는 심성의 형성(plattein tas psychas, Bildung der Seele)[01]에 주력하는데 이 같은 교육을 통해 피교육자는 균

---

01   377c. 이 부분은 흔히 인간 교육과 관련되는 도야(陶冶, Bildung)의 이념이 최초로 언급된 구절로 지칭된다.

형 잡힌 영혼을 가지게 된다. 균형 잡힌 영혼을 가지게 된다 함은 영혼 가운데 지배해야 할 부분이 지배하고 통제되어야 할 부분이 통제되는 삶의 태도를 가지게 됨을 뜻한다. 이 같은 교육과정을 거쳐 가장 뛰어난 재능을 가진 자들이 통치자로 선발되며 나머지 사람들도 그들의 자질에 적합한 일들을 맡게 된다.

이 세 번째 폴리스가 가장 뛰어난 폴리스라고 지칭되는 이유는 두 가지 측면에서 이야기될 수 있다. 첫째는 모든 이들이 자신의 능력에 적합한 일을 부여받는다는 원칙에 따라 이 국가가 조직되었다는 점이요, 둘째는 이 원칙에 따라 자신의 일을 부여받은 이들, 그중에서도 특히 통치자 계층이 자신의 과업을 뛰어나게 수행할 능력이 있다는 점이다. 폴리스 내에서 각자가 해야 할 일과 관련하여 각인이 자신의 능력과 소질에 맞는 일을 부여받는 이외에 기타의 재화와 배분에 있어서도 각자는 천성상 가장 필요로 하는 것들을 나누어 받는다고 할 수 있다. 원시 폴리스에서의 직업별 분류에서 폴리스는 이제 생산자, 무사, 통치자의 세 계층으로 나누어 지는데 생산자 계층은 사유재산과 가정을 가짐이 허용되나 공동체의 제반사를 결정하는 권한은 가지지 못하며, 위의 두 계층에는 보다 긴 고급의 교육이 제공되나 재산 소유나 가족을 가지는 것은 허용되지 않는다.

이 같은 배분은 4권에서 전개되는 영혼론에 기반을 두고 있다. 앞에서 잠시 언급되었듯이 영혼은 이성, 기개, 욕망의 세 기능으로 나뉘는데, 각 부분들은 각기 수행할 수 있는 능력의 면에서 서로 다를 뿐 아니라 추구하는 바도 각기 다르다. 이성적 부분은 사태의 이치, 앎을 추구하며, 기개의 부분은 명예, 그리고 욕망의 부분은 신체적 욕구의 충족을 추구한다. 사람들이 자질에 있어 서로 다르게 태어난다 함은 영혼의 어떤 부분이 더 두드러지다는 것을 의미하며 따라서 각인이 잘할 수 있는 것, 보다 더 추구하는 것이 다르다는 것을 의미한다. 가장 뛰어난 폴리스에서의 일과 재화의 배분은 이 같은 인간학적 사실에 기반을 두고 이루어진다고 할 수 있다. 따라서 각자가 자신이 가지고 있는 자질을 충분히 발휘하고 자신이 추구하는 바를 배분받는 폴리스의 모습이 그려지는데, 이 같은 폴리스에서 플라톤은 어떤 한 계층이 아니라 모든 계층이 행복하며 따라서 전 폴리스가 행복하다고 말한다.

4. 나라에서의 정의와 영혼의 정의

4권에서 다시 정의가 무엇인가라는 테마로 돌아와 정의는 "각자가 자신의 것을 함"으로 규정된다. 이는 바로 가장 뛰어난 폴리스의 사회 구성 원리를 나타낸다고 할 수 있다. 따라서 가장 뛰어난 폴리스는 바로 정의로운 폴리스이다. 그 폴리스가 뛰어날 수 있는 이유가 바로 이 폴리스가 정의롭게 조직되었기 때문이다. 이미 언급되었듯이 두 번째 호사스런 나라로부터 세 번째 가장 좋은 나라로의 이행은 서술상 분명하게 경계지어져 있지 않다. 인간의 다양한 욕망에 따른 두 번째 폴리스의 팽창에 의해 보다 넓은 영토의 필요가 생기며 여기서 침략 전쟁이 일어나게 되고, 외적의 침입으로부터 공동체를 방어할 무사 계층 및 지배자 계층이 역시 분업 원리에 따라 생성된다. 이 같은 계층의 형성이 바로 좋은 나라로의 이행이라고 할 수 없음은 물론이다. 수호자들(phylakes)이라고 이름 붙여진 통치 계층의 기능과 자격 그리고 교육이 검토되면서 좋은 나라에 대한 논의가 시작된다. 이 통치자들에 의해 필요 이상의 욕망(373b)이 통제되고, 이성의 원리에 따라 확대된 욕망들로부터 폴리스가 정화되면서 세 번째 폴리스가 성립한다.

20세 이전까지의 기본 교육이라고 할 수 있을 치자 계층의 교육에 대한 긴 논의를 끝내고, 지금까지 그려진 나라가 통치자의 뛰어난 교육 이외에 지녀야 할 조건 몇 가지가 더 서술된다. 하나의 나라(mia polis, 422e)라고 불릴 수 있을 이 나라는 내부에 가난한 이들과 부자들 사이의 갈등과 알력으로 둘로 나누어져 있지 않기에 진정으로 통합을 이룬 나라이다.(422e-423a) 또한 이 나라는 통합이 깨어지지 않을 정도의 크기를 유지하며, 인구가 지나치게 커지거나 나라가 사치하지 않고 욕망이 적정선에서 제한된다. 통치자는 가정이나 사유재산을 가지지 않고, 국민으로부터 생계를 위한 최소한의 보수를 통치의 대가로 받으며, 나아가 통치자의 선발은 엄격한 능력 본위로 한다는 것들이다. 처음과 마지막 포인트를 다음 구절이 분명히 해 준다.

"그리고 보면 이보다도 더 가벼운 것은 앞서 우리들이 언급했던 말, 즉 수호자들로부터 신통찮은 어떤 자손이 나올 경우 이 사람을 다른 계층으로 보내버리되, 만일에 다른 계층으로부터 빼어난 자손이 나오면 이 사람은 수호자 계층으로 보내야 된다는 지시 사항일세. 그러나 이의 취지는, 다른 시민들의 경우에 있어서도 역시 마찬가지로, 저마다 천성으로 타고난 것에, 각자가 이 한 가지 일에 유의해야 된다는 것인데, 이는 각자가 자신의 한 가지 일에 종사함으로써 각자가 여럿 아닌 한 사람으로 되도록 하고, 또 이렇게 함으로써 나라 전체가 여럿 아닌 하나로 되도록 하기 위해서였네." (423c-d)

능력과 소질에 따라 모든 사람이 자신에게 알맞은 하나의 일만을 한다는 원칙이 그 사람이나 나라를 하나로 만들 것이라는 점이 위에 인용된 구절에 나타나 있다. 분열되지 않는 하나의 나라라는 점이 이 구절뿐 아니라 다른 구절에서도 강조된다. 이는 각자가 모두 자신이 타고난 기량을 발휘하게 된다는 점과 함께 좋은 나라가 가능하게 하는 것으로, 바로 정의가 가능하게 하는 것, 정의의 일(ergon)이라는 점이 차후 밝혀진다.

아직 이 단계에서는 정의가 무엇인지 밝혀지지 않았다. 곧 이 좋은 나라에서 정의가 어떤 것인지 찾는 작업이 시작된다. 이 나라는 크게 생산자, 무사, 통치자로 분담된 업무에 따라 세 계층으로 나뉘는데, 이 나라가 가장 좋은 나라인 이유는 다음 두 가지로 밝혀진다. 먼저 각자가 자신의 소질에 맞는 일을 부여받으며, 분담된 일들이 그 일에 적합한 사람들에 의해 뛰어나게 수행된다. 생산자 계층은 생산자로서, 무사 계층은 전사로서 그리고 치자 계층은 치자로서 뛰어나다. 이 나라는 나라 자체로서 현명함, 용기 있음, 절제 있음의 덕(aretē)을 가진다. 각각의 업무에 적합한 사람이 일을 관장하기 때문이다. 여기서 두 번째 포인트가 지적될 수 있다. 이 나라가 뛰어난 이유는 적재적소의 원칙 위에서 나라의 업무가 수행되기 때문이다. 나라에 현명하고 지혜로운 이가 많아도 그 사람이 통치자의 업무를 보도록 일을 배분받지 않으면 그의 현명은 무용하고, 그 나라도 그 현명함을 통해 나라 안팎의 일을 현명히 처리할 수 없다. 나라에 용맹한 이가 많아도 그들이 무사의 자리에 기용되지 않으면 그들의 용감함은 발휘될 길이 없고, 그 나라가 전쟁에서 훌륭하게 자신을 방어할 수 없다. 그 나라 사람들이 치자와 피치자 사이에 지배하고 지배받음에 관한 합의가 없을 때 그 나라가 전체로서 자신을 통제하는 일이 불가능하며, 따라서 그 나라가 절제롭기 어렵다. 한 나라가 가지는 이 같은 뛰어남들, 즉 현명히 내외사에 대처하고, 내외의 환난을 용맹히 방어하며, 자신을 적절히 통어 절제할 수 있음은 각자가 자신에 적합한 일을 맡아 수행한다는 원칙이 확립되어 시행될 때 가능하다. 이 같은 원칙이 확립되고, 이 원칙 위에서 각 일을 맡은 이들이 실제로 그 일들을 뛰어나게 수행함에 의해 이 나라가 뛰어난 나라, 좋은 나라가 될 수 있다.

한 나라에서의 정의란 바로 그 나라가 지혜롭고 용기 있고 절제 있음을 가능하게 하는 어떤 것으로, 즉 한 나라의 제반 뛰어남들을 가능하게 하는 것으로 규정된다.

> "정의란 이 세 가지 모두가(지혜, 절제, 용기) 이 나라 안에 생기도록 하는 그런 힘을 주고, 일단 이것들이 이 나라 안에 생긴 다음에는, 적어도 그것이 이 나라 안에 있는 한은, 그것들이 보전되도록 해 주는 그런 것이라고 생각되네."
> (433b-c)

따라서 그것은

> "우리들이 이 나라를 수립하기 시작할 당초부터 언제나 준수해야 될 사항으로 정했던 것, 바로 그게 아니면 그런 종류의 어떤 것이 실로 정의인 것으로 내게는 생각되네. 자네도 기억하고 있는지 모르겠네만, 분명히 우리들이 정했고, 또 여러 차례에 걸쳐 언급했던 것은 각자는 자기 나라에 관련된 일들 중에서 자기의 성향에 가장 적합한 그러한 한 가지의 일에 종사해야 된다는 것이었네. … 자기의 일을 하되 (남의 일에) 참견하지는 않는 것이 정의라고 하는 이 말은 많은 다른 사람들이 하는 것도 들었지만 우리들 자신도 여러 차례에 걸쳐 말하기도 했네." (433a-b)

이미 최초의 공동체 성립에서 공동체 조직의 기본이 되었던 원칙, 즉 모두가 타고난 소질에 맞는 일을 배분받고, 그 일을 수행함이 바로 정의라고 규정되었다. 국가가 이 원칙에 의해 조직되므로 각자가 자신의 소질에 맞는 일을 분배받는다. 뛰어난 나라, 좋은 나라가 가능하게 되는 것은 정의의 원리 때문이다. 따라서 "각자가 자신의 것을 함"이라는 정의 규정은 좋은 나라의 구조 원리와 같은 것으로 이해될 수 있다. 그것은 공동체의 각 구성원들이 공동체 내의 일을 함에 있어 무엇을 어떤 기준에 따라 배분받는지를 규정한다는 점에서 배분의 원칙이라고 할 수 있다. 더 나아가 각자가 실제로 그것을 한다고 규정함으로써 그것이 단지 이론적 차원의 원칙임을 넘어 실제에 있어 뛰어난 나라를 가능케 하는 어떤 힘(dynamis)으로 이해되고 있다.

여기서 우리는 앞서 1권의 제 논의들이 어떻게 여기서 확립된 정의 규정과 긴밀히 연결되어 있는지를 볼 수 있다. 1권을 다루면서 우리는 이미 정의 규정이 여러 기술들과 유비되어 그 능력과 기능의 차원에서 논의됨을 지적한 바 있다. "각자가 자신의 것을 함"이라는 정의 규정도 국가 안에서 특정한 상태에 국가가 있도록 하는 어떤 것으로 파악될 수 있다. 그것은 국가가 분열되지 않고 하나로 있을 수 있게 하며, 또 국가의 제 분야가 가장 뛰어난 상태에서 기능하게 하며, 따라서 가장 훌륭한 상태에 있게끔 하는 능력이다. 한 나라가 위의 상태에 있게 하는 것이 바로 정의의 일(ergon)이라고 할 수 있겠다. 따라서 정의가 여기서 어떤 한 특정한 행위규범으로 파악되기보다는 한 나라의 뛰어난 상태(best constitution, aristē politeia) 안에 있으므로, 즉 일종의 덕이요 경향성으로 파악되고 있음을 알 수 있다.

"각자가 자신의 것을 함"이라는 규정은 원칙이라는 측면에서 볼 때, "각자에게 적합한 것"(prosēkon)이라는 규정과 관련하여 이해될 수 있다. 실제로 플라톤의 좋은 나라는 "각자에게 적합한 것"이라는 원칙 아래 조직되었다고 할 수 있다. 공동체 구성원들이 일을 배분받음에 있어 자신의 능력에 따라 업무를 배분받을 뿐 아니라, 생산자 계층에 사유재산과 가족의 소유가 허용되고, 무사 계층에 그에 걸맞은 명예가, 그리고 통치자 계층에 그들이 본성상 추구한다는 고급의 지적 교육이 배분됨은 또한 각 사람들에게 그들이 성향상 가장 필요하고 귀하게 여기는 것을 배분했다고 할 수 있다. 따라서 이 나라는 마르크스가 얘기했던 것과는 또 다른 의미에서 "능력에 따라 일하고 필요에 따라 배분한다"는 원칙이 지배하는 나라라고 할 수 있다. 이는 다시

"각자에게 적합한 것"이라는 1권의 폴레마르코스와의 대화에서 이미 언급되었던 원칙 아래로 포괄될 수 있으며, 여기서 '적합한 것'이란 일의 배분의 경우는 '능력과 소질에 맞는 것'이 되겠고 다른 재화의 배분에 있어서는 역시 '그의 자연적 성향이 가장 필요로 하는 것'이라고 정리될 수 있겠다.

국가에서의 정의를 규정한 후, 다시 개인 영혼에서의 정의가 탐구된다. 이는 국가의 구조와 개인 영혼의 구조가 동형(同形)임을 전제하는 데서 가능하다. 따라서 영혼에도 국가에서와 같은 세 가지 다른 기능이 있음이 입증되어야 하는데, 이를 입증하면서 이성, 기개, 욕망이라는 영혼에 관한 세 기능이 구분된다. 아리스토텔레스에 의해 확립되는 모순율의 선행 형태라 볼 수 있을 원칙, 즉 "동일한 것이, 동시에 동일한 관점에서 작용하고 작용받을 수 없다"는 원칙에 따라 이 세 기능이 하나로 환원될 수 없음이 증명되고, 한 개인 영혼의 경우에도 역시 각 기능이 각각 해야 할 바를 수행함이 정의라는 것이 보여진다. 영혼 기능의 삼분(三分)은 영혼 역시 복합적 구조임을 보이기 위한 것인데, 이 복합적 구조물에서 지배할 것이 지배하고 지배받을 것이 지배받는다는 원칙 아래, 각 기능이 자신의 것을 하는 경향성 내지 상태(hexis)가 확립되었을 때, 이 영혼은 정의롭다고 할 수 있다.

정의로운 영혼에서는 이성이 지배하고 기개와 욕망이 지배받는 위치에 서게 되는바, 이성에 이 같은 지배의 권능이 주어지는 것은 그것만이 그 사람 전체에 무엇이 좋은지를 헤아릴 능력이 있기 때문이다. 분노하고, 부끄러워할 줄 아는 능력으로서의 기개나, 식(食)과 색(色)의 능력으로서의 욕망이나 모든 사람이 사람으로 살기 위해 필요한 능력이나, 자신에게 좋고 나쁜 것을 제대로 판단할 능력이 없으며, 따라서 욕망이나 기개가 아닌 이성이, 어떤 것을 결정할 때 결정하는 위치에 있는 것이 영혼 내의 마땅한 질서라는 것이다. 실제의 현실 생활에서는 욕망이 삶의 원칙이 되거나 명예에 대한 추구가 가치의 기준이 되는 경우가 허다한데, 이 경우 이성은 그것들에 봉사하는 도구적 이성의 지위에 머물게 된다. 이런 삶의 방식에서 문제는 결정권자의 위치에 있는 기개나 욕망이 그것이 가장 가치 있다고 생각하는 것을 추구하기는 하나, 과연 그것이 자신에게 진정으로 좋은 것인지를 판단할 능력이 없고 맹목적이라는 데 있다. 트라시마코스가 행복한 사람이라고 했던 폭군이란 바로 욕망이 삶의 지배자가 되고 이성이 성공적으로 욕망의 추구를 시중드는 위치에 있는 사람의 타입이 되겠는데, 이 같은 삶이 개인적으로 공동체적으로 어떠한지 8권과 9권에 걸쳐 생생하게 그려져 있다.

플라톤의 국가가 교육 국가라고 명명될 정도로 교육에 관한 논의에 많은 부분을 할애하고 있는 이유는 개인에게 있어 바로 이 같은 이성적 삶의 태도가 저절로 주어지거나 개인적 결단으로 얻어질 수 있는 것이 아니라, 어려서부터 이성적 삶에로 교육되고 습관지어질 때 비로소 가능하다고 생각했기 때문이다. 학교교육이든 가정교육이든 사회교육이든 그 사회가 가장 귀한 것으로 여기고, 그것이 그 사회의 지배 원리가 되어 있는 것에 의해 바로한 개인의 삶의 방식이 형성되고 교육되기 마련이므로, 올바른 삶과 인간 영혼의 형성 및 교육의 문제는 개인적 결단이나 가족의 좁은 테두리에 한정되어 논의될 수 없고 국가의 삶의 방식과 함께 논의되어야 한다는 생각이 정의를 규정하고, 좋은 삶이 어떤 것인지가 문제될 때 국가의 차원에서 정의가 먼저 논의되었던 이유라고 할 수 있겠다.

IV

정의란 무엇인가?

1. 문제의 성격

플라톤이 『국가』편에서 정의를 주제로 다루고 있음은 잘 알려진 사실이다. 전승하는 서양철학사의 문헌들 가운데 이 대화 편은 아마도 정의 문제를 철학적 탐구의 본격적 테마로 삼은 최초의 저술이라고 할 수 있다. 플라톤의 저술 가운데에서 차지하는 『국가』편의 위치와 그리고 이 대화 편이 그 이후의 철학적 논의에 미친 지속적이고 광범위한 영향을 생각하면서 우리가 플라톤에 관한 방대한 문헌들을 개관할 때 우리는 한 특이한 사실에 주목하게 된다. 이 작품이 제기하는 제반 철학적 문제들에 관한 수많은 문헌들 가운데에서 정작 이 대화 편의 주제인 정의 문제에 대해서는 그리 많은 논문이 발표되어 있지 않으며 더 나아가 앞에서 제시한 '각자가 자신의 것을 함'이라는 플라톤의 정의 규정 자체에 대한 상세하고 의미 있는 연구는 아주 드물다는 사실이 그것이다. "플라톤의 정의"라는 제목의 비교적 널리 알려진 한스 켈젠의 글은 플라톤의 정치철학의 일반적 면모를 다루고 있을 뿐 그의 정의 규정 자체를 천착하고 있지는 않으며, 금세기 들어 구미에서 발표된 플라톤에서의 정의 문제에 관련된 논문들도 대체로 국가와 개인 간의 관계, 정의로운 삶과 행복한 삶의 관계 등 보다 넓은 정치철학적, 윤리학적 주제를 다루고 있지 플라톤의 정의 규정 자체를 해명하는 데 초점을 맞추고 있지 않다.

아리스토텔레스가 그의 『니코마코스 윤리학』 5권에서 법을 지킴(to nomimon)이라는 의미에서의 전체적 정의와 같음(to ison) 개념에 기초한 부분적 정의를 구분하고 이 부분적 정의를 다시 배분적 정의(to dianemētikon dikaion)와 보상적 정의(to diorthōtikon dikaion)로 구분한 후 이 배분적 정의나 보상적 정의의 기준으로서의 기하학적 및 산술적 같음 개념은 이후의 정의에 관한 논의들의 기초가 되어 왔다. 즉 권력, 부, 명예와 같은 제한된 재화가 어떻게 배분되어야 하느냐, 그리고 상호 교섭에 있어 교섭과 보상의 기준이 어떤 것이어야 하느냐 하는 문제들이 정의 문제가 다루어질 적절한 영역으로, 이 영역들에서, 즉 재화의 배분과 상호 교섭의 영역에서 위에 언급된 기준에 따른 행위가 정의롭고 그렇지 않은 경우 부정의하다고 이야기된다. 배분의 경우나 교섭의 경우나 관계 당사자가 자신의 몫 이상을 가지지 않음(ou pleonektein)이 정의이고 따라서 정의란 항상 타인과의 관계에서(pros heteron) 성립하는 사회적 덕으로 규정된다. 근세 이후 특히 이즈음의 정의에 관한 논의는 위에 지적된 정의에 관련된 두 영역 가운데 특히 배분 문제 쪽에 논의의 초점을 두고 진행되었다고 할 수 있다. 생명, 재산, 자유와 관련하여 어떤 기준에 따라 권리와 의무가 사회 구성원들에 배분되어야 하느냐라는 물음에 대해 절대적 평등 개념들을 비롯하여, 능력, 필요, 공적, 결과 등이 그 대답으로 제시되어 왔고, 이 같은 기준을 정당화하면서 정의에 관한 논의가 세련되고 심화되어 왔다고 할 수 있다.

이 같은 정의에 관한 논의의 역사적 추이를 배경으로 놓고 볼 때, 우리는 앞서 제시한 "각자가 자신의 것을 함"이라는 플라톤의 규정이 어떤 방식으로 정의에 관한 통상적 논의의 어법에서 벗어나 있는지 판단할 수 있고, 이 규정 자체에 대한 논고가 많지 않은 이유도 여기서 찾아질 수 있으리라 생각된다. 즉 "각자가 자신의 것을 함"이라는 규정이 근세 이후 특히 오늘날 정의 논의의 중심이 되는 배분 문제에 관한 논의의 초점을 벗어나는 것으로 보인다는 사실이다. 규정 가운데 '자신의 것'이라는 부분이 배분 문제의 기준 역할을 할 수 있겠는데, 여기서 정의가 "각자가 자신의 것을 가짐" 또는 "각자에게 자신의 것을 나누어 줌"과 같이 정의되어 있다면 배분 문제 논의와 자연스럽게 연결될 수 있을 것이다. 따라서 플라톤의 정의 규정에 관한 고찰은 그의 규정 가운데 있는 '함'이라는 계기를 어떻게 해석하고 이해하느냐에 초점이 맞추어져야 할 것이다.

플라톤에서의 정의 논의의 성격을 보다 명확히 이해하기 위해서는 이 같은 정의 규정이 제시되기까지의 논의 과정을 상세히 서술할 필요가 있겠으나, 이 논문에서 우리는 이 부분을 간략히 언급하고 규정 자체의 규명에 보다 큰 비중을 둘 것이다. 블라스토스(Vlastos)의 글을 단서로 삼아 논의를 시작하는 것은 그의 논문이 플라톤의 정의 규정을 그 자체로서 문제 삼고 있는 몇 안 되는 글 가운데 하나이기 때문이다. 그가 제시한 해석의 부적절함을 밝히면서 필자의 해석을 제시하고, 마지막으로 이 같은 해석 위에서 플라톤의 정의 규정의 성격을 살펴보도록 하자.

2. 정의 문제 제기의 맥락

정의란 강자의 이익일 따름이며 가장 부정의한 자가 가장 행복한 자라는 트라시마코스의 주장이 아테네 외항 피레우스의 축제일 저녁 거류외인 케팔로스의 집에 모였던 소크라테스를 비롯한 여러 대화자들이 『국가』편의 2권에서 4권에 이르기까지의 긴 대화를 하게 하는 실마리가 된다. 『국가』편의 1권에서 3개의 논변을 통해 트라시마코스의 주장을 반박했던 소크라테스는 스스로 이 논박으로는 트라시마코스를 논파하기에 충분치 않다고 생각하고 도대체 정의가 무엇인가라는 물음에 대한 대답부터 분명히 해야 할 필요를 느낀다. 2권 초반부에 글라우콘과 아데이만토스에 의해 문제가 다시 한 번 보다 상세히 개진되고서 시작되는 소크라테스의 대답은 바로 정의란 무엇인가의 문제를 다루지 않는다. 앞장에서 논의되었듯이 폴리스가 성립되고 전개되는 과정을 대화 가운데서 이론적으로(tō logō, 369c9) 재구성해 보는 작업이 진행되는데, 이 같은 논의는 국가의 건립과 전개 과정에서 정의가 찾아질 수 있으리라는 대화자들의 생각에 기초해 있다.

먼저 노동 분업에 기초한 최초의 공동체의 성립과 이에 필요한 조건들이 고찰되고 이어 이 최소한의 폴리스가 어떻게 부풀어(phlegmainousan, 372e8) 확장될 수밖에 없는가가 보여진 후 대화는 이 폴리스가 어떻게 정화될 수 있는가 하는 문제로 이어진다. 이른바 플라톤의 이상 국가로 알려진 가장 뛰어난 국가(hē aristē polis)의 구성과 그 존립에 필요한 제 조건들과 그 이유가 2권 중반부터 4권 초반에까지 전개된다. 가장 뛰어난 국가는 최초의 인간 공동체가 구성되었던 원리, 즉 노동 분업의 원리에 따라 생산자, 무사, 통치자의 세 계층으로 나누어진다. 각자가 타고난 자질과 이 자질이 충실히 계발되었느냐 하는 기준에 따라 일정한 나이에 이르면 시험에 의해 폴리스 내에서 각자의 업무가 정해지고 그가 속하는 계층도 더불어 결정된다. 가장 뛰어난 국가에 대한 논의를 끝내고 이어 정의가 무엇인가라는 물음이 이 뛰어난 국가를 토대로 하여 대답된다. 지혜, 용기, 절제, 정의가 이 뛰어난 국가 내에서 어떻게 규정되는가가 논의되고 이어 개인의 영혼에서의 정의가 다루어진다. 먼저 개인의 영혼도 국가와 형태상 동일하다. 즉 이성과 기개와 욕망이라는 각기 다른 세 기능으로 구분된다는 것이 증명되고 국가에서와 같은 방식으로 개인 영혼 내에서의 정의가 규정된다. 폴리스에서나 개인의 영혼에 있어서나 정의란 이미 언급된 대로 "각자가 자신의 것을 함"이다.

이상에서 우리는 『국가』편의 1권에서 4권에 걸쳐 정의가 본격적으로 논의되기까지 과정을 간략히 서술했다. 이제 플라톤의 정의 규정 자체를 이미 언급한 대로 블라스토스의 입장을 검토하면서 살펴보도록 하자.

3. 행위규범으로 파악된 정의: 블라스토스의 견해

"각자가 자신의 것을 함"이라는 규정과 관련하여 블라스토스가 그의 논문에서 먼저 제기하는 문제는 이 규정이 당시의 그리고 오늘날의 통상적인 정의에 대한 이해와 거리가 있다는 사실이다. 앞서 언급되었듯이 정의란 다른 사람과의 관계에서 성립하는 사회적 덕(social virtue)이다. 블라스토스에 따르면 기원전 5-4세기경에도 정의는 기본적으로 다른 사람과의 관계에서 성립하는 것으로 이해되었는바 이 같은 이해가 "정당한 혹은 자신이 가져야 할 몫보다 더 많이 가지려 하거나 가진다"는 pleonexia의 개념으로 표현되었다고 한다. 이 같은 당시의 일반적 정의에 대한 이해와 관련하여 블라스토스는 바로 이 같은 타인과 관계되어 성립하는바 사회적 덕으로서의 계기가 플라톤의 규정에 결여되어 있는 것으로 보인다고 지적한다. "각자가 자신의 것을 함"이라는 규정이 다른 사람과 관계되어 성립하지 않음은 특히 개인 영혼에서의 정의를 논하면서 보다 선명히 드러난다. 이성, 기개, 욕망이라는 영혼의 세 부분이 각기 자신의 것을 할 때, 이 영혼 그리고 이 같은 조화된 영혼을 가진 개인을 정의롭다고 이야기한다. 이 경우 이 사람이 정의롭다는 것은 그의 영혼의 상태에 의해 규정되는 것이지 다른 사람과의 관계에서 규정되는 것이 아니며, 따라서 이 경우 정의가 사회적 덕이라고 규정되기 어렵다.

블라스토스는 물론 플라톤의 "각자가 자신의 것을 함"이라는 규정이 사회적 덕이 아니라는 주장에 동의하지 않는다. 따라서 플라톤의 정의 규정이 어떻게 당시의 일상적 정의 개념인 pleonexia에로 연결될 수 있으며 적절히 사회적 덕으로 이해될 수 있는가를 밝히는 일이 그의 첫째 과제가 된다. 그는 그의 주장이 『국가』편의 4권에 나오는 한 구절에 근거하여 정당화될 수 있다고 생각한다. 블라스토스는 소크라테스가 그의 대화자 글라우콘과 폴리스의 정의를 사법적 정의와 연결시켜 논의하는 다음 구절을 인용한다.

통치자들이 재판에서 추구하는 것이 각자가 다른 이의 것을 가지지 않고 빼앗기지 않도록 하는 것 이외의 다른 어떤 것이겠나? 다른 게 아니고 바로 그것이겠지요. 그것이 정의이기 때문이겠지? 그렇지요. 그렇다면 자신의 것을 가짐과 함(hexis te kai praxis)이 정의라는 데 합의할 수 있겠네. (433e6-434a1)

이 구절에는 '자신의 것을 함' 이외에 '자신의 것을 가짐'이라는 규정이 덧붙여져 있다. 블라스토스는 '자신의 것을 가짐'이라는 이 규정이 바로 당시의 일상적 정의 개념이며, 이 규정을 매개로 하여 플라톤의 '자신의 것을 함'이라는 규정이 사회적 덕으로 이해될 수 있다고 말한다. 블라스토스의 논의는 다음과 같이 정리될 수 있다. 먼저 그는 위에 인용된 구절을 아래와 같이 삼단논법의 형태로 요약 서술한다.

1) 각자가 자신의 것을 가짐이 재판관이 추구해야 할 바의 것이다.
2) 재판관이 추구해야 할 것은 정의이다.
3) 따라서 각자가 자신의 것을 가지고 각자가 자신의 것을 함이 정의이다.

위에 정리된 내용과 관련하여 블라스토스는 다음과 같은 의문을 제기한다. 추론의 전제가 되는 1)에서는 '각자가 자신의 것을 가짐'만이 이야기되었는데 결론부인 3)에서 어떻게 갑자기 '각자가 자신의 것을 함'이라는 규정이 함께 도출될 수 있는가? 이 물음은 소전제 2)와 결론 3) 사이에 다음 두 명제를 보충함으로써 대답될 수 있다고 블라스토스는 말한다.

> 2) 재판관이 추구해야 할 것은 정의이다.
> 2a) 따라서 각자가 자신의 것을 가짐이 정의이다.
> 2b) 그러나 오로지 각자가 자신의 것을 할 때 그리고 오직 그때에만 각자는 자신의 것을 가질 수 있다.
> 3) 따라서 각자가 자신의 것을 가지고 각자가 자신의 것을 함이 정의이다.

즉 블라스토스의 견해는 플라톤은 '각자가 자신의 것을 함'과 '각자가 자신의 것을 가짐'의 사이의 연결이 대단히 자명하다고 생각했기 때문에 위의 2a)와 2b)를 명시적으로 보충하지 않고 1)과 2)로부터 바로 3)을 도출했다는 것이다.

그의 이 견해에 따르면 '각자가 자신의 것을 함'이 '각자가 자신의 것을 가짐'의 전제 조건이 되며 더 나아가 '각자가 자신의 것을 함'이라는 규정이 어떤 경우에 '각자가 자신의 것을 가질' 수 있는지 밝혀 줌으로써 일상적 정의 규정이 가지는 미비점을 보완해 주고, 이러한 맥락 아래서 '각자가 자신의 것을 함'은 사람들 사이의 관계를 규정하는 사회적 덕으로 이해될 수 있다는 것이다.

이 같은 블라스토스의 견해는 우리가 플라톤의 텍스트를 좀 자세히 살펴보게 되면 바로 적절치 못한 해석이라는 것이 드러나게 된다. 첫째 2a)와 2b)를 대단히 자명하게 생각했기 때문에 플라톤이 굳이 이것을 적어 넣지 않았다는 그의 주장도 그리 설득력이 있어 보이지 않거니와 또한 '자신의 것을 함'이 '자신의 것을 가짐'의 필수 조건이라면 3)의 결론 부분에서도 '자신의 것을 함과 가짐'이 보다 자연스러운 표현 순서라고 이야기될 수 있을 것이다. 더 나아가 인용된 구절에 이어지는 부분을 보면 블라스토스의 해석이 타당치 못하다는 것이 보다 선명해 진다. 소크라테스는 글라우콘에게 미장이와 제화공의 예를 들며 그들이 자신들의 일을 하지 않고 다른 사람의 일을 하거나 또는 자신들의 도구(organa)나 그들에게 돌아갈 명예(timas)를 구분치 않거나 혹은 한 사람이 양자의 일을 모두 하려고 함은 폴리스를 크게 해칠 것이라고 말한다. 블라스토스의 견해에 따라 이 부분을 해석하면 미장이가 미장이의 일을 함이 미장이가 자신의 도구나 명예를 가짐이 전제 조건이된다. 그러나 적어도 도구의 경우 미장이가 미장이의 도구를 배분받아 가짐이 그가 자신의 일을 함의 조건이 되지 그 역이라고 말하기는 어렵다.

위에 인용된 부분이 블라스토스의 견해와 달리 어떻게 보다 적절히 해석될 수 있는지는 다음 장에서 보다 자세히 다루어질 것이다. 우리가 여기서 블라스토스의 입론과 관련하여 주목하고자 하는 점은 그의 해석이 자신의 일을 하는 개인을 정의라는 술어의 일차적 적용 대상으로 파악하고 있다는 사실이다. 이 부분은 오해의 여지가 있으므로 약간 자세히 이야기할 필요가 있겠다. 이미 앞에서 서술한 대로 플라톤 자신이 정의가 폴리스와 개인의 영혼에서 성립한다고 말했다. 그리고 지금 인용문이 다루어지고 있는 부분, 개인 영혼의 정의가 아니라 폴리스의 정의가 다루어지는 부분이다. 폴리스에서의 정의가 다루어진 후에야 영혼의 세 부분, 즉 이성, 기개, 욕망이 구분되고 이 각 부분들이 자신의 것을 할 때 그 영혼이 정의롭다고 이야기된다. 따라서 개인적 차원에서의 정의는 그 개인이 한 공동체 구성원으로서 자신의 일을 할 때 이야기되는 경우와는 달리 논의된다. 블라스토스는 그러나 폴리스의 정의를 논하는 과정에서도 역시 그 폴리스를 구성하는 개인이 자신의 일을 할 때, 여기서 정의롭다고 이야기되는 것은 일차적으로 그 개인들로 구성된 폴리스가 아니라 그 개인들이라고 이야기한다. 이 같은 그의 입장은 그의 다음 주장에서 보다 분명하게 드러난다. "도덕적 술어는 폴리스를 구성하는 구성원들에게 언표될 수 있을 때에만 그리고 오로지 그 이유 때문에 폴리스에도 언표될 수 있다." 블라스토스의 이 언명은 다음 두 주장을 포함하고 있다. 첫째, 정의롭다는 술어는 '자신의 일을 하는' 개인들에게만 적절하게 그리고 일차적으로 언표될 수 있다. 둘째, 그 폴리스를 구성하는 개인들이 정의롭다고 이야기될 때 그 정의로운 개인들에 근거하여 폴리스는 부차적으로만 정의롭다고 언명될 수 있다.

이상에서 제시된 블라스토스의 두 논변은 '각자가 자신의 것을 함'이라는 플라톤의 정의 개념이 기본적으로 폴리스 내의 개인을 그가 자신의 일을 한다는 행위 차원에서 규정하는 것으로 파악하고 있다. 행위 유형을 정의로 규정하는 것의 부적절성이 케팔로스, 폴레마르코스의 대화에서 소크라테스에 의해 이미 부분적으로 지적된 바 있다. 개인 행위의 옳고 그름 여부를 중심으로 놓고 플라톤의 입장을 파악하려는 블라스토스의 시도는 필자에게는 개념 수준의 적합성 여부나 논리의 전개에 있어서 그리고 전거의 제시 및 해석에 있어서나 모두 적절치 않은 것으로 생각된다. 이제 그의 해석에 대해 어떤 보다 나은 해석이 제시될 수 있는지 필자 자신의 견해를 밝혀 보도록 하자.

4. 폴리스의 구조 원칙으로서의 정의

우선 "각자가 자신의 것을 함"이란 플라톤의 정의 규정에 대한 우리의 입장은 다음과 같이 요약될 수 있다.

1) 정의로운 폴리스란 블라스토스가 말하듯 단순히 정의로운 개인들의 집합이 아니다. 폴리스는 그 자체의 구조적 측면을 가진다. 정의 규정은 바로 이 폴리스의 구조 계기를 규정하며 따라서 이 규정에 의해 정의롭다고 이야기되는 일차적 규정 대상은 폴리스의 구성 부분으로서의 개인이 아니라 정의롭게 구조지어진 폴리스 전체이다. 개인 영혼에 대해서도 마찬가지 사실이 언급될 수 있다. 이성, 기개, 욕망의 각 부분이 조화되어 각기 자신의 일을 하는 영혼 전체가 정의롭지 자신의 일을 하는 각 부분이 일차적으로 정의롭다고 이야기되지 않는다.

2) 폴리스나 영혼이 정의롭다고 함은 단지 이 둘이 정의롭게 구조지어졌다는 사실 이외에 폴리스와 영혼의 구조 원칙으로서의 특정한 질서가 폴리스 구성원들의 삶에 그리고 영혼의 부분들의 일상적 실천(praxis) 속에 구현되어 있음을 의미한다.

3) 즉 폴리스와 영혼의 정의로운 상태로서의 "각자가 자신의 것을 함"이란 정의로운 원칙이 공동체 구성원들의 구체적 삶 속에 삶의 방식(ethos)으로 구현된 상태이다. 이 같은 폴리스에 관한 정의 논의는 전체로서의 영혼에도 마찬가지로 적용될 수 있음은 물론이다. 이 글에서의 논의의 초점은 폴리스에서의 정의에 주어질 것이지만 먼저 간단히 영혼의 차원에서의 논의로 이야기를 시작해 보자.

이미 소개된 대로 블라스토스는 정의롭다고 언표될 수 있는 일차적 대상은 자신의 일을 하는 개인이며 폴리스는 이 정의로운 개인들의 집합으로서 이차적인 의미에서만 정의롭다고 이야기된다고 주장한다. 전체로서의 폴리스와 그 구성 분자로서의 폴리스 구성원 사이의 이 같은 관계는 개인 영혼의 차원에 적용될 때 다음과 같은 해석을 낳게 한다. 즉, 이성, 기개, 욕망이라는 영혼의 세 부분들이 자신의 일을 하는 경우 이 이성, 기개, 욕망이라는 세 부분들이 일차적으로 정의롭다고 이야기되고 전체로서의 영혼을 오직 이차적인 의미에서만 정의롭다고 이야기될 수 있다. 이 같은 해석은 명백히 플라톤의 텍스트에 배치된다. 영혼의 각 부분들이 자신의 것을 할 때, 정의롭다고 이야기되는 것은 일차적으로 그 부분들이 아니라 그 부분들로 이루어진 영혼 전체, 즉 그 같은 영혼을 가진 사람이다. 같은 이야기가 폴리스에도 해당된다. 폴리스 구성원 각자가 혹은 통치자, 무사, 생산자로 나뉘어진 폴리스의 각 계층이 자신의 일을 할 때 정의로운 것은 이 같은 부분들로 이루어진 폴리스이다. 전체로서의 폴리스나 영혼이 정의롭다고 이야기된다는 점은 『국가』편의 여러 곳에서 분명하게 제시될 수 있으므로 사실 그리 의미 있는 논쟁의 대상이 되지 않는다. 우리의 관심사는 그러나 단지 블라스토스의 견해가 잘못되었다는 것을 지적하는 데 있는 것이 아니라 플라톤의 정의 규정이 어떻게 적절히 이해될 수 있는가 하는 점이다. 이 논의의 과정에서 우리의 이해가 블라스토스의 그것과 어떻게 다른가도 더불어 보다 분명해질 것이다.

플라톤이 『국가』편에서 가장 뛰어난 국가를 초안하고 있음은 이미 언급되었다. 이같이 뛰어난 국가가 대화 과정에서 초안되는 이유는 바로 이 뛰어난 국가에서 이 대화 편의 주제가 되고 있는 정의가 가장 잘 발견될 수 있으리라는 희망에 근거하고 있다. 왜 가장 좋은 국가에서 정의가 가장 잘 발견될 수 있느냐 하는 데 대한 근거는 명시적인 형태로는 주어져 있지 않다. 여기서는 우선 가장 뛰어난 국가는 정의로운 국가라는 것, 정의 없이 가장 뛰어난 국가를 생각할 수 없다는 점을 플라톤이 전제하고 있다는 사실만을 지적해 두기로 하자. 능력과 소질에 따라 통치자, 무사, 생산자의 세 계층으로 구분된 폴리스를 건설한 후 소크라테스와 그의 대화자인 글라우콘은 이같은 폴리스가 가장 뛰어난 폴리스라는 데 합의한다. 그리고 이 같은 폴리스는 지혜(sophia), 용기(andreia), 절제(sōphrosynē) 그리고 정의라는 네 가지 덕(aretē)을 가질 것이라고 말한다. 대화자들은 그 후 폴리스 안에서 이 네 뛰어남이 어떻게 발견될 수 있는가의 논의에 들어가는데 이 논의 과정에서 한 가지 사실이 주목될 만하다.

소크라테스의 논의는 지혜, 용기, 절제의 순서에 따라 진행된다. 이 논의의 모두에서 그는 글라우콘에게 두 가지 질문을 던진다. 하나는 폴리스의 지혜, 용기, 절제가 무엇인가 라는 물음이다. 이 물음과 더불어 지혜, 용기, 절제의 덕들이 폴리스의 어디에 있는지가 물음으로 제기된다. 『국가』편 4권 428c-d에서 폴리스의 지혜란 폴리스가 폴리스 자신 및 다른 폴리스와 어떻게 가장 잘 관계하느냐 하는 데 대한 일종의 앎(epistēmē), 즉 폴리스의 내외 문제를 잘 처리하는 데 관련된 앎이라고 규정된다. 이같이 지혜를 규정지은 후 소크라테스는 이 지혜가 바로 통치자에게 있어야 한다고 대답한다. 우리가 주목하고자 하는 것은 바로 이 점이다. 지혜가 폴리스의 어디에 있는가 혹은 있어야 하는가를 물음은 무엇을 의미하는가? 이는 다음과 같이 대답될 수 있다. 폴리스 내에 폴리스의 내외 문제를 잘 처리할 수 있을 지혜를 가진 사람이 있다는 사실만으로는 폴리스가 지혜로워질 수 없다. 폴리스가 지혜로워질 수 있기 위해서는 바로 이 같은 지혜를 가진 사람들이 그 폴리스의 통치자의 위치에 있어야 한다. 즉 폴리스 내의 일부 인사가 지혜롭다는 사실만으로는 그 폴리스가 지혜롭다 또는 현명하다고 이야기될 수 없다. 그 사람들의 지혜가 폴리스 내외의 문제를 해결하는 통치 업무에 소용될 때, 즉 그 현명한 사람들이 통치자로 그 지혜를 발휘할 때에만 그 폴리스는 지혜로울 수 있다. 즉 폴리스가 지혜로울 수 있기 위해서는 두 가지 조건이 만족되어야 한다. 첫째, 폴리스 내외의 문제들을 올바르게 대처하고 해결하기 위한 지혜, 그리고 그 지혜를 가진 사람들이 있어야 한다. 그러나 이것만으로는 부족하다. 이와 더불어 폴리스는 바로 이 같은 지혜를 가진 자가 통치의 업무를 맡고 통치자가 되게끔 구조지어져 있어야 한다. 지혜가 폴리스의 내외 문제를 해결할 통치 업무에 쓰일 수 없게 되어 있을 때, 지혜로운 사람이 통치자가 아니라 그 폴리스의 청소원 노릇을 할 때, 이 폴리스는 제 문제에 지혜롭게 대처할 수 없고 따라서 지혜롭다고 이야기될 수 없다. 지혜로운 사람의 존재와 함께 이 지혜로운 사람의 지혜가 쓰일 수 있도록 폴리스가 구조지어져 있음은 폴리스가 지혜로울 수 있기 위해 충족되어야 할 조건이다. 지혜가 폴리스의 어디에 있느냐, 어디에 있어야 하느냐는 소크라테스의 물음은 바로 이런 맥락 아래에서 이해될 수 있다.

지혜와 관련되어 제기되었던 물음들이 용기 및 절제의 경우에도 마찬가지로 제기된다. 용기란 두려워해야 할 것과 그렇지 않은 것에 대한 올바른 확신을 가지고 구체적인 경우에 끝까지 이 확신을 지탱할 수 있는 능력이다. 폴리스가 용기 있기 위해서는 그 폴리스 안에 이같이 능력을 가진 사람들이 있어야 함은 물론이다. 그러나 이 경우에도 역시 이런 용기 있는 사람들이 있다는 사실만으로는 폴리스가 용기 있다고 이야기될 수 없다. 비겁한 자가 아닌 바로 이 용기 있는 자들이 그 폴리스의 전사가 되고, 전쟁에서 이 같은 능력을 발휘할 때 그 폴리스는 용기 있다고 이야기될 수 있다. 절제의 경우에는 논의가 약간 복잡하다. 그러나 논의의 기본 구조는 역시 마찬가지이다. 폴리스의 절제란 폴리스 구성원들 사이에 누가 통치하고 누가 통치받는가에 대한 합의가 있을 때 성립한다. 사려 분별의 능력이 있는 부분에 의해 그렇지 못한 부분이 통제될 때 그 폴리스는 절제가 있다. 절제는 따라서 폴리스의 어떤 한 부분, 한 계층에 의해서 규정되는 것이 아니라 전 폴리스에 걸쳐 있다. 이미 지적된 대로 절제의 경우도 단지 폴리스 구성원 하나하나가 절제 있다는 사실에 의해서가 아니라, 보다 나은 부분과 보다 못한 부분이 구분되고, 후자가 전자에 의해 지배받는다는 구조적 계기에 의해 규정된다. 즉 폴리스의 절제 있음이란 절제 있는 개인들의 집합으로 규정되지 않는다.

이상의 지혜, 용기, 절제에 대한 논의는 먼저 플라톤의 이 뛰어남에 대한 언급이 단순히 폴리스를 구성하는 구성 분자로서의 개인들에 대한 것이 아니라 폴리스 자체에 관련된 것임을 확인할 수 있게 한다. 한 폴리스가 이 세 뛰어남을 지니고 있다고 할 때 그것은 단순히 폴리스 구성원의 일부 혹은 전부가 문제의 뛰어남을 지니고 있음을 의미하지 않는다는 것도 또한 분명해진다. 그 같은 뛰어남을 지닌 사람들이 폴리스 안에 존재해야 한다는 것은 부인될 수 없다. 그러나 동시에 어떤 특정한 능력에서 뛰어난 인사들이 그들의 능력에 맞는 업무를 실제로 맡을 수 있을 때, 즉 폴리스가 그와 같이 구조지어져 있을 때에만 그 폴리스는 지혜롭고 용기 있고 절제 있다고 이야기될 수 있다.

이제 다음과 같은 문제가 제기될 수 있다. 폴리스를 현명하고, 용기 있고 절제 있게 하는 데 조건이 되는 구조 규범을 규정하는 것은 무엇인가? 먼저 분명히 지적될 수 있는 것은 이미 누누이 지적되었듯이 한 폴리스의 일부 인사가 지혜롭거나 용기 있고 폴리스 구성원 전체가 개개인으로 절제 있다고 바로 폴리스가 지혜롭고 용기 있고 절제 있다고 이야기될 수 없다는 사실이다. 폴리스를 지혜롭고 용기 있고 절제 있게 할 또 하나의 조건인 폴리스의 구조는 지혜, 용기, 절제라는 각각의 덕들 자체로부터는 주어지지 않는다. 즉 폴리스의 일부 혹은 전부에 걸쳐 존재하는 덕들에 의해 폴리스의 구조가 결정되고 그에 의해 폴리스가 해당의 덕을 가진다고 이야기되는 것이 아니라, 위의 세 덕 이외의 다른 원칙에 의해 폴리스가 구조지어짐으로써 비로소 폴리스의 여타 덕들이 가능하게 된다. 따라서 폴리스를 그와 같이 구조짓도록 하는 또 하나의 원칙이 앞서 이야기된 세 덕들, 즉 지혜, 용기, 절제 이외에 더 필요하게 된다. 이 원칙에 의해 폴리스가 구성됨이 바로 폴리스를 지혜롭고 용기 있고 절제 있게 할 것이기 때문이다.

"각자가 자신의 것을 함"이라는 플라톤의 정의 규정은 바로 이런 맥락 아래에서 그 의미가 이해될 수 있다. 지혜로운 자가 통치의 업무를, 용기 있는 자가 전사의 임무를, 그리고 이외의 폴리스 구성원들이 이들의 통치를 받으며 각기의 능력에 맞는 생산직에 종사한다는 폴리스의 구조는 바로 각자가 자신의 것을 한다는 원칙에 입각하여 성립할 수 있다. 각자가 자신의 것을 한다는 이 규정은 바로 한 폴리스 내에서 누가 어떤 일을 하여야 하는가라는 물음에 대답을 준다. 이 경우 '자신의 것'이란 폴리스가 폴리스로서 성립하고 그 성립 목적을 제대로 수행하기 위해 필요한 업무들의 차원에서 규정될 수 있다. 정의가 앞서 논의된 폴리스의 세 뛰어남, 즉 지혜, 용기, 절제를 가능하게 해 준다는 것은 플라톤 자신이 『국가』편 4권의 한 구절에서 명백하게 밝히고 있다.

우리가 지금까지 살펴본 것들, 즉 절제, 용기, 지혜 이외에 폴리스에 남은 하나의 것은 이 세 뛰어남이 (폴리스 내에서) 생겨나고 생겨난 다음 계속 존재할 수 있게 하는 힘을 주는 것이라고 생각되네. (433b-c)

여기서 이야기되고 있는 남은 한 가지 것이란 물론 정의이다. "각자가 자신의 것을 함"이라는 규정이 플라톤의 이른바 4주덕(主德) 가운데 하나 남은 뛰어남, 즉 정의가 될 수 있는 이유는 바로 이 원칙 위에서 지혜로운 자가 통치하고 용기 있는 자가 전사가 되고 그 이외의 폴리스 구성원들이 그들의 자질에 맞게 생산직에 종사할 수 있게 되며 따라서 폴리스가 지혜롭고 용기 있고 절제 있게 될 수 있기 때문이다. "각자가 자신의 것을 함"이라는 규정은 폴리스 내에서 누가 무엇을 해야 하는가를 분명히 해 줌에 의해 폴리스의 기본적 제 기능들과 관련하여 그것이 어떻게 구조지워야 하는가를 밝혀 준다. 즉 "각자가 자신의 것을 함"이라는 규정을 폴리스가 그 성립 목적을 수행하기 위해 필요한 제 기능들이 어떻게 배분되어야 하는지의 문제와 관련하여 폴리스가 어떤 원칙 위에 세워져야 하는지를 결정해 주는 구조 원칙의 역할을 한다.

사실 "각자가 자신의 것을 함"이라는 이 원칙은 그것이 정의라고 밝혀지기 이전에 이미 원시 폴리스의 형성과 조직 과정에서 그리고 가장 뛰어난 폴리스를 건립하는 과정에서 이 폴리스들의 구조 원리로서 역할해 왔다. 가장 뛰어난 폴리스가 가장 뛰어난 소이(所以)는 바로 이 폴리스가 "각자가 자신의 것을 함"이라는 원칙 위에 세워졌기 때문이라고 할 수 있다. 이 원칙은 폴리스의 제반 과제가 혈통이나 금력에 따라 또는 제비뽑기를 통해 뽑혀진 사람들에 의해서가 아니라, 그 과제를 수행하기에 합당한 능력을 가진 사람에 의해 수행되어야 한다고 말한다. 각자가 타고난 천성의 능력이 자신의 것이 된다는 이 원칙 위에서 폴리스는 현명한 이를 통치자로 용감한 이를 전사로 가지게 되며 생산자 계층 또한 각자 자신의 능력과 소질에 맞는 일을 하게 된다. 이 나라가 플라톤의 정의로운 나라이며, 바로 이 정의로움 때문에 그 나라는 공동체로서 수행해야 할 제반 과제들을 뛰어나게 수행할 수 있으며, 이 나라가 가장 뛰어난 나라라고 할 수 있는 이유가 여기에 있다.

이상 논의는 우리의 첫 번째 주장, 즉 "각자가 자신의 것을 함"이라는 규정이 폴리스의 구조 원리라는 점을 분명히 해 준다. 정의로운 폴리스란 단순히 정의로운 개인들의 집합이 아니요 올바르게 구조 지어진 폴리스이다. 플라톤의 견해에 따르면 폴리스 내에서 각자가 자신의 것을 하게끔 구조 지어진 폴리스가 정의로운 폴리스이다. 그리고 또한 우리는 이로부터 "각자가 자신의 것을 함"이라는 규정이 일차적으로 규정 대상으로 하고 있는 것이 폴리스 구성원과 그 행위가 아니라 전체로서의 폴리스의 구조라는 것도 확인할 수 있다. 정의로운 폴리스가 정의로운 개인들의 집합이요, 이런 의미에서 오직 이차적으로만 정의롭다고 이야기될 수 있다는 블라스토스의 견해는 이 규정이 지니는 구조 원칙의 측면을 파악하지 못한 데서 비롯된 오해라고 할 수 있다.

이 같은 이해 아래서 우리는 앞서 블라스토스가 해결하려 했던 또 하나의 문제를 다른 시각에서 해결할 수 있다. 이미 소개되었듯이 "각자가 자신의 것을 함"과 "각자가 자신의 것을 가짐"이라는 두 규정이 어떻게 관계되고 연결될 수 있느냐 하는 문제에 대해 블라스토스는 "각자가 자신의 것을 함"이 "각자가 자신의 것을 가짐"의 전제 조건이라고 주장한다. 그러나 지금까지의 우리의 논의를 따르면 거꾸로 "각자가 자신의 것을 가짐"이 "각자가 자신의 것을 함"의 전제 조건이 된다. 폴리스 내에서 현명한 자가 통치하고 용감한 자가 폴리스를 위해 싸우며 치자와 피치자 사이의 합의에 근거한 절제가 가능하기 위해서는 즉 각자가 자신의 것을 하기 위해서는 각자가 자신의 것, 즉 자신의 자질에 맞는 일을 배분받는다는 것이 전제 조건으로 요구된다. 현명한 자가 통치의 직무, 용감한 자가 전사의 임무 그리고 생산자 계층이 자신에 알맞은 제 업무를 배분받아 가지지 않고서는 자신의 일을 수행할 수 없다. 각자가 자신의 것을 가지는 경우에만 각자는 자신의 것을 할 수 있다. 이런 의미에서 "각자가 자신의 것을 가짐"은 "각자가 자신의 것을 함"의 조건이라고 할 수 있다.

사실 "각자가 자신의 것을 가짐"이라는 규정이 명백히 언급되기는 앞서 인용된 『국가』편 4권 434a에서이다. 그러나 이 규정은 원시 폴리스의 형성과 가장 뛰어난 폴리스의 건설 과정에서 이미 하나의 원칙 역할을 해 왔다. 각자에게 자신에게 맞는 일이 배분된다는 것이 뛰어난 폴리스가 뛰어날 수 있기 위한 하나의 전제 조건이기 때문이다. 『국가』편의 5권에서 여성은 통치 업무에 참여해야 할 것인가가 논의되고 있는데, 이 논의에서 여성은 통치에 참여함이 마땅하다는 결론에 도달하는 근거는 통치 업무의 성격상 통치자의 성별, 즉 그가 남성이냐 여성이냐가 역할 수행에 중요한 요건이 되지 못하며, 따라서 통치 업무가 여성에게도 '자신의 것'으로 배분될 수 있다는 데 있다.

각자가 자신의 것을 배분받으며, 각자가 자신의 것을 가진다는 것은 사실 폴리스의 업무 배분에서만 적용되고 있는 원칙은 아니다. 가장 뛰어난 폴리스 내의 재화 배분을 비롯한 여타 많은 조치들도 기본적으로 이 원칙 위에 기초해 있다. 생산자 계층에는 사유재산을 허용하면서 상위 두 계층에는 이를 허용치 않는다든지 또는 수학과 변증학(dialektikē)에 기초한 고급 교육을 정선된 소수에게만 허용하는 조치 등은 기본적으로 각 계층에 속하는 사람들의 성품, 자질에 비추어 그들에게 그것들이 알맞다(prosēchon)는 데 그 근거를 두고 있다. 방금 언급된 사실로부터 플라톤의 정의 규정에 관해 두 가지 사실이 지적될 수 있다. 첫째, '각자가 자신의 것을 함' 또는 '각자가 자신의 것을 가짐'이라는 규정에서 '각자의 것'이 결정되는 기준은 각자의 자질, 능력에 알맞음(prosēchon)이라는 것이다. 둘째는 '각자에게 자신의 것'이라는 보다 포괄적인 개념이 "자신의 것을 함"이나 "자신의 것을 가짐"이라는 규정의 토대가 되고 있다는 사실이다. 두 번째 점과 관련하여 다음과 같은 물음이 제기될 수 있다. 그럼 왜 플라톤은 '각자에게 자기 것'이라는 보다 포괄적이고 일상적인 이해에 쉽게 연결될 수 있는 방식으로 정의를 규정하지 않고 '각자가 자신의 것을 함'이라는 형태로 '함'이라는 계기를 넣어 정의를 규정하고 있는가? 이 물음과 더불어 우리는 이제 플라톤 정의 규정의 두 번째 측면으로 부각될 '폴리스 구성원들의 삶에 구현된 정의'라는 문제의 논의로 들어가게 된다.

5. 폴리스 구성원의 삶에 구현된 정의

각자가 자신의 것을 하는 폴리스의 상태는 먼저 이 폴리스에서 제반 업무 및 재화들이 '각자에게 자신의 것'이라는 원칙에 따라 배분되어 있음을 뜻한다. 그러나 한 폴리스가 '각자에게 자신의 것'이라는 원칙에 따라 질서 지어져 있고 조직되어 있다는 사실만으로는 이 폴리스의 뛰어남이 보장되지 않는다. 가장 뛰어난 국가를 건설함에 있어 플라톤이 특히 중점을 두어 다루고 있는 부분은 폴리스가 폴리스로서의 기능을 수행하기 위해 필요한 제반 업무의 배분에 있었다. 폴리스 구성원 각자에게 "각자에게 자신의 것"이라는 원칙에 따라 그들에게 적합한 과제가 주어졌을 때 그 구성원들이 실제로 자신에게 부여된 업무를 뛰어나게 수행해 낼 능력이 없다면 이 폴리스는 뛰어난 폴리스가 될 수 없다. 앞서 언급된 지혜, 용기, 그리고 절제의 경우에 이 사실이 이미 비교적 분명히 드러나 있다. 폴리스가 지혜롭기 위해서는 두 가지 조건이 만족되어야 한다. 하나는 지혜를 가진 자가 통치의 업무를 맡는다는 배분의 원칙에 따라 폴리스가 조직되어야 한다는 것이요, 다른 하나는 실제로 이 일을 맡을 수 있는 현명한 사람이 있어야 한다는 것이다. 즉 통치를 맡은 자가 실제로 현명한 경우에만 그는 자신의 업무를 충실히 수행해 갈 수 있고 따라서 폴리스가 지혜롭게 내외의 제반사에 대처해 갈 수 있다. 지혜로움의 경우에서 보듯 한 폴리스가 뛰어나다는 것은 따라서 폴리스가 적합한 자가 적합한 일을 맡는다는 폴리스 조직 구조의 원칙적 측면과 이 구조 원칙에 따라 조직된 폴리스가 실제로 그 일을 수행할 적합한 자가 있고, 그가 스스로의 능력을 발휘한다는 또 다른 측면에 의해서 규정된다. 즉 플라톤에 있어 가장 뛰어난 국가를 규정하는 것은 ① 국가가 올바른 구조 원칙 위에 조직되어 있다는 것과 ② 이 원칙에 따라 업무를 부여받은 자들이 그 과제를 수행할 능력이 있고, 실제로 수행한다는 것의 두 측면이라는 것을 알 수 있다. 따라서 뛰어난 폴리스를 건설함에 있어 플라톤이 단순히 원칙적 차원에서만이 아니라 이 원칙이 실제로 공동체 구성원 각자가 자신의 과제를 뛰어나게 수행한다는 측면, 즉 실천(praxis)과 관련하여 이 문제를 다루고 있다는 결론을 내릴 수 있다.

그러나 각자가 자신의 영역에서 뛰어나게 자신의 일을 수행한다는 것은 정의에 의해서라기보다 지혜, 용기, 절제라는 뛰어남을 통해서라고 할 수 있다. 즉 통치자가 실제로 지혜롭고 전사가 용맹하고 생산자가 통치자의 통치에 따르며 자신의 업무에 충실히 종사한다는 실제 업무 수행에서의 능력의 측면은 정의에 의해서가 아니라 지혜, 용기, 절제에 의해 규정된다. 이미 지적된 대로 정의가 폴리스의 구조 원칙으로서 이러한 제반 덕들이 도대체 성립 가능하게 하기는 하나, 정의가 바로 지혜, 용기, 절제는 아니다. 그러나 우리는 정의와 관련하여 정의로운 폴리스의 또 다른 국면을 부각시킬 수 있다. 정의로운 폴리스를 이야기하면서 플라톤은 이 폴리스에서 각자가 오로지 자신의 것만을 한다는 사실을 강조한다. 즉 정의로운 폴리스의 구성원들은 자신이 맡은 바 업무를 뛰어나게 수행할 뿐 아니라 그 폴리스의 법이 지정하는 바 자신의 업무만을 수행하지, 자신의 능력에 맞지 않는, 자신의 것이외의 일을 하고자 하지 않는다는 것이다. 폴리스 구성원이 자신의 일을 뛰어나게 수행한다는 사실이 그가 자신의 일만을 하고 다른 이의 일에 간섭하지 않는다는 것을 함축하지 않으며, 그런 한에서 이 폴리스가 진정하게 뛰어난 폴리스가 되기 위해서는 또 하나의 요소, 즉 폴리스 구성원들이 '각자가 자신의 것'이라는 원칙에 실제로(ergō) 따른다는 사실이 요구된다. "각자가 자신의 것을 함"이라는 플라톤의 정의 규정은 따라서 이 폴리스가 "각자에게 자신의 것"이라는 원칙 위에 성립되었다는 것뿐 아니라, 이 폴리스의 구성원들이 실제로 이 원칙에 따라 행위한다는 것 그리고 이 행위가 우연에 의거한 것이 아니라 그들의 삶의 방식(hexis, ethos)으로 되어 있다는 것을 함께 규정한다고 할 수 있다.

이 사실과 관련하여 우리는 우리가 다루고 있는 대화 편의 제목인 politeia라는 말의 의미를 생각해 볼 수 있다. 이 제목은 라틴어로 res publica로 번역되고 이에 따라 현대 서구어에서도 흔히 Rebublic, république, 또는 Staat로 옮겨지며 필자도 편의상 '국가'라고 번역하고 있다. 그러나 이상의 번역어들이 politeia라는 말의 의미를 제대로 옮기고 있다고 할 수 없다. 아리스토텔레스가 그의 『정치학』에서 규정하고 있듯이 이 말은 bios tis tēs poleōs, 즉 폴리스의 삶 혹은 삶의 방식을 의미한다. 이 삶의 방식이란 원칙적 차원에서 삶을 규제하는 법적, 윤리적 규범 체제의 측면과 이 규범 체계에 근거한 공동체 구성원의 실질적 행위 경향, 삶의 태도라는 양 측면을 함께 포괄한다. "각자가 자신의 것을 함"이라는 규정은 따라서 바로 이런 두 측면을 포괄하는 삶의 방식으로서의 정치체제(politeia)에 대한 규정이라고 이해될 수 있다. 『국가』편의 8권과 9권에서 여러 상이한 정치체제의 퇴락한 형태들이 다루어지고 있는데, 여기서 논의되고 있는 것은 단순한 정치제도나 체제의 분석이 아니라, 금권 정치, 참주 정치, 민주정치 등과 같은 정치체제가 성립하게 되는 원인으로서 그리고 그러한 체제의 산물로서의 그 같은 공동체 구성원들의 삶의 방식이다. 정의란 바로 이 삶의 총체로서의 정치체제에 대한 규정이며 "각자가 자신의 것을 함"이란 바로 이 올바른 정치체제를 가능케 하는 규정이라고 할 수 있다.

이런 맥락 아래서 우리는 왜 플라톤이 『국가』편의 대단히 많은 부분을 교육에 관한 논의에 바치고 있는지 이해할 수 있게 된다. 정의로운 폴리스가 어떤 폴리스냐 하는 문제에 대해 그는 폴리스가 어떤 원칙 위에 서 있느냐 하는 원칙상의 문제와 더불어, 이 원칙이 어떻게 실제로 폴리스 구성원들의 삶의 방식으로 구현될 수 있겠느냐 하는 실천적인 문제로 파악하고 있다. 국가는 자신의 규범 체계를 실현시키기 위해 교육과 사법적 강제라는 두 수단에 호소할 수 있다. 그리고 플라톤이 그의 폴리스에서 이 두 수단 가운데 교육적 측면에 보다 큰 비중을 두어 논의를 진행시키고 있다는 것은 주지의 사실이다. 교육을 통해 올바른 질서가 삶의 방식으로 구현되어 있는 상태가 정의로운 상태이며, 이것을 가능케 하는 것이 바로 "각자가 자신의 것을 함"이라고 플라톤은 파악했다.

지금까지의 우리의 논의는 폴리스에서의 정의에 초점을 맞추어 진행되어 왔다. 플라톤은 폴리스에서의 정의를 논한 이후에 개인 영혼의 차원에서 같은 논의를 진행시키고 있다. 폴리스에서와 마찬가지로 개인 영혼에 있어서도 영혼의 세 부분이 각자 자신의 것을 하는 경우 이 영혼은 정의롭다. 올바른 폴리스가 올바른 원칙과 이 원칙이 폴리스 구성원의 삶의 방식에 구체화되어 있다는 두 측면에서 규정되듯이, 개인 영혼의 경우에서도 그 영혼이 온전히 정의롭다고 이야기되기 위해서는 이성이 지배하고 기개와 욕망의 두 부분이 이성의 지배에 따른다는 원칙이 실제 그 영혼의 품성 혹은 습성(hexis)으로 되어 있어야 한다. 즉 이성이 삶을 인도한다는 원칙이 확립되고, 이 원칙에 따르는 삶의 방식이 영혼의 품성으로 되어 있을 때 그 영혼은 정의롭다고 이야기될 수 있다. 이 같은 품성의 형성에 있어 그 개인이 속하는 폴리스, 또는 사회가 결정적인 역할을 한다고 플라톤은 생각했기 때문에, 또한 정의로운 폴리스는 이 같은 품성을 지닌 개인들을 기반으로 할 때 가능하다고 생각했기 때문에, 그에게 있어 정치학과 윤리학은 분리될 수 없는 것이었다. 또한 개인의 올바르고 행복한 삶은 단순한 개인적 행위와 결단의 문제가 아니라 올바른 폴리스의 형성이라는 정치적, 사회적 문제였다고 할 수 있다.

6. 규정의 성격

지금까지 "각자가 자신의 것을 함"이라는 규정이 어떻게 이해될 수 있는지가 논의되었다. 이제 우리는 이 규정의 성격이 어떤 것이고, 무엇에 근거해 있는가 하는 물음을 간단히 살펴보도록 하자. 이미 언급되었듯이 "각자가 자신의 것을 함"을 통해서 규정되는 것은 정의로운 폴리스와 정의로운 영혼의 상태(Verfassung)이다. 이 말은 이 규정이 일차적 규정 대상으로 삼고 있는 것이 폴리스 구성 분자로서의 개인이나 그 행위 혹은 영혼의 각 부분이 아니요 폴리스 전체, 영혼 전체라는 것을 의미한다. 또한 이것이 상태의 규정이라고 함은 이 규정을 통해 시도되고 있는 것이 정의라는 말의 분석도 아니요, 더 나아가 엄밀한 의미에서의 피정의항(definiendum)이 정의 자체도 아님을 뜻한다. 어떤 폴리스, 어떤 영혼이 정의롭다고 이야기될 수 있느냐 하는 물음에 대해 각자가 자신의 것을 하는 폴리스와 영혼이 정의롭다고 대답되고 있다. 즉 정의는 폴리스와 영혼에 내재하는(enon) 것으로 파악되며 폴리스와 영혼에 내재하는 정의가 바로 폴리스와 영혼을 정의롭게 한다. 바로 이런 의미에서 정의는 능력(dynamis)이라고 할 수 있다.

이상의 논의에서 제시된 플라톤의 정의에 대한 접근 방식은 신체의 건강이나 질병에 접근하는 의사의 접근 방식에 비유될 수 있다. 신체를 앞에 두고 의사가 하는 일은 병이나 건강의 의미를 캐는 작업이 아니라 그 신체가 건강한 상태에 있는지 혹은 병이 들었는지를 판단하려 한다. 이 진단을 위해 그는 먼저 어떤 상태에 있을 때 신체 혹은 신체의 일부가 건강하다고 할 수 있으며 또는 병들었는지를 알아야 하며 신체가 나타내는 증상에 따라 건강한 상태에 있는지 혹은 병들었는지를 판단한다. 건강한 신체에는 건강한 상태에서 신체가 가져야 할 제 부분 간의 질서가 실제로 유지되고 있고, 병든 신체는 어떤 부분이 제대로 기능하지 않고 신체의 질서가 깨어져 있는 상태이다. 플라톤이 정의로운 폴리스와 정의로운 영혼이라고 말하는 상태는 건강한 신체의 상태에 비교될 수 있다. 건강한 신체의 상태에서 일정한 신체의 질서가 각 부분 간에 그리고 전체에 걸쳐 잘 유지되고 실현되어 있는 상태이듯이, 정의로운 폴리스나 영혼도 그것들이 지녀야 할 질서가 실제로 각 부분들 사이에 그리고 전체에 실현되어 있는 폴리스요 영혼이다. 『국가』편 4권의 마지막 부분에서 플라톤은 스스로 정의를 건강과 비교하고 있다. 폴리스와 영혼에서의 정의가 "각자가 자신의 것을 함"이라고 규정한 후 소크라테스는 다시 본래 제기되었던 문제, 즉 정의가 부정의보다 좋으며 정의로운 사람이 부정의한 사람보다 행복한가라는 문제에 대한 대답을 시도한다. 정의와 부정의가 이 과정에서 각기 신체에 있어서의 건강 및 병과 비교된다. 신체에 있어서 건강이란 이미 언급되었듯이, 신체의 각 부분들의 본래의 상태(physis)에 있음이며 병이란 이 본래의 상태를 벗어날 때 발생한다. 이 논의에서 도입되는 physis라는 개념은 따라서 단순히 존재하는 상태를 지칭하는 것이 아니라, 신체가 신체로서 제대로 기능하기 위해 있어야 할 상태를 가리킨다. 정의란 영혼의 잘 있음(euexia tēs psyhēs)이라 할 수 있는 것으로 영혼이 본래 있어야 할 상태에 있게 하는 것이다. 4권의 종반부에서 소크라테스는 건강에 대해 다음과 같이 말한다. "정의란 영혼 내의 것들이 physis에 따라 서로 지배하고 지배받는 상태에 있게 만드는 것이다." (444d8-11) 이 구절에 따르면 정의란 올바른 상태의 영혼을 가능하도록 만드는(empoiein) 것이다. 즉 정의란 정의로운 폴리스나 정의로운 영혼이 정의로운 상태에 있게끔 하는 어떤 것이요, 따라서 여기서 생각된 정의란 단순히 모든 정의로운 폴리스나 영혼에 성립하는 보편적인 것일 뿐 아니라 그 같은 상태를 가능케 하는 힘으로 생각되고 있음을 알 수 있다.

V

정의로운 도시의
시민은 부정의한가?

플라톤의 『국가』는 정의를 주제로 다룬다. 이 주제에 관해 지난 반세기 플라톤 철학 연구사에서 다양한 측면의 많은 논의들이 있어 왔고 지금도 진행되고 있다. 이 가운데에서도 소크라테스가 제시한 핵심 주장의 타당성 여부에 관한 두 문제 제기가 특별히 주목될 만하다. 두 문제 제기가 특별히 주목될 만한 이유는 저술에서 제시된 플라톤의 핵심 주장 자체의 타당성에 관해 물음을 던지고 있기 때문이다. "가장 부정의한 자가 가장 행복하다"는 트라시마코스의 주장에 대해 제시된 소크라테스의 긴 논의가 트라시마코스의 입장을 적절히 반박했으며, 정의를 성공적으로 옹호했는가라는 문제가 그 하나이며, 플라톤의 정의로운 폴리스의 구성원들은 정의롭지 못한 것이 아닌가라는 문제 제기가 그 두 번째의 것이다. 이 물음들은 텍스트의 특정 해석 내지 입장에 대한 문제 제기를 넘어서 플라톤 자신, 혹은 작품 내에 등장하는 플라톤의 소크라테스가 견지하는 가장 기본적인 입장에 대해 문제를 제기하고 있다는 점에서 그 의미가 부여될 수 있다.

두 문제 가운데 두 번째 문제인 "정의로운 도시의 시민은 부정의한가?"라는 물음에 관해서는 1973년 윌리엄스(Williams)의 논문이 발표된 이후[01] '정의로운 나라의 구성원은 대부분 부정의하다'는 윌리엄스의 입장이 오늘날까지도 이 논의에 관해 부동의 출발점의 위치를 차지하고 있다. 나는 윌리엄스의 주장에 대해 작중 소크라테스의 입장을 좀 더 일관성 있게 재구성하면

---

01 Bernard Williams의 이 논문은 'The analogy of city and soul in Plato's *Republic*'이라는 제목으로 Vlastos 의 Festschrift *"Exegesis and Arguments"*(1973) eds. by E. N. Lee *et al*.의 pp.196-206에 수록된 후 여러 플라톤 관련 논문 모음집에 재수록되었다. 이는 플라톤의 정의 논의에서 이 논문이 차지하는 위치에 대한 평가의 일단으로 볼 수 있을 것이다.

서 옹호할 수 있다고 생각한다. "정의로운 도시의 구성원들은 부정의한가?"라는 물음에 "그렇지 않다"라는 대답이 가능하다는 것을 보이는 것이 이 글이 목표하는 바이다. 이를 위해 필자는 『국가』 4권의 정의에 관한 논의를 분석함과 더불어, 역시 4권에서 제시되고 있는 '법을 지킴'(to nomimon)이라는 개념에 주목할 것이다. 지금까지 별로 주목되지 않았던 이 개념의 역할을 분석함으로써 정의로운 도시의 구성원들 또한 정의롭다는 것이 밝혀질 것이다. 아울러 법을 지킴을 넓은 의미의 정의로 규정했던 아리스토텔레스의 입장과의 연관을 간략히 언급하게 될 것이다.

1. 『국가』의 1권에서 "정의로운 자가 부정의한 자보다 더 행복한가?"라는 물음이 중심 물음으로 제기되고 이 물음에 대답하기 위해 『국가』의 대화자들은 먼저 정의가 폴리스와 영혼에 있다는 점에 합의한다. 둘 가운데 좀 더 큰 폴리스에서 정의가 무엇인지를 더 잘 볼 수 있으리라는 생각 아래 그들은 말을 통해 나라를 세우는 일을 시작한다. 나라를 세우는 작업을 통해 정의와 부정의가 생겨나는 것을 볼 수 있으리라는 점에 대해서도 그들은 큰 이의 없이 합의하며, 비교적 긴 논의를 통해 "각자가 자신의 것을 함"(to hekaston ta hautou prattein, 425)으로 정의를 규정하고 이 정의 규정이 폴리스나 개인의 영혼 모두에 공히 타당함을 밝힌다. 폴리스와 개인에서 동일한 정의 규정이 타당함은 양자가 정의로움의 형상의 관점에서 차이가 없고 유사하다(kat' auto to tēs dikaiosunēs eidos ouden dioisei, all' homoios estai, 435b)는 데 근거해 있다. 수호자, 보조자, 생산자의 세 그룹이 나뉘는 폴리스와 이성, 기개, 욕구의 세 기능이 나뉘는 개개인의 영혼이 그 형상에서 같으며, 폴리스나 개인 영혼에서 각 파트들이 자신의 일을 할 때 그 폴리스나 영혼은 정의롭다고 이야기된다. 433a에서 소크라테스는 다음과 같이 말한다:

"분명히 우리가 주장했고 또 여러 차례에 걸쳐 언급했던 것은, 각자는 자기 나라와 관련된 일들 중에서 자기의 성향이 천성으로 가장 적합한 그런 한 가지에 종사해야 된다는 것이었네. […] 또한 더 나아가서는 '제 일을 하고 남의 일에 참견하지 않는 것'이 정의라고 하는 이 말은 다른 사람들이 많이 하는 걸 듣기도 했고, 우리 자신도 몇 번이나 말하기도 했네." (제4권, 433a-b)

폴리스의 경우 수호자, 보조자, 생산자의 세 부류가 각기 자신의 일을 할 때, 그리고 남의 일에 참견하지 않을 때, 그 폴리스가 전체로서 정의롭다고 불리듯, 개인 영혼의 경우도 이성, 기개, 욕구의 세 부분이 각기 자신의 일을 하고 남의 일에 참견하는 일이 없을 때 그 사람은 정의롭다. 폴리스와 영혼이 동일한 구조를 가진 것으로 이야기되고, 이런 구조적 유사성에 근거해 논의된 정의에 관해 소크라테스는 다음과 같은 말을 덧붙인다.

"그러니까 우리 각자 안에는 나라에 있는 것들과 똑같은 형상들과 성격들 (eidē te kai ēthē)이 있다는 데에 우리가 동의하는 것은 지극히 필연적이겠지? 그곳 이외의 다른 데서 나라에 있는 것들이 유래되지는 않았을 것이 분명하니까 말일세. 만약에 어떤 사람이 생각하기를, 기개의 부류가 여러 나라 안에 생기게 되는 것이 이런 평판을 듣고 있는 개개인들 […] 에게서 유래되지 않았다고 한다면 우스울 일이겠기 때문일세." (제4권, 435e)

인용문에서는 폴리스에 있는 형상들과 성격들이 개인 영혼에도 동일하게 있다는 것을 확인하면서 폴리스에 있는 그 형상들과 성격들이 바로 그 구성원들에게서 비롯된 것임을 덧붙이고 있다. 즉 폴리스에 존재하는 형상과 성격들이 비롯된 곳이 바로 폴리스 구성원들에 있는 동일한 형상과 성격들이라는 것이다. 여기서 형상으로 번역된 eidos는 이성, 기개, 욕구라는 영혼 내의 기능들을 말하며 성격으로 번역된 ēthos는 이 형상들이 가진 성향을 말한다. 개인들이 가진 이성적이고 기개 있고 욕구적인 성향들이 폴리스가 가지는 동일한 성향들의 원천이 된다는 생각은 동의하지 않을 수 없게 자연스러운 것이어서, 이를 부정하면 우스운 일이 될 것이라고 소크라테스가 위의 인용문에서 말하고 있다.

물론 이성적이고 기개 있고 욕구적인 부분이 폴리스를 구성하는 개인들의 영혼의 부분으로 있다는 것만으로는 그 폴리스가 이성적이고, 기개 있고, 욕구적이기 위한 충분한 조건이 되지 못한다. 폴리스의 이성적임, 기개 있음 그리고 욕구적임은 구성원들에 동일한 종류들이 있음에 원천을 두고 있지만, 구성원들에 동일한 종류들이 있다는 것이 바로 폴리스가 그러하기 위한 충분조건은 아니다. 폴리스가 지혜롭기 위해서는 구성원 개인 영혼에서 이성적 부분이 두드러진 자들이 나라를 통치하는 역할을 맡고, 기개가 두드러진 자들이 나라를 방위하는 일을 맡아야 하며, 구성원들 가운데 더 나은 자가 지배한다는 데 대해 구성원들 사이에 한마음이 될 때 도시가 절제를 가진다. 이런 점에서 개인들에게 동일한 종류의 것들이 있다는 것만으로는 불충분하고 이를 넘어서 동일한 종류의 것들이 그에 적합한 일을 하는 위치에 있을 것이 요구된다.[02] 어떻든 폴리스의 이성적임, 기개 있음 그리고 욕구적임이라는 성격이 그 폴리스를 구성하는 개인들의 그 같은 성격에서 유래한다는 점은 틀림이 없으며, 인용문에서는 이 점만을 밝히고 있을 뿐이다.

---

02 여기서 해석된 의미에서 이 부분에 관해 필자는 윌리엄스와 입장이 같지 않다. 위에 인용된 435e에서 플라톤이 이야기하는 것이 "그 구성원들이 f일 때 오직 그때만 f이다"라는 윌리엄스의 해석은 부적절하다. 이 구절은 폴리스의 각 부류들(eidē)이 가지는 성격(ēthos)은 그 성격을 가지는 개인들에서 기인한다는 것을 말하고 있을 뿐이다. 이에 관한 자세한 논의는 이 책의 IV장과 『희랍철학연구』에 실린 필자의 '플라톤의 정의 규정고'(1988)에서 제시된다.

2. 우리가 이 책에서 검토하고자 하는 윌리엄스의 입장은 바로 위에서 논의된 인용문의 해석에 그 근거를 두고 있다. 그의 입장은 윌리엄스 자신이 정리한 바에 따라 다음과 같이 정리될 수 있다:[03]

a) 폴리스는 그 구성원이 f일 때 오직 그때만 f이다.

그리고 동시에

b) 폴리스의 f임의 설명은 구성원의 f임의 설명과 동일하다(f임의 동일한 형상이 양자에 적용된다).[04]

나아가 정의로움은,

c) 이성, 기개, 욕구(logistikon, thumoeides, epithumētikon)가 각기 자신의 일을 함

으로 정식화되며, 이는

d) 이성이 지배한다는 것을 함축한다. a)를 정의의 경우에 적용하면 우리는

e) 한 폴리스는 그 구성원들이 정의로울 때, 오직 그때에만 정의롭다.

---

03 윌리엄스, 여기서는 Kraut(1997), pp.51f.에서 인용.
04 윌리엄스는 여기서 a)와 b) 양자의 결합이 무한 퇴행을 결과할 수 있으나 플라톤의 논의에서 폴리스와 그 구성원의 관계에 한정하고, 구성원과 그 하위 단위의 관계로 확대하지 않는 것으로 해석되어야 함을 지적하고 있다. Kraut(1997), pp.52ff. 참조.

는 결론을 얻는다. 그러나 동시에 폴리스나 그 구성원이 정의로운 경우 양자 모두에게 또한 c)가 타당하므로

  f) 폴리스의 구성원들이 이성적이고, 기개 있으며 욕구적일 때 그리고 오직 그때에만 폴리스의 구성 요소는 이성적이고, 기개 있으며 욕구적이다.

  마지막 명제 f)에서 구성원은 개별 시민들을 의미하고 구성 요소는 폴리스를 구성하는 세 부분, 즉 이성적 부분, 기개적 부분, 욕구적 부분을 의미한다. c)에 따라 폴리스가 이성적이고, 기개 있고 욕구적이기 위해서는 그 구성원들이 이성적 부분, 기개적 부분, 욕구적 부분을 가질 것이 요구된다. 폴리스가 욕구적 부분을 가지는 만큼 욕구적 부분을 이루는 욕구적 구성원들을 가질 수밖에 없으며, 이 욕구적 구성원들은 폴리스 구성원의 다수 부분을 차지한다. 자신의 이 마지막 언명에 윌리엄스는 이 욕구적 구성원들, 즉 생산자 그룹이 정의롭지 않다는 언명을 덧붙인다. 그리고 폴리스 구성원의 대다수를 차지하는 이들이 정의롭지 않으므로 정의로운 폴리스는 자신 안에 정의롭지 않은 구성원을 가장 큰 부분으로 가지게 된다. 이는 위에 제시된 e)에 모순되며 따라서 플라톤의 주장은 내적 모순을 지니게 된다는 것이 그의 주장이다.

  3. 윌리엄스의 이 논의에서 우리가 검토해 보려는 점은 그가 마지막에 덧붙인 언명이다. 즉 정의로운 폴리스를 구성하는 욕구적 요소는 욕구적 구성원으로 이루어지며, 폴리스 구성원의 대다수를 차지하는 이들은 욕구적이며 따라서 정의롭지 않다는 것이다. 생산자들로 이루어진 폴리스의 이 부분이 정의롭지 않은 만큼 폴리스는 정의롭지 않은 구성원을 다수로 가진다는 것

이 윌리엄스의 생각이다. 그의 언명은 과연 정당한가? 정의로운 도시의 하위 두 그룹이 정의롭지 못하다는 윌리엄스의 주장이 타당하지 않다면 그가 문제점이 있다고 주장하는 플라톤의 주장이 큰 어려움 없이 받아들여질 수 있을 것이다. 필자가 이 글에서 주장하려는 바는 정의로운 폴리스의 구성원들은 모두 플라톤적 의미에서 정의롭다는 것이며, 따라서 전사 계층과 생산자 계층이 모두 플라톤적 의미에서 정의롭다는 것이다. 세 그룹의 구성원들이 모두 플라톤적 의미에서 즉 그들의 영혼에서 각 부분이 자신의 일을 한다는 의미에서 정의롭다고 이야기될 수 있으며, 따라서 정의로운 폴리스의 시민들은 정의롭다는 것, 이것을 보이는 것이 이어지는 논의의 과제이다.

계속되는 논의에서 윌리엄스가 폴리스의 이성적인 부분, 즉 통치자 그룹은 정의로울 수 있다고 이야기하고 있다. 따라서 통치자 그룹을 제외한 전사 그룹과 생산자 그룹 모두가 정의롭지 못한 그룹으로 간주되나 논의에서는 특히 생산자 그룹이 정의롭지 않음이 언명되고 있다. 그의 이런 평가가 정당하다면 a)와 c)를 함께 주장하는 플라톤의 주장은 정당하지 못하며, a) 와 c) 가운데 하나가 철회되는 것이 마땅하다는 것이 윌리엄스의 생각이다. 위에 마지막으로 인용된 구절을 윌리엄스처럼 a)로 해석하는 것이 타당한지가 검토되어야 하겠으나, 일단 그의 해석에 따라 논의를 진행해 보자.

정의로운 폴리스의 시민들이 정의롭다는 것을 밝히는 논의에 들어가기 전에 먼저 윌리엄스의 핵심 주장인 정의로운 도시의 가장 큰 부분인 욕구적 부분이 부정의하다는 주장을 검토해 보자. 그가 제시한 논거는 다음과 같이 정리된다: 정의로운 도시가 정의롭기 위해서는 c)가 참이며, 이에 따라 정의로운 도시는 이성적, 기개적, 욕구적 부분을 가질 수밖에 없다. 그리고 이 도시가 욕구적 요소를 가지므로, 이 도시는 f)에 의해 욕구적 개인들을 가질 수밖에 없다. 그런데 이 욕구적 개인들은 '틀림없이'(surely) 부정의하며, 그들이 부정의하다면, 도시는 다수의 부정의한 사람들을 가질 수밖에 없다는 것이 그의 논변이다.

윌리엄스의 이 논변에 대해 우리는 먼저 다음의 물음을 제기할 수 있을 것이다. 그가 적시한 c)에 따라 이 도시의 시민들은 자신의 것만을 하며, 따라서 남의 일에 참견하지 않는다. 그리고 이는 통치자에만 해당하는 것이 아니라 전사나 생산자 그룹에도 타당하다. 그렇다면 자신의 것을 하며 남의 일에 참견하지 않는 전사나 생산자는 어떤 의미에서 부정의한가? 그는 'surely'라는 말을 삽입하며 그들이 *틀림없이* 부정의하다고 말한다. 아마도 그의 이 언명의 근거는 이들의 영혼을 이루는 세 부분이 정의로운 상태에 있지 않다는 점일 것이다. 그런데 c)는 도시와 개인 모두 각 부분이 자신의 것을 한다는 것을 확인한다. 윌리엄스는 여기서 d)를 제시하고 자신의 것을 하는 전사나 생산자들에서 과연 d)가 타당한지, 즉 그들의 영혼에서 이성이 지배한다고 할 수 있는지를 물을 것이다. 그리고 이에 대해 긍정적으로 대답할 수 없으므로, 그들이 정의롭다고 할 수 없다는 대답을 제시할 것이다. 따라서 윌리엄스를 반박하며 정의로운 나라에서 전사 계층이나 생산자 계층이 정의롭다는 것을 주장하기 위해서는, 이 두 계층에 속하는 사람들의 영혼이 이성이 지배하는 체제와 상태라는 것을 보여야 할 것이다. 문제는 전사와 생산자의 영혼에서 기개와 욕구가 자신의 일만을 하는 데도 불구하고 그들의 영혼은 비이성적이며 단지 기개 있고 욕구적이기만 할 뿐 이성적이지는 못한가?라는 물음에 대답하는 일이다.

4. 『국가』의 4권에서 소크라테스와 대화자들은 말을 통해 나라를 세우는 일을 마친 후, 이 나라가 좋은 나라이며 따라서 지혜, 용기, 절제, 정의의 덕을 지닌 나라라는 데 합의한다. 지혜, 용기, 절제를 규정하면서 이 덕들이 그

들이 세운 좋은 나라에 있음을 확인하고 마지막으로 그들은 정의를 찾는 작업을 시작한다. 소크라테스는 그들이 찾던 정의의 덕을 대화하는 중에 이미 언급했으면서도 그것이 정의인 것을 미처 깨닫지 못했다고 하며 다음과 같이 말한다:

> "내가 생각하기로는, 우리가 이 나라를 수립하기 시작할 당초부터 언제나 준수해야만 한다고 주장했던 바로 그게, 또는 그것의 일종이 정의일세. 자네도 기억하겠네만, 분명히 우리가 주장했고 또 여러 차례에 걸쳐 언급했던 것은, 각자는 자기 나라와 관련된 일들 중에서 자기의 성향이 천성으로 가장 적합한 그런 한 가지에 종사해야 된다는 것이었네." (제4권, 433a-b)

인용된 구절의 서두에서 우리는 앞의 인용문과 연결되는 한 포인트를 짚어 낼 수 있다. 소크라테스와 그의 대화자가 나라를 세우기 시작하면서 언제나 지켜야 한다고 놓은(ethemetha) 것, 그것이 바로 정의라 말하고 있다. 그들이 놓았던 것은 각자가 자신의 것을 한다는 규정이며 여기서 놓는다는 말과 함께 그것은 법의 지위를 가지는 것으로 분명하게 표현되고 있다. 바로 이것을 지켜야 한다는 것을 강조했음이 언급되고 있는데, 준수하도록 강조된 것은 바로 정의 규정이다. 놓아진 것, 그리고 지켜져야 할 것으로서의 정의, 적어도 4권까지의 정의는 공동체 성립과 그것의 좋음을 확보하는 공동 규정으로서 주어진다.

인용 구절과 이어지는 부분에서 명시적으로 언명되는 또 한 가지 점은 "제 일을 하고 남의 일에 참견하지 않는 것"이라는 규정으로, 폴리스의 구성원들이 자신의 천성에 가장 적합한 일을 한다는 것이 초기 폴리스에서 기본 원칙으로 규정된다. 바로 이 분업의 원칙이 "각자에게 자신의 것"이라는 정의 규정의 실질을 구성한다. 여기서 '자신의 것'이란 각자가 타고난 소질로 가장 잘할 수 있는 것, 그에게 적합한 것(prosēkon)이다. 아울러 여기서 각자(hekaston)란 문자 그대로 공동체 구성원 개개인들을 지시하는데, 이 개개인이 농부, 직조인, 목수, 무사 등 공동체의 일과 관련하여 구분되었으므로 '자신의 것'에서 '자신'도 그 각자가 구분되는 공동체의 구성과 연관하여 규정된다고 할 수 있다.

앞의 구절은 '각자가 자신의 일을 한다'는 구절에 '남의 일에 참견하지 않는다'는 점을 덧붙이고 있다. 폴리스 구성원들이 자신의 일을 하는 것만으로는 충분하지 않고 남의 일에 관여하지 않아야 한다는 조건이 첨가되어 있다. 이에 따르면 자신의 일을 충실히 잘 해내는 사람일지라도 그 자신의 일 이외에 타인의 일에 관여하는 경우 그가 속한 폴리스는 정의롭다고 할 수 없다. 각 구성원이 타인의 일에 간여하지 않는 것이 그 폴리스가 정의롭기 위한 또 하나의 조건이다. 즉 자신의 일을 함이란 정의 규정은 자신의 일을 할 뿐 아니라 자신의 일만을 해야 한다는 요구를 담고 있다.

5. 부정의한 부분과 정의로운 전체 '각자가 자신의 것을 함'이라는 규정을 논의하면서 우리는 각자가 자신의 것을 하는 경우 정의롭다고 명명되는 것은 일차적으로 각 구성원들의 행위나 구성원들이 아니라 그들을 구성원으로 가지는 폴리스라는 점을 좀 더 주목해 볼 필요가 있다. 이 사실로부터 우리가 이끌어 낼 수 있는 점 한 가지는 "각자가 자신의 것을 함"이라는 규정이 공동체 구성원의 개별 행위가 정의로운지 여부를 판정하는 기준으로 제시된 것이 아니라 구성원 그리고 구성 부분 각각이 자신의 것을 하는 공동체의 상태를 지시한다는 점이다. 즉 각 구성부분이 자신의 일을 하는 상태의 구성체로서의 폴리스가 하나의 에이전트로서 정의롭다는 언명의 대상이 된

다. 이 같은 폴리스의 정의 규정에 관해 제기되어 온 문제의 하나는 이렇게 정의롭다고 규정되는 폴리스의 구성 부분이 역시 정의롭다고 이야기될 수 있는가라는 물음이었다. 전체 폴리스의 정의로움을 가능하게 하는 각 부분은 바로 그 부분적 성격 때문에 정의로움이 언명될 수 없는 것이라면, 정의롭다고 할 수 없는 부분들로 구성된 전체가 정의롭다고 이야기되는 것이 아닌가 하는 물음이 제기되며 이 물음에 대한 플라톤의 대답이 무엇인지가 물어질 수 있다.

이 물음에 대답하기 위해서는 먼저 폴리스의 정의에 이어 진행되는 개인 영혼의 정의를 살펴보는 것이 필요하다. 더 큰 폴리스의 정의를 먼저 살피고서 이에 비추어 개인 영혼의 정의를 검토한다는 대화자들의 정의에 관한 논의는 폴리스와 개인 영혼이 동형적이라는, 즉 양자가 동일한 형상(eidos)을 가진다는 점에 근거하고 있다. 폴리스가 생산자, 무사, 통치자의 세 부류로 나누어지고 이 세 부류가 각기 자신의 일을 할 때 정의롭다고 할 수 있듯이, 개인의 영혼도 욕구, 기개, 이성의 세 부류가 자신의 일을 하고 그리하여 각 부분 사이에 조화가 있을 때 정의롭다고 이야기될 수 있다.

앞에 제시된 문제에 관련하여 이 개인 영혼에 대해 제기되는 물음은 과연 이 같은 조화를 이루는 영혼의 모습이 폴리스의 모든 구성원에게 가능한가 하는 물음이다. 뒤에서 철인으로 표현되는 통치자 그룹이 이런 조화로운 영혼을 가진다는 점은 어렵지 않게 이야기될 수 있을 것이다. 그들은 영혼 내에 지혜, 용기, 절제를 가지며 영혼의 각 부분들은 자신의 일을 하고 남의 일에 간여하지 않는다. 그러나 이들 통치자 이외의 생산자나 무사 그룹에 대해서도 영혼의 세 부분 사이의 정의로운 질서가 가능하겠는가 하는 물음이 제기된다. 통치자 부류의 경우 이성적인 부분이 지배하고 기개나 욕구의 부분이 이성적 부분에 따르거나 복종한다는 것을 상정할 수 있다. 그러나 적절한 이성적 능력이 결여된 것으로 그려지는 무사 계층이나 생산자 계층에 대해서는 이성적 부분의 지배라는 정의로운 영혼의 모습을 그리기 어려우리라는 점이 연구자들 사이에 지적되어 왔으며, 윌리엄스도 바로 이 점을 지적한다. 이런 경우 정의롭지 못한 부분들에 의해 정의로운 전체가 구성된다는 역설이 성립할 수 있으며, 더 나아가 플라톤의 정의로운 국가가 부정의한 부분들을 통해 구성된다는 지적에 직면하게 된다.

그러나 과연 그러한가? 플라톤의 정의로운 국가는 부정의한 구성 부분들을 통해 성립되는가? 이 같은 지적이 타당하지 않음을 무사 계층의 용기에 관한 논의를 분석함으로써 보이는 일이 이 책의 다음 부분을 이룬다. 이 분석에서 핵심적 역할을 하는 개념이 바로 법을 따름(nomimon)의 개념이다.

6. 『국가』 4권의 429a-430c에서 대화자들은 무사 계층의 용기에 관한 논의를 진행시키고 있다. 용기는 "두려워할 것과 두려워하지 않을 것들에 관한 바르고 준법적인 소신의 지속적인 보전과 그런 능력"[05](429c)이라고 규정된다. "용기란 무엇이 두려워해야 할 것이며 그렇지 않은 것인지에 관한 신념의 견지"(sōtēria tēs doxas)이다. 즉 용기는 '신념을 견지하는 일'이다. 신념은 무엇을 두려워 해야 하고 무엇이 그렇지 않은지에 관해 성립한다. 인용문에 따르면 이 신념을 영혼에 부여하는 것이 법과 교육이다. 법에 의해 교육되어야 할 것이 규정되며, 나아가 법 자체가 교육 내용으로 기능한다. 견지 혹은 유지로 번역된 말은 'sōtēria'이며 일종의 내면화라 이해될 수 있다. 교육을 통해 이것이 교육받는 사람들에게 내면화된다. 법과 교육을 통해 전해

---

05 "τὴν δὴ τοιαύτην δύναμιν καὶ σωτηρίαν διὰ παντὸς δόξης ὀρθῆς τε καὶ νομίμου δεινῶν πέρι καὶ μή, ἀνδρείαν ἔγωγε καλῶ καὶ τίθεμαι(text, Slings). This power in the soul, then, this unfailing conservation of right and lawful belief about things to be and not to be feared is what I call and would assume to be courage." (430b, translation, Shorey)

지는 것은 이 경우 인식이 아니라 의견, 신념이다. 법과 교육을 통해 피교육자에게 전수되는 용기가 신념과 관련된다는 것은 그것의 담지자가 두려움을 가져야 할 것에 관해 인식에 직접 관련되지 않을 수도 있음을 뜻한다. 인용문에 이어지는 부분에서 교육을 통한 신념의 내면화가 모직물의 염색 작업에 비유되고 있다. 염색의 과정을 통해 염색하려는 빛깔이 모직물에 탈색되지 않고 깊이 스며들도록 하기 위해 필요한 여러 과정을 철저히 거치듯이, 잊히지 않는 굳은 신념을 가지도록 하기 위해서는 무사 계층이 그들의 법을 물감처럼 깊이 받아들여 쉽게 탈색하지 않도록 교육해야 한다는 것이다. 그들은 용기에 관해 법이 명하는 것뿐 아니라, 삶의 영역 전반에서 법에 의해 교육된 것을 따르고 내면화한다.

이런 용기를 가진다는 것은 따라서 건지해야 할 신념을 가지는 일일 뿐 아니라, 법을 준수하고 법의 준수를 삶의 방식으로 지닌다는 것을 의미한다. 그가 지키는 법은 입법자의 앎에 의해 근거 지어진 것이며, 따라서 법에 따라 생활함은 적어도 플라톤의 좋은 나라에서는 이성적으로 근거 지어진 것에 따라 생활하는 것이다. 인용문에 언급된 nomimon이라는 개념은 '법에 맞는' 혹은 '법에 합당한' 정도로 번역될 수 있다. 플라톤은 "법에 따라 형성된 올바른 신념"(doxēs orthēs te kai nomimou, 430b)을 우연히 가지게 된 올바른 신념과 분명하게 구분한다. 후자를 동물이나 노예의 신념과 같은 것으로 격하하고 있으며 오로지 교육을 통해 체계적으로 형성된 신념, 즉 법에 따라 형성되고 따라서 법에 합당한 신념만이 의미 있는 신념이라 분명하게 구분하고 있다. 이는 이런 신념의 형성에서 법과 교육의 중요성에 대한 강조이며, 올바른 신념을 우연히 가지게 되는 것이 아니라 확실하게 교육을 통해 가지는 것의 중요성을 부각하는 것이다.

법에 맞고 법에 합당함이 중요한 것은 이 법이 공동체 전체의 좋음에 관해 그리고 각 구성원 그룹에 좋은 것에 관한 앎에 근거한 것이기 때문이다. 이 법을 제정한 통치자들은 각각의 법이 왜 선택되고 공동체와 그 구성원에 왜 좋은지에 관해 앎을 지니고 있고 근거를 제시할 수 있다. 가장 좋은 것에 관한 앎에 의해 제정되고 그 근거가 제시될 수 있는 앎에 의해 법이 제정되었고 이 법에 의해 교육되었기에 법과 교육에 근거한 신념이 그렇지 못한 믿음과 구별된다. 법은 앎과 근거 제시의 요구에 토대한 것이며, 이런 점에서 법에 따른 교육을 통해 형성된 신념은 신념이기는 하지만 우연히 가지게 된 믿음과는 구분되는 것이다. 교육을 통한 신념은 왜 그 신념이 가질 만한 신념인지를 그 신념을 가진 자가 이해하고 이야기할 수 있도록 하며, 그런 한에서 나름의 근거 제시가 가능한 신념이라 할 수 있다. 『국가』의 중심 부분이 통치자 그룹의 통치를 정당화하는 이런 앎의 논의에 할애되고 있는 만큼, 이 앎의 원리에 부수적인 법을 따름의 문제가 주제적으로 다루어지지 않았으나, 교육을 통한 근거 제시의 능력이 없는 믿음과 법에 근거한 교육의 산물인 신념과는 분명히 구분된다는 것을 430b의 구절이 분명히 보여 준다고 하겠다.

폴리스에서 이 무사 계층에 부족한 이성적 능력의 자리를 메워 주는 것이 바로 내면화된 법이다. 이 법과 법에 규정되는 교육을 통해 폴리스 구성원들은 그들의 행위를 규제하고 좋음에 정위(定位)하는 앎의 원리와 연결될 수 있다. 전사들이나 생산자들의 경우 내면화된 법이 이성의 일을 대신한다. 법에 따르는 삶의 방식은 전사나 생산자 계층에 두 가지 방식으로 이성의 역할을 보완해 준다. 각자가 자신의 일을 하고 남의 일에 참견하지 않는다는 의미에서 그들이 정의로운 만큼, 그들의 기개나 욕구는 일단 자신의 일만을 하고 각자들의 삶에서 이성이 수행해야 할 지배자의 일에 참견하지 않는다는 점이 확보된다. 적어도 생산자 그룹이나 무사 계층의 영혼에서 기개나 욕구가 남의 일에 간여하지 않는다는 점에서는 정의롭다고 이야기되는 데에 문제가 없다. 문제는 두 부분이 남의 일에 간여하지 않는다는 것만으로는 그들의 삶에서 이성이 수행해야 할 역할과 자리가 메워지지 않는다는 것이다. 바로 이성이 수행해야 할 자리에 준법적 삶의 방식이 위치한다. 물론 그들은 이런 법을 통해 앎에 도달하지는 못하고 오직 옳은 의견에 도달할 수 있을 뿐이지만 법의 내용 자체는 근거 지어진 것이며, 근거 지어진 앎을 스스로의 믿음으로 가짐으로써 그들의 영혼에서 각기 부분이 수행해야 할 일을 수행하는 올바른 영혼의 모습이 갖추어진다는 것이 플라톤의 소크라테스가 제시한 정의로운 도시와 시민의 그림이라 할 수 있다. 정의로운 영혼이 세 구분되는 부류를 가지며, 각 부류가 자신의 일을 수행하고, 다른 부류의 일에 관여하지 않는다는 정의의 조건이 이들의 영혼에서도 확보되는 것이다.

플라톤의 정치철학 논의가 주로 개인이 국가를 위해 무엇을 하느냐의 관점에서 진행되어 왔는데, 위의 해석에 따른다면 폴리스가 개인들에게 법을 제공함으로써 구성원들에게 올바른 삶을 살 수 있도록 한다는 주장이 가능할 것이다. 즉 폴리스 안에서 삶에 의해 온전한 인간으로서 행복을 추구하는 것이 가능하게 된다는 것이다. 개인의 삶에 대한 이 같은 국가의 개입이 좋음의 선택 능력을 가진 개인과 그를 위한 자유가 보장된 근대적 그림과는 커다란 차이가 있는 것임에 틀림이 없다. 그러나 플라톤이 그린 국가에서 '국가를 위한 개인'이라는 면이 주로 부각되고 '개인을 위한 국가'라는 시각이 거의 부각되고 있지 못하다는 점에서 필자가 이 글에서 제시한 해석은 이 같은 일방적 시각에 대한 교정의 여지가 주어진다는 점은 주목될 만한 것이다. 이 두 측면을 균형 있게 보고, 둘 사이의 적절한 긴장을 유지한 텍스트 해석이 플라톤의 입장을 좀 더 온전히 드러내 주리라는 것이 나의 생각이다.

VI

철인 통치와
이성의 지배

1. 통치자의 앎과 폴리스의 지혜

나라를 세우는 일을 시작했던 대화자들이 세운 나라가 정의로운 나라였던 것은 출발점에서 예정되었던 결말로 이해될 수 있다. 그들이 본래 정의가 무엇인지를 찾기 위해 나라를 세우기 시작했기 때문이다. 나라를 세우면서 그들이 발견한 정의는 "각자가 자신의 것을 함"이었다. 이는 농부, 목수, 직조인, 제화사의 네 사람으로 이루어진 최초의 국가의 조직에서 이미 확립된 원칙이다. 최초의 네 직인에서 시작된 폴리스는 종기 상태의 두 번째 나라를 거치며 확대되고, 이웃 나라 영토의 합병과 전쟁이 있게 되면서 수호자라는 새로운 업무의 도입에 이른다. 수호자 부류의 등장과 함께 폴리스에 지배와 통치라는 새로운 일이 생성된다. 통치자 업무의 생성도 여타 폴리스 업무들이 도입되는 것과 동일한 맥락에서 이루어진다. 따라서 각자에게 자신의 것이라는 폴리스 세우기의 기본 원칙은 변함없이 유지되며 통치 업무에 관한 논의도 이 원칙 위에서 진행된다. 이 원칙은 최초의 폴리스로부터 한정 없는 욕망이 추구되는 두 번째 나라와 이 욕망에 한계가 설정되는 좋은 나라를 거쳐 일관되게 적용된다. 각자에게 자신의 것이 있다는 원칙은 실제로 대화 과정의 전 참여자들에게 공통된 생각이기도 하다. 전통을 대변하는 케팔로스나 폴레마르코스, 델로스 동맹의 맹주국으로 제국화된 아테네 시민의 이해를 대변하던 트라시마코스 그리고 2권 이후 소크라테스의 대화 상대자인 아테네 시민 글라우콘과 아데이만토스 모두 이 원칙에서는 생각을 함께하고 있다. 그들의 차이는 '자신의 것'의 범위가 무엇이며 그것이 무엇에 의해 결정되는가 하는 점이었다.

그러나 이들에 관한 논의가 시작되고서 논의는 두 가지 점에서 새로운 단계로 접어든다. ① 이전에 이야기되었던 여러 일들과 직종이 생산자의 부류로 묶이고, 수호자들의 부류는 이들과 달리 새로운 부류로 구분된다. ② 논의의 중심이 직종의 분화에 관한 주제에서 새로이 도입된 통치의 일을 맡을 자들의 자질과 교육에 관한 주제로 이동한다.

폴리스의 일이 "각자에게 자신의 것"이라는 원칙에 따라 맡겨진다는 것은 각각의 일을 맡는 사람이 자연적 소질에서나 교육에서 각자의 일에 합당한 소양과 능력을 지니는 전문가로서의 조건을 갖춘다는 것을 뜻한다. 따라서 최초의 폴리스도 이미 출발에서 전문적 능력을 지닌 사람들의 집단이라는 성격을 지니게 된다. 그러나 수호자 그룹의 등장은 초기 국가의 전문가 집단을 넘어서는 새로운 성격을 폴리스에 부여한다. 수호자 그룹의 일도 일단 전문 능력의 분화라는 방식으로 성립한다. 그러나 이들의 업무는 폴리스 내에 이미 형성된 이전의 전문 능력과는 성격상 구분된다. 이런 이유로 이들은 생산자로 묶인 이전의 그룹과는 달리 수호자라는 이름을 가지게 되며 별도의 그룹으로 묶이게 된다. 이들 그룹을 다른 일들의 그룹과 구분하는 것은 그들의 작업이 성격상 다른 일들과 구분되기 때문이다. 두 그룹의 일의 성격이 다름은 무엇보다도 수호자들의 일이 요구하는 앎이 생산자들의 앎과 다르다는 것이다.

428a-d에 걸쳐 통치자들에게 요구되는 지혜의 성격이 논의된다.[01] 지혜가 있는 것은 분별이 있기 때문이며, 분별(euboulia)이란 앎의 일종이다. 그러나 이 분별은 반드시 정치적 일에만 존재하는 것은 아니다. 논의 중에 언급

---

01 이에 관한 좀 더 자세한 논의는 이 책의 다음 VII장에 제시된 분석을 참조.

되듯 목공술에 관해서도 분별이 존재한다. 목재용구에 대해서도 "어떻게 하면 이것들을 가장 좋은 상태로 가질 수 있을 것인지를 숙의 결정"하는 지식이 존재하며 이 역시 분별이다. 분별이란 이 경우 '어떤 것들을 *가장 좋은 상태로 가짐*'에 관해 숙고 결정하는 능력으로 좋음을 확보하는 데 관계된다. 따라서 분별은 좋음을 추구하고 확보하려는 인간 활동의 핵심을 이루는 능력이다. 이 같은 숙고 능력에서 통치 능력이 다른 능력과 선명히 구분되지 않는다. 통치술은 위에서 "어떤 방식으로 이 나라가 대내적으로 그리고 다른 나라들과 가장 잘 지낼 수 있을 것인지를 숙의 결정해 주게 될 지식"으로 규정되고 있다. 정치란 대내외적으로 나라의 일을 잘 처리하는 능력이다. 이 구분은 정치가 다른 영역과 달리 가지는 고유 영역을 드러내 준다. 그럼 이 같은 영역의 차이가 정치를 다른 업무와 구분해 주는 것일까?

앞의 구절은 이에 덧붙여 정치를 여타 업무와 구분해 주는 또 다른 핵심적 측면을 알려 준다. 즉 그것은 "나라의 부분적인 것들 중의 어떤 것에 관련해서가 아니라, 이 나라 전체와 관련"(428c~d)되는 지식이다. 목공술이나 농사술, 기타 모든 업무들은 나라의 부분적인 일들이다. 정치는 이 모든 일들을 포괄하며 나라의 좋음을 추구하고 확보하는 것을 목표하며 통치자란 바로 이런 일을 하는 자, 이런 능력을 가진 자를 말한다. 이렇게 보면 정치는 좋음을 추구하는 숙고의 능력이며 이 숙고의 능력은 정치의 경우 나라의 어떤 한 부분에 한정되는 것이 아니라 나라 전체에 관계된다. 전체에 관계된다는 것은 단지 외연이 넓다는 것의 표현이 아니라 나라 전체, 그 전체를 구성하는 부분들을 모두 고려하며 좋음을 추구한다는 것을 뜻한다. 이 점에서 즉 그것이 전체를 통할하며 전체를 그 헤아림의 대상으로 삼는다는 점에서 정치적 지식, 통치자들의 지식은 전문 지식과 구분되며 전문 지식을 넘어선다. 정치적 앎이 가지는 전체적 측면과 좋음에 대한 추구의 성격에 관해서는 철인의 통치라는 플라톤의 주장을 통해 그 내용을 좀 더 천착해 볼 수 있다.

2. 지혜와 정치의 결합: 철인 통치

『국가』 5권에서 소크라테스는 다음과 같이 말하고 있다.

"철학자들이 그들의 나라들에 있어서 군주들로 되거나 아니면 현재 군주 또는 지배자로 불리는 이들이 참으로 그리고 충분히 지혜를 사랑하게 되지 않는 한, 그리하여 이제, 즉 정치권력과 철학이 한데 합쳐지는 한편으로, 다양한 성향들이 지금처럼 그 둘 중의 어느 한쪽으로 따로따로 향해 가는 상태가 강제적으로나마 저지당하게 되지 않는 한, … 나라들에 있어서, 아니 내 생각으로는, 인류에게 있어서도 나쁜 것들의 종식은 없네. 그렇게 되기 이전에는, 지금껏 우리들이 말해 온 그러한 국가 체제가 결코 가능한 한도까지 성장하여 햇빛을 보게 되는 일은 결코 없을 걸세. 실은 이게 벌써부터 나로 하여금 발설하기를 망설이게 한 바로 그것일세. 그건 굉장히 역설적인 언급이 될 것이라는 걸 내가 알고 있었기 때문일세." (473c-e)

철학과 정치의 결합을 통해서만 사람에게서 나쁜 것들의 종식이 가능하다는 것, 그래서 철인이 통치자가 되거나 통치자가 철인, 즉 지혜를 사랑하는 이가 되거나 하는 경우에만 앞에서 그려진 좋은 나라의 실현이 가능하다는 것을 인용 구절이 말하고 있다. 철인 통치의 개념이 대화에 도입되는 것은 대화자들에 의해 말을 통해 세워진 "좋은 나라가 지상에 실현 가능한가"

라는 물음에 연관되어서이다. 4권까지 세 계층으로 능력에 따라 업무가 분담된 좋은 나라가 그려지고, 5권 전반부에 사유재산과 가족이 없이 공동생활하는 통치자 계층의 삶이 그려진 후, 과연 "이 같은 나라가 지상에 실현될 수 있겠는가"라는 문제가 제기된다. 이 물음에 대해 플라톤은 먼저 현실의 나라들에 있어 잘못되어 있는 것이 무엇이고, 이 나라들이 가장 뛰어난 나라처럼 다스려지지 못하게 하는 것이 무엇인지를 묻는다. 그리고 그 같은 장애물이 가능한 한 최소한의 개혁을 통해 제거될 수 있다면 그 개혁이 어떤 것이겠는가의 물음에 답하면서 좋은 나라의 실현 가능성 문제에 접근한다.

철인이 통치자가 되어야 한다는 주장은, 인용된 구절에서 명시적으로 언급되고 있듯이, 철학 즉 지혜와 통치 권력이 결합되어야 한다는 것으로 이해될 수 있다. 통치와 지혜가 결합되어 있지 않다는 점에서 그는 당시 희랍 사회의 제반 어려움들의 원인을 보았고, 또한 정치와 지혜가 결합되지 않고는 앞으로 나라들에서나, 인류 전체에게 악(惡)이 끊이지 않을 것이라고 진단했다. 여기서 우리는 철인 통치라는 우리에게 낯익지 않은 개념을 통치와 앎의 결합이라는 보다 친숙한 개념으로 번역할 수 있다는 사실을 확인할 수 있다. 철인이 통치자가 되어야 한다는 주장은 따라서 아는 자가 통치를 해야 한다는 것이요, 이 같은 주장은 일단 오늘날 통치와 관련되는 사람들이 ─입법이건 사법이건 행정이건 또는 그에 자문하는 사람들이건 간에─ 고등교육을 받은 사람들이라는 사실을 통해 주장의 일단이 이해될 수 있다.

이 같은 주장은 당시의 그리스의 상황에 비추어 보면 그 의미가 보다 선명해진다. 호메로스나 헤시오도스 등의 시를 암송하거나, 비극이나 희극의 공연을 관람하는 일, 그리고 소수의 부유층이 소피스트들이나 수사학자들의 개인 교습을 받는 것이 거의 전부였던 시대에 오늘날과 같은 공적인 보편 교육이 존재하지 않았음은 물론이다. 따라서 입법, 사법, 재정, 군사 등의 제 부면에서 여러 법적, 정책적 결정들이 적절한 고등의 일반 교육과 전문 지식의 바탕 없이 이루어져 수행되고 있다는 것이 플라톤의 생각이었다. 따라서 철인왕의 주장이란 공동체와 그 구성원들의 삶에 지대한 영향을 미치는 이 같은 결정들이 보다 포괄적인 앎 위에서 이루어져야 한다는 주장으로 볼 수 있으며, 오늘날 국가권력의 행사가 높은 교육을 받은 사람들에 의해 수행되고 있다는 점에서, 위와 같은 주장은 일반적으로 수용되는 과정을 밟아 왔다고 할 수 있다.

철인 통치론의 주장이 우리에게 특히 낯선 점은 통치 작업과 앎이 결합되어야 한다는 주장에 덧붙여, 그것이 소수의 사람에 의해 전유(專有)의 것으로 행사되어야 하며, 그 이외의 다수는 국가권력의 행사에 전연 참여할 수 없다고 주장한다는 점일 것이다. 정치 권력의 독점적 행사는 플라톤의 국가 내에서 그 이론적 기반을 각자가 자신의 것을 한다는 원칙에 두고 있음은 물론이다. 모든 인간이 평등하며, 이 평등한 인간들의 자연권(自然權)으로부터 국가권력을 이끌어 내는 근세 이후의 국민주권론(國民主權論)의 입장에 설 때, 국가권력을 분업 원리(分業原理)에 기초하여 한 부류의 사람들에게 독점하게 한다는 것은 받아들이기 어려운 주장이다. 그리고 이 같은 어려움은 그 소수의 통치자가 독점된 권력을 자신의 이익을 위해 사용하지 않으리라는 보장이 주어질 수 있겠느냐는 의문과 더불어 보다 강화된다.

이런 일련의 비판적 물음에 대해 플라톤의 입장으로부터 몇 가지 대답이 윤곽지어질 수 있다. 플라톤은 철인왕의 개념을 통해 권력의 행사와 관련하여 두 가지 문제가 해결될 수 있을 것으로 보았다. 하나는 이미 지적된 통치와 앎의 결합이요, 이를 통해 전 구성원의 행복이 좌우될 문제들에 적절한 식견을 가지지 못한 자들이 결정을 내리는 일이 방지될 수 있다고 생각했다. 또 다른 하나가 바로 위에 제기된 문제와 연관되어 있다. 철인이 왕이 되어야 한다고 했을 때, 이 철인은 단순히 많은 지식을 지닌 사람을 뜻하지는 않는다. 단지 지식을 지니고 있는 사람일 경우, 그가 지닌 앎이 좋은 목적을 위해서뿐 아니라, 그 반대의 목적을 위해서도 사용될 수 있다. 이 점은 1권에서 논의된 기술의 양가성(兩價性)에 관한 논변을 통해 플라톤 자신이 분명히 드러내고 있는 사실이다. 플라톤의 철인은 지혜를 사랑하고 추구하는 사람이다. 지혜를 사랑하고 추구한다 함은 단지 전문영역에 관한 지식을 지니고 있음만을 뜻하는 것이 아니라 이 지혜에 대한 추구가 그의 삶에서 가장 귀하고 가치 있는 일이라는 것을 뜻하며, 따라서 명예나 부(富)와 같은 세속적 재화가 그에게 썩 중요하지 않다는 사실을 의미한다. 철인왕이 통치하기를 즐겨하지 않는다는 점을 플라톤이 반복하여 강조한 것도 바로 이런 맥락에서이다. 4권에 제시되는 영혼에 관한 논의에서 그 심리학적 내지는 인간학적 토대를 얻고 있는 이 주장에 따르면 철인들은 통치 작업을 원하는 것으로서가 아니라 일종의 의무로서 수행하게 된다. 기질상 통치와 같은 번잡한 일보다는 여러 일들에 사리를 차근차근 따지고 이치를 캐고, 밝히기를 좋아하는 사람이 통치의 업무를 맡게 함으로써 국가 전체를 위한 좋음의 앎을 확보하고 동시에 권력의 사용화(私用化)를 막자는 것이다.

통치와 통치자에 대한 플라톤의 논의가 물론 이 같은 심리학적인 사실에만 근거하고 있는 것은 아니다. 이미 지적된 대로 플라톤의 좋은 나라에 대한 논의의 대단히 많은 부분이 교육에 대한 논의로 이루어져 있고, 이 교육도 특히 통치자가 될 사람들의 교육에 대한 논의에 집중되어 있다. 그들은 50세에 통치자의 위치에 이르기까지 30년이 넘는 기간을 이론적인 영역과 실무의 영역에서 그리고 신체적으로나 정신적으로 혹독한 훈련과 시험을 견뎌 내고 선발된 사람들이다. 이른바 지와 덕과 체에 있어 온전한 전인(全人)의 모습이 이 철인 통치자 개념과 더불어 그려지고 있다.

3. 철인 통치와 이성의 지배

이 같은 엄격한 훈련과 시험 이외에 플라톤의 통치자를 진정한 통치자이게끔 하고 그에게 통치의 자격을 부여하는 또 한 가지 점이 지적될 수 있다. 이것은 그들이 단순히 한 특수 영역에서의 전문 지식을 지닌 사람들이 아니라 좋음에 대한 앎을 가진 사람들이라는 점이다. 통치자를 통치자로 자격 짓는 좋음에 대한 앎이란 그럼 어떤 앎인가? 플라톤 자신이 분명히 언급하고 있듯이 좋음이란 통치자라는 특수 계층만이 추구하는 어떤 것이 아니라, 모든 사람이 그들의 사고와 행동을 통해 추구하는 것이다. 모든 사람이 좋음을 추구한다면 특별히 통치자들에게 이 좋음을 안다는 것을 이유로 통치의 전권이 주어지는 것은 어떻게 정당화될 수 있는가? 플라톤의 대답은 이렇다. 모든 사람이 좋음을 추구하기는 하되 모든 이가 진정으로 좋은 것이 어떤 것인지 아는 것은 아니다. 그는 대다수의 사람이 이 진정으로 좋은 것이 어떤 것인지 아는 능력을 가지고 있지 않으며, 이는 소수의 사람에게나 가능할 것이라고 생각했다. 이와 같은 진정한 좋음을 그는 좋음 자체 혹은 좋음의 이데아라고 이름 붙였다. 그리고 이 같은 좋음의 이데아는 오로지 이성의 능력에 의해서만 파악될 수 있다고 주장했다. 이 같은 그의 주장에 따른다면, 우리는 철인왕에 의한 통치란 바로 이 진정한 좋음을 파악할 수 있는 자, 즉 이성적인 자의 통치로 이해할 수 있다. 이 같은 이성이 단지 소수에게만 가능하냐 혹은 다수에게도 가능한 것이냐는 물음에 대해 우리는 그와 다른 견해를 가질 수 있으며, 이 물음은 아마도 그가 말하는 좋음 자체가 무엇인지가 밝혀져야 대답될 수 있을 것이다. 그러나 그것이 소수이든 다수이든 적어도 철인왕의 이념 아래 국가 통치의 원리가 욕망이나 다른 어떤 것이 아닌 이성임을 주장한다는 점은 분명히 이야기될 수 있다. 이 같은 이성이 다수에게 가능한 것이라면 우리는 플라톤도 다수의 통치 또는 또 다른 종류의 통치 형태에 반대할 이유가 없으리라고 생각할 수 있다. 그러나 어떠한 경우에도 그가 이성에 의해 통치가 이루어져야 한다는 원칙 자체는 포기하지 않으리라는 점은 분명하다. 그가 말하는 철인들이 바로 이 같은 이성을 구현하고 있는 사람들이기에 그들의 통치가 이성이라는 원칙을 떠나지 않을 것이며, 따라서 욕망에 지배되어 권력을 사유화하는 일이 있을 수 없다는 결론이 가능하게 된다.

이런 점에서 본다면 철인왕 개념을 통해 주장되고 있는 것의 요점은 이성이 모든 행위와 결정에 있어 지배 원리가 되어야 한다는 것이요, 철인왕이란 이 같은 이성 지배의 제도화된 모습이라고 말할 수 있다. 즉 철인왕 논의의 일차적 포인트는 소수에게 권력이 집중되어야 한다는 사실이 아니라 이성에 의해 권력이 행사되어야 한다는 점이다. 이성의 지배라는 원칙이 어떤 방식으로 현실화되고 구체화되어야 하는가의 물음에 대한 대답이 바로 철인왕 개념을 통해 주어졌다면, 철인왕이란 이 점에서 이성 지배의 구체화로 이해될 수 있겠고, 이 개념의 타당성의 범위는 이성의 지배가 가능한 한도 내라고 이야기할 수 있을 것이다. 철인왕의 통치든 그와 비슷한 어떤 제도적 장치이든 만약 그것이 이성이 지배한다는 원칙을 실현하는 것이 아니라면 그것은 이미 플라톤이 철인왕 개념을 통해 의도했던 것과는 무관한 것이라고 할 수 있으며, 우리가 이 개념을 통해 정치 행위와 관련하여 플라톤에게서 어떤 메시지를 이끌어 낸다면 그것은 "이성이 지배자가 되는 통치 체계를 만들라"라는 정도가 될 것이다.

여기서 이성이 지배자가 된다 함은 물론 이미 지적된 대로 개인사(事)에 있어서나 국가사에 있어서나 어떤 결정을 하게 될 때 이성이 결정자의 위치에 있게 됨을 의미한다. 이성이 결정자의 위치에 있다 함은 이미 정해진 목적에 대해 그 목적에 알맞은 수단을 생각해 내고 계산하는 역할만을 하는 도구적 지성의 위치가 아니라, 목적 자체가 목적으로 타당한 것이고 추구할 만한 것이냐까지도 검토하며, 결정할 위치에 있음을 뜻한다. 어떤 특정한 목적도 때와 경우에 따라 좋을 수도, 좋지 않을 수도 있으며, 따라서 그의 좋음에 대한 앎과 능력이란 사람의 삶에서 제기되고 고려되어야 할 모든 주요 요소들을 고려하며 적절히 어떤 것을 결정하는 능력이라고 할 수 있다. 이 점에서 그의 능력은 전체를 볼 줄 아는 능력, 때에 따라 적절한 것을 결정하는 보다 총체적인 능력이 되겠고 이에 상응하여 그의 앎도 전체적인 연관 속에서 어떤 것을 판단하고, 좋음과 관련하여 근거 지을 수 있는 앎이라고 할 수 있다.

플라톤에서 궁극적인 좋음이 좋음 자체로서 모든 존재하는 것들을 넘어서 있다고 이야기되는 것도, 이 맥락에서 볼 때, 존재하는 어떤 것도 절대적으로 좋은 것으로 생각될 수 없고 단지 특정한 맥락에서 좋은 것일 뿐임을 뜻하게 된다. 진정으로 좋은 것이 이같이 모든 것을 넘어 있는 것이라는 주장이 함축하는 바는 따라서 지상의 어떤 것도, 그것이 재화이든, 정치제도든, 인간에 의해 정해지고 세워진 것인 한, 항상 절대적으로 좋은 것일 수 없으므로, 어떤 것이 주어진 맥락 아래에서 진정으로 좋은 것인지가 끊임없이 물어져야 한다는 것이며, 자명하게 절대적인 것으로 여겨져 화석화되는 일이 없어야 한다는 사실일 것이다.

플라톤이 자신의 좋은 나라를 지상에 실현하기 위한 방도로 이야기하는 철인 통치는 그 자체가 현실적으로 실현되기 어려운 요인들을 적지 않게 포함하고 있다. 특히 철인왕이 공동체 전체에 진정으로 좋은 것이 무엇인가를 알고 있는 이성의 화신과 같은 존재요, 따라서 그에게 독점적 권력이 주어져야 한다는 주장에 대해서는 몇 가지 물음이 제기될 수 있다. 우선 그와 같은 앎이 존재론적으로나 인식론적으로 가능하겠느냐는 물음과 함께, 그 같은 앎이 존재하고, 인식 가능한 것이라고 하더라도, 그 같은 앎을 지닌 존재가 현실적으로 권력을 옳고 바르게 사용하는 것이 지속적으로 가능하겠느냐 하는 물음이 그것이다. 더 나아가 그 같은 사람이 현실적으로 가능하다고 하더라도 어떻게 그 같은 사람이 구체적으로 존재하는 역사 내의 국가에서 실제 권력의 자리에 오를 수 있느냐라는 물음이 대답되지 않고는 이상 국가 실현 수단으로서의 철인 통치라는 제도 자체가 현실화될 가능성이 전연 고려되어 있지 않다는 지적도 가능하다. 사실 이 점에 대해서 플라톤 자신도 큰 환상을 가지고 있지는 않았다. 철인왕에 대한 앞에 인용된 이야기를 시작하기 전에 그는 그의 이야기가 사람들의 폭소를 불러내지 않을까 두렵다고 말하고 있으며, 그 이유로 그 제안을 하기를 주저했음을 고백하고 있다.(473c–e)

나아가 그는 좋은 나라와 타락한 나라를 그린 끝부분에서 그의 좋은 나라가 지상에는 존재하지 않는, 하늘 위에나 존재할 본(paradeigma)에 불과하다는 것을 명시적으로 말하고 있다.(592b) 이 같은 그의 언명을 그가 그의 좋은 나라와 철인왕을 통한 이성 통치의 주장을 일종의 규제 이념(regulative Idea)과 같은 것으로서 이야기하고 있는 것이 아닌가 하는 생각을 가지게 한다. 이 같은 관점에서 본다면, 그가 그의 좋은 나라의 내적 조직 및 원리와 관련하여 이야기하고 있는 것은 현실적으로 실현하고자 했던 구체적인 정당의 정강 정책과 같은 것이기보다는 현실적인 국가가 국가로서 제대로 기능하기 위해 갖추어야 할 제반 조건들을 제시하고 있다는 이해가 가능하게 된다. 욕망과 무지, 사리를 위한 책략과 물리적 폭력이 난무하는 세계에서 과연 이성이 개인의 차원에서건, 공동체의 차원에서건 삶의 원리가 될 수 있으며, 이성적 삶의 비전이 자신을 관철할 수 있겠는지, 그래서 그가 이야기하는 이성이 지배하는 사회가 도대체 현실화될 수 있겠는지의 물음들에 대한 플라톤의 대답은 다음과 같이 간략히 표현될 수 있을 것이다: 도대체 인간의 삶이 영위됨은 많건 적건 이성이 현실화됨을 뜻한다. 이성이 현실화되지 않는 곳에서 좋은 삶이 가능하지 않을 뿐 아니라 삶 자체가 가능하지 않다는 것, 이것이 철인 지배의 주장을 통해 표출된 메시지이다.

4. 철학적 앎과 정치적 앎

좋음의 이데아에 대한 앎으로 규정된 철학적 앎이란 현상계의 것들에 관해서든 가지계(noumena)의 이데아들과 관련해서든 모든 것들의 좋음을 궁극적으로 근거 지을 수 있는 능력으로 이해될 수 있다. 국가 내에서 통치자의 일이 공동체 전체의 좋음을 구현하는 것이라면 그들이 수행해야 할 작업도 성격상 철학자의 일과 다름이 없다. 그들에게 요구되는 능력은 일반 규정으로서 법의 수준에서건 개별 사안에 관한 구체적 정책 결정의 수준에서건 바로 그들의 결정에 대한 이런 근거 제시 능력에 다름 아니기 때문이다. 어떤 선택이 가장 좋은지 그리고 왜 그런지에 관해 분명하게 학적으로 정초된 근거를 제시할 수 있다는 것이 플라톤이 그리는 정치인에게 요구되는 사항이다. 제1절에서 언급된 정치적 지식의 전체적 성격도 좋음에 관한 앎과 뗄 수 없이 밀접하게 관련되어 있다. 어떤 것의 좋음이 의견이 아닌 앎의 수준에서 근거 지어질 수 있기 위해서는 문제되는 것이 전체 내에서 어떤 위치를 가지며 여타의 것과 어떻게 관계되는가에 관해 이유를 댈 수 있어야할 것이다. 아래의 구절은 정치 공동체 내에서 정치의 이런 전체적 성격의 일면을 드러내 준다.

"여보게, 자넨 또 잊었네. 법(nomos)은 이런 것에, 즉 나라에 있어서 어느 한 부류가 각별하게 잘 살도록 하는 데에 관심을 갖는 게 아니라, 온 나라 안에 이것이 실현되도록 강구하는 데 관심을 갖는다는 걸 말일세. 법은 시민들을 설득과 강제에 의해서 화합하게 하고 각자가 공동체(to koinon)에 이롭도록 해 줄 수 있는 이익을 서로들 나누이 줄 수 있도록 만듦으로써 그런다네. 또 한 법은 나라에 그런 사람들이 생기도록 하는데, 이는 각자가 내키는 대로 향하도록 내버려 두기 위해서가 아니라, 법 자체가 나라의 단합을 위해 이 사람들을 십분 이용하기 위해서일세."(519e-520a)

공동체를 공동체이게 하는 공동의 것(to koinon)으로서 법은 특정 계층이 아닌 전체 계층의 행복을 도모해야 한다. 공동체 구성원 전체란 존재하는 것 전체 혹은 가지계와 가시계 전체에 비교한다면 제한된 의미에서나 전체라고 할 수 있다. 그러나 공동체 전체의 행복의 추구란 공동체의 특정 그룹이 아닌 전체를 시야에 두고 법을 만들고 필요한 결정을 내리는 경우에만 가능하다는 점에서 공동체적 좋음의 추구 역시 제한된 범위에서나마 전체에 관한 앎을 전제한다고 할 수 있다. 통치자들에게 좋음의 이데아에 관한 앎을 요구하는 플라톤의 입장은 공동체 내에서의 정치적 결정들이 진정으로 좋음을 실현한다는 것을 그럴듯함이 아닌 수준에서 주장하기 위해서는 좋음의 이데아의 앎이 가능케 하는 투명함과 설명 가능함이 요구된다는 것을 이야기하는 것일 것이다.

VII

좋음의 이데아와
앎의 성격

1. 서구 학문 역사의 시초를 탈레스로 잡는 전통은 아리스토텔레스에서 시작한다.[01] 아리스토텔레스는 그에게서 archē에 대한 탐구자를 보았으며, 학문이란 바로 archē에 대한 탐구이기에 그가 서양 학문사의 첫머리에 놓이는 것이 마땅하다고 생각했다. 시초, 원리, 지배 등의 의미를 지니는 archē에 대한 탐구가 탈레스에서 비롯되었다는 아리스토텔레스의 언명은 물론 얼마간의 제한이 필요하다. 시초라는 의미에서의 archē에 대한 탐구는 아마도 의식적인 삶이 영위된 모든 인간 집단들에서 이루어져 왔다고 할 수 있다. 자신의 선조들의 족보를 만들고 그 첫머리에 신이나 신적인 힘을 가지는 존재를 위치 시키는 것은 거의 모든 종족에게서 발견되는 일이며 시초를 찾는다는 의미에서 이 작업도 틀림없이 archē에 대한 탐구라고 할 수 있다. 이러한 관점에서 본다면 archē의 탐구는 서구에서도 탈레스 이전에 헤시오도스의 『신통기』나 또는 그 이전의 작업에도 소급될 수 있을 것이다. 이런 사실에도 불구하고 탈레스를 학문 전통의 첫머리에 놓는 것은 그에 의해 이루어진 archē에 대한 탐구가 헤시오도스나 또는 그 이전에 이루어졌던 작업과 그 성격이 다르다는 생각에 기초해 있다고 할 수 있다. 그리고 이 같은 성격의 구분은 누가 혹은 어느 것이 archē다라고 말하는 것을 넘어서 archē 자체의 성격에 대한 검토 작업이 이루어질 때 가능하게 된다. 실제 아리스토텔레스가 탈레스를 비롯한 자연 철학자들에 대해 언급하는 곳은 앎 일반의 성격이 다루어 지면서 여기서 archē가 하는 역할에 대해 논의하는 부분이다.

---

01 하늘의 별을 탐구하다가 자신의 앞에 있는 도랑을 보지 못하고 도랑에 빠진 탈레스의 일화는 플라톤의 『테아이테토스』 174a에도 전한다.

초기 서양 학문사의 전승하는 문헌에서 학문의 전체적 체계와 관련하여 archē의 성격을 본격적으로 논의하고 체계화시킨 철학자가 아리스토텔레스임은 잘 알려져 있다. 그의 체계화 이전에도 의학, 자연학 등의 여러 학문 분야들이 있었고 학문 활동이 진행되어 왔다. 그러나 그 같은 작업들이 독립적인 분야로서 명시적인 이름을 얻고 전체 맥락에서 검토되는 것은 아리스토텔레스에 이르러서였다. 각 학문 분야들에 수학, 생물학, 윤리학, 정치학 등의 낯익은 이름들이 붙여지고 독자적인 분야로 성립되는 것은 각 학문이 그 학문 분야에 합당한 독자적인 출발점(archē)을 가진다는 아리스토텔레스의 입장에 근거한 것이었으며, 학문이 학문이기 위해 갖추어야 할 archē의 성격이 어떤 것인지에 대해, 즉 archē 자체의 성격에 대해 『분석론 후서』(*Analytica posteriora*)나 『토피카』(*Topica*) 또는 『형이상학』(*Metaphysica*) 등에서 본격적이고도 자세한 검토가 이루어지게 된다.

그러나 이러한 논의가 아리스토텔레스에서 비로소 시작되는 것은 물론 아니다. 아리스토텔레스가 지적했듯이 자연 철학자들의 논의에서도 무엇이 archē냐에 대한 논의가 이루어질 뿐 아니라 파르메니데스의 존재에 대한 논의는 존재가 존재로서 갖추어야 할 조건들에 관한 논의의 성격을 띤다는 점에서 이미 단순히 어떤 것이 archē냐는 문제를 논의하는 수준을 넘어서고 있다. 특히 초기 서양의 학문 진전 과정에서 이 같은 archē에 대한 논의를 촉진시켰던 것은 수학에서의 체계화 작업의 진전이었다. 기원전 3세기경 유클리드에 의해 집대성되는 수학의 체계화 작업은 공리적(axiomatic)이라는 데서 그 두드러진 특징을 찾아볼 수 있다. 정의(horoi), 공리(axiomata), 공통 관념들(koinai ennoiai)이 증명 체계의 원리들(archai)로서 제시되며 이로부터 정리(theorema)들이 도출된다. 이 같은 수학의 공리적 증명 체계의 형성에 관해 제기되는 흥미 있는 문제가 초기 그리스인들, 특히 수학자들이 어떻게 출발점에서 주어지는 일단의 명제들로부터 여타 명제들을 이끌어 내는 증명 체계에 대한 생각에 이르게 되었는가 하는 물음이다. 이 물음은 그들이 어떻게 증명을 위한 공통적 archai에 대한 생각에 이르게 되었는가를 묻는 일이기도 하다. 유클리드에 이르러 집대성된 이 같은 공리적 증명 체계가 이후 서양 학문의 역사에서 하나의 학문 체계로서 미쳤던 영향력이 대단히 심대했으며, 오늘에 이르기까지 이 같은 체계의 모형이 서양 학문의 기본틀이 되어 있기에 초기의 체계 형성과 관련된 위의 물음이 보다 큰 관심의 대상이 된다. 동양과 서양을 가르는 여러 문화적 차이들 가운데에서도 서구에서 일찍이 방법적으로 명확히 규정된 연역적 학문 체계가 확립되었다는 사실이 아마도 가장 주요한 점의 하나로 지적될 수 있으며, 이런 체계의 모범이 바로 수학 체계에서 발견될 수 있다는 점에서 서구 문화사와 학문사에서 공리적 증명 체계로서의 유클리드 체계가 지니는 위치와 중요성을 평가할 수 있을 것이다.

플라톤의 철학적 입장이나 체계를 우리는 이 같은 서구 학문 체계 성립 과정의 관점에서 의미 있게 조명해 볼 수 있다. 초창기 서양 학문의 체계화가 아리스토텔레스에 이르러 전체적인 폭에서 종합적으로 이루어진다는 점은 이미 언급되었거니와 이 같은 아리스토텔레스의 체계화 이전에 수학의 체계화 작업과 함께 학문의 체계화 작업에 기본틀을 형성했던 것이 플라톤의 철학이라고 할 수 있다. 학문에서 archē라는 개념이 이 개념 자체의 차원에서 문제되기 시작하는 것을 플라톤의 문헌에서 추적해 볼 수 있으며, 이 archē의 주요 부분의 하나가 되는 정의(定義)의 추구가 그의 초, 중기 저술에서 중심적인 작업임은 잘 알려져 있다. 대화 과정에서 논의의 출발점으로 놓여지는 것(hypothesis)에 대한 언급을 그의 저술에서 종종 만날 수 있으며, 이런 출발점으로서 이데아 개념이 하는 역할이 어떤 것인지도 아직 우리에게 충분히는 밝혀지지 않은 연구사의 한 부분이라고 할 수 있다.

우리가 이 부분에서 주제로 다루고자 하는 해의 비유를 비롯한 세 비유도 이런 관점에서 주목의 대상이 될 만하다. 세 비유 가운데 하나인 선분의 비유는 비유의 형태이기는 하나 앎을 전체적으로 구분하고 체계 짓는 작업이 그 자체로서 주제가 되고 있다. 이는 전승하는 서양철학사와 학문사의 문헌 가운데서 발견되는 최초의 학문 체계 논의라고 말할 만하다. 세 비유 모두 좋음의 이데아가 어떤 것이냐 하는 문제가 중심 주제인데, 좋음의 이데아는 이 논의 과정에서 모든 앎의 archē요 더 나아가 존재들의 archē라고 언명된다. 따라서 이 논의의 분석을 통해 왜 archē가 문제되며, 또한 논의되는 archē의 성격이 어떤 것인지에 대해 대답을 추구해 볼 수 있다.

천지 만물과 그 생성 변화에 archē가 있다는 생각과 앎에 archē가 있다는 생각이 항상 병행하는 것은 아니다. 앎의 archē에 대한 탐구는 존재 세계의 archē에 대한 탐구가 진전되면서 여기서 성립된 앎에 대한 반성적 작업과 함께 이루어지는 것이 보통이다. 플라톤의 이데아는 현상계의 사물들의 archē이면서 동시에 앎의 archē이기도 하다는 점에서 바로 이 같은 반성적 작업이 이루어지는 시점에서 성립한 개념이라는 평가가 가능하다. 다시 이 이데아들 자신의 archē라고 이야기되는 좋음의 이데아는 따라서 존재하는 것들과 앎을 총체적으로 문제 삼을 때 비로소 제기될 수 있는 개념이라고 할 수 있다. 그리고 이 점에서 이 개념의 제기는 서양 학문사와 그 체계화의 역사에서 하나의 새로운 단계를 여는 작업의 성격을 지닌다. 존재하는 것 일반이 그 존재와 앎의 archē의 관점에서 총체적으로 물어지고 있는 것이다.

플라톤 이후 철학의 역사에서 그리고 플라톤 연구자들 사이에서 좋음의 이데아에 대한 내용을 담은 『국가』 편의 세 비유 부분은 흔히 그의 철학적

절정이라고 이야기되어 왔다. 철학 내부에서뿐만 아니라 철학의 영역을 넘어서도 이 부분이 분분한 논의와 끊임없는 영감의 원천이 되었던 것은 이것이 엄격한 학적 논증의 방식이 아니라 비유로 서술되어 있다는 사실과 깊이 연관되어 있는 듯이 보인다. 모든 앎의 archē를 이야기하고 앎의 체계화가 본격적으로 이루어지는 부분이 앎의 기준과 체계를 엄격히 만족시키는 방식으로서가 아니라 비유의 모습을 지니고 있다는 사실은 역설적이다.

플라톤과 같은 세심한 저술가에게서 이 같은 서술 방식이 갖는 의미가 무엇인지는 그 자체로서 다시 논의의 대상이 되겠으나 이 점은 좋음의 이데아와 앎의 성격을 archē를 탐구하는 그리스 학문사의 맥락에서 점검해 보고자하는 우리의 작업에도 일정한 한계를 부과한다. 플라톤이 좋음의 이데아에 부여하는 중요성의 정도를 세 비유가 등장하는 전후의 논의에서도 읽을 수 있거니와 이 같은 의미 부여에 비추어 볼 때 좋음의 이데아에 대해 그나마 명시적으로 논의하는 곳이 그의 적지 않은 저술 가운데 비유로 되어 있는 이곳 뿐이라는 사실도 이해하기 힘든 특이한 점이라고 할 수 있다.

선분의 비유에서 수학과 관련된 약간의 언급이 있기는 하지만 당시 학문에서의 체계화의 진전에 대한 자세하거나 본격적인 언급이 아닌 만큼 우리의 논의는 archē와 관련된 그리스 학문사의 성격을 살펴보는 데 초점을 맞추게 될 것이다. 좋음의 이데아가 존재하는 것들과 앎에 대해 가지는 의미와 위치가 가장 많이 이야기되는 것이 해의 비유에서인데 우리의 논의도 해의 비유와 이에 선행하는 도입부를 분석하는 데 중점을 둘 것이다. 이와 함께 다루어지게 될 앎의 성격에 관한 논의는 좋음의 이데아에 대한 앎이 어떤 성격의 것이며, 이것을 앎으로써 가능하게 되는 앎의 전반적 성격 해명에 관한 것이 될 것이다. 이 과정에서 이 앎의 archē로서의 성격이 함께 다루어질 것이고 아울러 archē가 필요하게 되는 맥락과 그것의 성격이 점검될 수 있을 것이다. 그러나 이미 언급되었듯이 논변이 아닌 비유적 서술로부터 우리가 기대할 수 있는 것은 구절을 쫓아가면서 이에 대해 해석하는 일이며, 적실성을 잃지 않는 범위에서 그 의미를 밝혀 보는 일이 될 것이다.

2. 『국가』 제6권에서 좋음의 이데아가 논의에 도입되는 과정은 좀 특이하다. 도입의 필요성은 이중적으로 이야기된다. 이 맥락의 분석은 그 나름대로 좋음의 이데아가 어떤 필요에서 논의되는지를 보여 줌으로써 그것의 성격을 가늠하는 데 도움을 줄 수 있다. 도입의 보다 기본적인 맥락은 철인왕의 논의와 연결되어 있다. 그들이 통치자로서 제대로 통치의 작업을 수행할 수 있기 위해 필요한 제반 조치들이 주제가 되면서 가장 중요한 것으로 그들의 교육이 논의된다. 이 통치자들의 교육이 중요한 것은 바로 철인왕이라고 불리는 이들의 존재 여부에 플라톤이 제2권에서 제6권에 걸쳐 그렸던 좋은 나라의 실현 가능성이 결부되어 있기 때문이다. 교육은 이 같은 통치자들이 존재할 수 있기 위한 관건으로 이야기된다. 플라톤이 말하는 가장 좋은 나라가 가장 좋은 이유가 이 같은 뛰어난 통치자에 의해 통치된다는 데 있고 그들이 통치자인 이유가 바로 그들이 이 좋음 자체에 대한 앎을 가지고 있기 때문이라면, 당연히 이 같은 뛰어난 통치자가 가능하기 위한 조건이 되고 아울러 가장 좋은 나라의 성립 가능성의 조건이 되는 이 좋음의 이데아가 무엇인지가 밝혀지는 것이 논의의 진행상 필요한 일이 됨은 당연하다고 할 수 있다.

이 같은 사실로부터 우리가 바로 이끌어 낼 수 있는 점은 좋음의 이데아에 관한 앎이 실천적 성격의 앎이라는 사실이다. 여기서 실천적 성격은 이 앎이 통치자가 통치자로서 해야 할 작업을 수행하는 데 관련되는 앎이라는 사실로부터 나온다. 통치자가 해야 할 작업은 법률의 제정과 수호, 기타 국가의 내외사와 관련하여 필요한 결정을 내리는 일이다. 이 같은 작업들에서 공동체 전체의 좋음이 이루어지도록 할 수 있을 때 말의 참다운 의미에서 통치자라고 할 수 있다. 그리고 이것이 가능하기 위해서 그가 정위해야하는 것이 바로 좋음의 이데아이다. 그가 이것에 정위하고 따라서 좋은 듯한 것(ta dokounta, 505d)이 아니라 진정으로 좋은 것들(ta onta agatha)을 추구한다는 것이 그를 통치자로 정당화한다. 540a에서 플라톤은 이 통치자가 좋음자체를 보고 그것을 본(paradeigma)으로 삼으면서 폴리스와 시민들 그리고 자신을 질서 짓는다고 말한다. 공동체의 공동선의 실현이라는 구체적 목적아래 법률을 제정하고 개별적 상황에서 제반 결정을 내리는 데 좋음의 이데아가 본으로서 좋음의 실현을 가능하게 해 준다는 것이다.

그러나 좋음의 이데아에 대한 앎이 실천적이라는 사실로부터 이 앎이 이론적이 아니라고 귀결될 필요는 없다. 그에게서 이론적 앎은 바로 실천에 도움이 되는 실천적 앎이며 실천적 앎이 실천적 연관에서 제시된 문제를 해결할 수 있기 위해서는 이론적인 것이어야 한다는 점이 여러 방식으로 이야기되고 있다. 동굴의 비유에서 동굴 밖으로의 여행을 통해 태양 아래 실재하는 세계를 보았던 이들은 동굴 밖의 실재 세계에 계속 머무르는 것이 아니라 다시 동굴의 세계로 귀환하기를 요구받는다. 동굴 밖의 세계가 실재의세계요 이 세계를 봄은 문자 그대로 관상(觀想, theōrein)이다. 그리고 그런 한에서 이 세계에서의 앎이 이론적 앎의 성격을 가지는 데 비해 동굴로 귀환하여 그가 만나게 되는 문제들은 동굴 내의 사람들을 교육시키고 이런저런 문제들을 해결해야 하는 실천의 세계이다. 밝은 실재의 세계에서 어두운 동굴로 돌아온 이 여행자는 당연히 처음에는 어둠에 눈이 익숙지 못하여 착시와 어지러움(518a)을 경험하나 이것에 익숙해지면서 동굴 내의 사태들을 보다 잘 볼 수 있게 된다.(520c) 즉 동굴 밖에서 실재 세계를 본 것이 동굴 내의 여러 일들은 더 잘 볼 수 있게 한다는 것은 이론적 지식이 실천적인 경우 그대로 소용될 수 있음을 뜻하며 따라서 플라톤에게는 아리스토텔레스에게서 보이는 것과 같은 이론적 앎과 실천적 앎 사이의 간극이 일단 설정되어 있지 않다고 보아야 할 것이다.

그러나 통치자가 좋음의 이데아에 정위하고 그것을 앎으로써 진정한 통치자가 된다고 할 때 여기서 좋음의 이데아를 안다는 것이 구체적으로 무엇을 의미하는지는 아직 분명하지 않다. 좋음의 이데아가 논의에 도입되는 또 다른 계기의 분석이 이 물음을 조금 더 분명하게 해 줄 수 있다.

좋음의 이데아를 논의하게 되는 첫 번째 계기가 좋은 나라의 내적인 조직과 관련되어 있었다면 대화 진행의 과정에서 중층적으로 주어지는 두 번째 이유는 『국가』 내에서의 대화자들 사이의 대화의 진행과 관련되어 있다. 제2권 이후 소크라테스, 글라우콘, 아데이만토스 사이에서 정의가 무엇이냐를 물으며 출발했던 대화는 좋은 나라를 그리는 작업을 통해 이것을 찾고자 한다. 지혜, 용기, 절제, 정의를 갖춘 좋은 나라가 그려지고 이어서 개인 영혼에서 이것들이 어떻게 구현되는지를 이야기한 후 소크라테스는 다음과 같은 말을 덧붙인다.

> "그런데 글라우콘이여, 내 생각으로는 우리가 지금 이야기에서 취하고 있는 그런 방법을 통해서는 이것들을 정확하게는(akribōs) 결코 파악할 수가 없을 것으로 보이네. 왜냐하면 이것에로 이끄는 더 크고 긴 길(makrotera kai pleiōn hodos)이 있기 때문일세." (제4권, 435c-d)

지금까지의 이야기 경과에 만족해 있는 글라우콘에게 얼마간 의외였을 소크라테스의 이 언명은 그 의미가 그에게 제대로 파악되지 못한 채 대화는 다른 주제로 넘어간다. 위의 인용문은 지금까지 4주덕(主德)을 이야기한 방식이 충분하지 못하다는 것, 보다 정확하게 그것들, 즉 네 개의 덕을 파악하기 위해서는 또 다른 길(hodos)을 가야 하리라는 것, 그리고 그 또 다른 길은 보다 크고 어려운 길이 되리라는 내용을 담고 있다. 그리고 보다 크고 어려운 이 길은 지금까지 이야기가 결여하고 있는 정확성(akribeia)을 확보해 주는 길임이 언명되어 있다. 4주덕에 관해 지금까지 이야기된 방식이 어떤 것인지는 더 자세히 언급되어 있지 않으나, 이 방식이 필요로 하는 정확성을 결여하고 있다고 할 때, 이 정확성이 어떤 것인지, 그리고 이것이 확보되는 더 크고 어려운 길이 어떤 것인지가 물음으로 제기된다.

바로 이 더 크고 어려운 길에 대한 제4권에서의 언급이 제6권에서 좋음의 이데아에 관한 논의의 도입 부분에서 반복되면서 보다 큰 길의 필요성이 재차 강조된다. 이 두 번째 언명에서 소크라테스는 또 다른 보다 큰 길을 통해 가능하게 되는 것에 대해 몇 가지 언급을 더한다. 제4권에서 정의, 절제, 용기, 지혜가 무엇인지를 정의했거니와 그것들을 아주 잘 보기를 (kallista katidein, 504b) 바란다면 또 다른 더 큰 우회로(allē makrotera perihodos, 504b)를 가야 한다. 그리고 이 보다 큰 길을 통한 행로는 모든 것들을 분명하게(kataphanē) 해 준다. 4주덕에 관한 이야기가 충분하고 적절한(metriōs, 504b) 것이었다고 생각하는 글라우콘에게 소크라테스는 다시 그것이 필요한 정확성을 결여했으며 아울러 주제의 중요성에 합당한 적도(適度, metron, 504c)를 결여했음을 지적한다. 즉 주제에 적합한 만큼 충분히 다루어지지 못했다는 것이다. 이 적도에 모자라 필요한 정확성이 결여되어 있다는 이야기를 소크라테스는 다시 소묘(hypographē, 501a, 504d)라는 말로 표현하고 있다. 소묘의 성격을 벗어나지 못하는 앞서의 4주덕에 대한 이야기는 그것에 필요한 정확성을 결여한, 따라서 분명하지 못한 주워섬김 이상을 넘어서지 못한다.

가장 큰 배움이 좋음의 이데아에 대한 배움이요 좋음의 이데아를 통한 길이 보다 크고 어려운 길이라면, 지금까지의 이야기가 확보해 주지 못했던 정확성과 분명함을 좋음의 이데아를 통한 논의가 가능하게 해준다고 할 수 있다. 이 같은 정확성과 분명함이 보다 구체적으로 무엇이냐 하는 문제는 더 논의되어야 하겠으나 일단 이상의 언명으로부터 좋음의 이데아에 관한 논의가 어떤 맥락에서 이 대화자들의 논의에 도입될 필요가 있는지 그리고 그것이 어떤 역할을 할 것인지는 윤곽을 그려 볼 수 있다. 그것은 그들이 추구하는 정의와 여타 덕들을 규정함에 있어서 정확성과 분명함을 가능하게 해준다.

사실 정의와 기타 덕들을 이야기하는 제4권에서 이미 소크라테스는 자신의 이야기가 충분히 정확하지 못하며 단지 소묘 이상을 넘어서지 못한다는 것을 여러 방식으로 암시한다. 433b에서 소크라테스는 "자신의 것을 함이 어떤 방식으로(tina tropon) 정의인 것처럼 보인다"라고 말한다. 이 언명에는 두 가지 방식으로 자신의 정의 규정이 대체적인 것일 뿐 정확한 정의는 되지 못함을 드러내는 유보가 포함되어 있다. "어떤 방식으로"라는 말이 그것이 왜 정의인지를 정확하게 이야기하지 못한다는 화자의 유보를 표현해 주고 있으며 이 불확실함이 "… 처럼 보인다"(kindūneuei)라는 표현에 의해 다시 강조되고 있다. 443c에서도 비슷한 표현이 발견된다. 제화공이 다른 일에 간섭하지 않고 자신의 일인 구두만을 열심히 만들고 목공이 목공일만을 힘써 하는 것이 정의의 모상(eidolon)이라는 소크라테스의 언급은 각자가 자신의 것을 함이라는 규정이 정의의 완전한 모습이거나 정의 그 자체는 아니고, 그것이 불완전하게나마 나타나는 모상이라는 것을 이야기한다. 이어지는 구절에서 그는 '그와 같은 어떤 것'(toiouton ti)이 정의라고 말하며 주어진 정의 규정에 일정한 거리를 취하고 있는데 그의 대화 상대자들이 주목하지 못하고 있는 이 같은 유보나 거리 취함은 그 규정들이 전적으로 틀려서라기보다 정의 작업이 정확하게(akribōs) 이루어지지 못하고 있음에 대한 그의 태도 표명으로 볼 수 있을 것이다.

통치자의 앎에서 좋음에 관한 앎, 좋음의 이데아에 관한 앎이 가장 큰 교과목이 되는 이유가 바로 이 같은 정확함의 요구와 연관되어 있다면 그들에게 필요한 능력이란 국가의 법률이나 이 법률에 근거한 구체적 조치가 왜, 어떻게 좋은지를 설명할 수 있는 능력이 될 것이다. 바로 이 설명(logos)을 제시할 수 있는 능력이 좋음의 이데아에 대한 앎에 의해 가능하다면 좋음의 이데아에 대한 앎이란 바로 이 같은 설명 제시를 가능하게 하는 앎이라고 할 수 있다. 따라서 좋음의 이데아에 대한 앎이 필요하며 그것이 가장 큰 교과목이라고 하는 것은 이런 면에서 본다면 이 같은 근거 제시 능력의 중요성에 대한 지적이라고 할 수 있다. 그리고 좋음의 이데아가 이 설명을 가능하게 하는 것이라면 보다 크고 어려운 길을 언급함은 바로 이 설명을 가능하게 하는 원리(archē)가 필요함을 이야기하는 것으로 이해될 수 있다. 이 원리를 통해 모든 것이 더 분명하게 되며 따라서 앞서의 정의나 여타 덕들에 관한 논의도 소묘적 수준을 넘어서 필요한 정확성을 얻을 수 있게 된다는 것이다. 여기서 이야기된 정확성이란 따라서 설명을 제시할 수 있을 때 충족될 수 있는 성격의 것이라고 할 수 있다. 예컨대 "각자가 자신의 것을 함"이 정의라고 규정될 때 그것이 왜 그런지를 분명히 근거 지을 수 있다거나 또는 어떤 법률 규정이 전체적 연관에서 왜 필요한지 또는 어떤 조치가 특정 시점에 왜 적합한지를 이야기할 수 있는 사람이 이런 일들과 관련된 '정확성'을 지닌다고 이야기될 수 있다. 나아가 여기서 가능하게 되는 '분명함'도 이유를 앎에서 오는 것으로 국가 건립자로서 역할을 하고 있는 『국가』의 대화자들이나 이 나라의 통치자들에게 보다 크고 어려운 길을 갈 필요가 있

는 것은 원리로부터 근거 제시 능력을 가짐에서 오는 분명함이 요구되기 때문이다.[02]

이들에게 요구되는 종류의 앎은 근세 초기 데카르트가 추구했던 바와 같은 의심의 여지가 없는 확실성을 그 1차적 특징으로 삼는 그런 앎이기보다는 전체적인 연관에서 archē와 관련하여 설명을 제시할 수 있는 성격의 것으로, 따라서 사태의 연관에 대한 이해(understanding)로 생각될 수 있다. 데카르트의 경우 그리고 플라톤의 국가 건립자와 통치자의 경우에도 모두 무전제의 출발점(archē anhypotheton, 511b)을 찾아가야 한다는 점에서, 플라톤의 동굴의 비유에 나오는 용어를 빌리면 상승의 길(anabasis)을 가야 한다는 점에서는 입장이 동일하다고 할 수 있다. 그러나 데카르트에 의해 강조된 것이 이 출발점의 의심할 여지없는 확실성이었던 데 비해 좋음의 이데아를 출발점으로 하는 앎에서는 바로 이 출발점을 통해 다른 모든 것들의 근거가 제시될 수 있고 그것들의 전체적 연관이 밝혀질 수 있는 성격의 것이라는 점이 강조된다.

데카르트의 경우 이 무전제성이 모든 의심에서 자유로움에 의해 확보되는 것이라면 플라톤에서 무전제성이 어떻게 확보되는지에 관한 물음이 제기될 수 있다. 이 물음에 앞서 좋음의 이데아에 관해 지적될 수 있는 것 가운데 하나는 이 좋음의 이데아를 통해서 주어지는 것이 단순한 설명만은 아니라는 점이다. 수학자들의 작업에서도 전제로부터 도출된 명제에 대한 설명이 원리들로부터 주어진다. 좋음의 이데아의 도입은 도출된 명제에 설명을

---

02 물론 개별적이고 구체적인 경우에 최선을 선택하고 결정을 내려야 하는 통치자와 국가의 주요 사안에 대해 일반적인 법률을 제정하는 법률 제정가의 작업이 동일한 것은 아니다. 정책의 개별성과 법률의 일반성에 대한 이 구분은 후기의 『정치가』(Politicus) 편에서 등장한다. 『국가』 편에서는 철인왕의 능력이 법의 일반성을 넘어서 구체적인 경우에 최선을 가능하게 한다고 볼 수 있는데 바로 이렇게 최선을 가능하게 하는 것이 좋음의 이데아에 관한 앎이라고 할 수 있다.

가능하게 하는 이 전제들 자신에 대해 다시 설명과 근거 제시가 필요하다는 점을 부각시킨다. 그리고 무전제의 출발점이라는 표현은 모든 전제들 자체에 다시 근거의 제시를 가능케 하는 그 출발점으로서의 원리는 스스로는 다른 어떤 전제로부터 도출된 것이 아님을 시사한다. 이 무전제의 출발점의 성격이 어떤 것인지를 이제 해의 비유를 통해 좀더 자세히 살펴보게 될 것이다. 이 개념은 우리가 앎의 전제로 놓는 것들, 즉 분과 과학의 원리들이 다시 그 근거가 물어져야 한다는 것, 그리고 이것에 근거를 제공하며 그것들이 이해 가능한 것이 되도록 하는 궁극적 출발점으로서의 원리가 있다는 것을 이야기한다. 궁극적 출발점이 되는 것은 바로 그 궁극적임 때문에 그 스스로는 더 이상의 근거 제시나 설명이 필요치 않은 것이라는 점이 말해진다. 그리고 플라톤은 이것을 좋음의 이데아라고 이야기한다. 좋음의 이데아의 언급은 따라서 체계로서의 앎의 성격에 대한 생각을 표현하고 있다. 그럼 이 같은 궁극적이고 무전제적인 원리라는 것은 무슨 의미인가? 해에 비유하여 이야기된 좋음의 이데아가 어떤 것인지 플라톤 자신의 말을 들어 보자.

3. 좋음의 이데아에 관한 논의는 다시 일종의 도입부라고 할 수 있는 부분과 좋음의 이데아가 해에 비유되어 논의되는 부분으로 나누어진다. 두 번째 부분에서 좋음의 이데아와 여타 이데아들 사이의 관계가 논의되는 데 대해 도입부에서는 좋음의 이데아와 가시 대상들 사이의 관계가 논의된다. 이 도입부의 내용은 다시 크게 몇 가지 주제로 나뉘어 검토될 수 있다.

먼저 가장 크고 중요한 배움의 대상이 좋음의 이데아임을 확인하고서 이 좋음의 이데아에 의해 정의로운 것들이나 기타의 사물들이 유용하고 이롭게 된다는 언급이 뒤따른다.(505a) 정의로운 것들(dikaia) 또는 다른 소용물들(talla proschrēsamena)이라고 복수로 표현된 것은 여기서 좋음의 이데아와 관련되어 논의되는 것들이 다(多)의 현상계에 속하는 것들임을 보여 준다. 또한 가지 이 언명에서 주목될 수 있는 점은 이 사물들이 좋음의 이데아에 의해 유용하고 이롭게(chrēsima kai ophelima) 된다고 표현된 점이다. 좋음의 이데아에 의해 좋게 된다는 표현 대신에 유용하고 이롭게 된다는 표현의 사용은 좋음과 유용함이 플라톤에게 매우 밀접히 연관되어 있다는 점을 우선 확인케 한다. 좋음이란 개념이 유용함이나 이로움 혹은 이와 유사한 개념들과 혼용되어 쓰이는 것을 플라톤의 텍스트들뿐만 아니라 당시의 다른 문헌들에서도 확인할 수 있으나 주목할 만한 점은 이런 혼용에도 불구하고 플라톤이 좋음의 이데아라는 말 대신에 유용함이나 이로움의 이데아라는 말은 사용하고 있지 않다는 사실이다.03 좋음의 이데아에 대한 언급 자체가 『국가』의 이 부분에 한정되어 있는 만큼 추측을 지나치게 확대하기는 어려우나 유용함이나 이로움이 항상 누구에게 무엇과 연관하여 유용하고 이롭다고 말해지는 데 대해 좋음의 경우는 반드시 이 같은 이항 술어로 씌어지지 않을 수도 있으며 따라서 더 이상 상위(上位)로의 지시 연관이 필요하지 않은 좋음이라는 말이 궁극적 근거로서의 이데아에 적합하다는 이해가 가능하다. 어떻든 좋음의 이데아에 의해 모든 것들, 정의로운 것들까지도 이롭고 유용하게 된다는 언명은 정의로운 것들조차도 그것이 정의롭기 때문에 항상 조건 없이 이롭고 유용한 것이 아니라 개별 상황에서 그 이롭고 유용함의 연관이 밝혀져야 할 것이라는 점,04 그리고 이것은 정의로운 것들뿐만 아니라 모든 사용물에 해당된다는 점을 이야기하고 있다. 더 나아가 그것들을 이롭고 유용하게 하는 것이 좋음의 이데아라는 사실은 어떤 것의 이롭고 유용함이 호오(好惡)의 감정이나 느낌에 의해 주관적으로 결정되는 것이 아니라 사태 연

03 W. Wieland, *Platon und die Formen des Wissens*, Göttingen, 1980, S ff.
04 『국가』 1권 참조.

관에 따라 객관적으로 결정되는 것임을 함께 이야기하고 있다고 할 수 있다. 즉 어떤 것이 나에게 좋은 것이라고 하더라도 그것의 좋음 여부가 나에 의해 주관적으로 혹은 자의적으로 결정되는 것이 아니라 좋음 자체에 의해 좋음이 결정된다는 것이다. 다시 말해 어떤 것의 좋음은 그것이 좋기 때문에 좋은 것이지 내가 좋다고 생각하여 좋은 것이 아니요, 따라서 어떤 것이 좋은지의 여부는 사태 자체의 이치에 따라 정해진다는 것이 위의 언명에 담긴 주장이 될 것이다. 때에 따라, 장소에 따라 그리고 사람이나 상황에 따라 좋고 이로운 것이 다르겠으나, 이런 모든 상이한 경우들에서 그 같은 상이함에도 불구하고 어떤 것이 좋다고 할 때 그것의 좋음은 다른 어떤 것에 의해서가 아니라 좋음 자체에 의해 근거 지어진다는 것이다.

좋은 것들이 좋음 자체에 의해 좋다는 식의 표현은 플라톤이 이데아와 관련하여 그것의 원인(aitia)으로서의 성격을 이야기할 때 사용하는 어법이다. 『파이돈』(Phaidon)에서 우리는 "아름다운 것들은 아름다움 자체에 의해서 아름답다"(100d)는 언명을 볼 수 있는데 우리가 감각적으로 경험하는 세계의 아름다운 것들을 아름답다고 할 수 있는 것은 감각적인 어떤 요소에 의해서가 아니라 아름다움 자체에 의해서라는 것이다. 예컨대 클레오파트라가 아름답다고 할 때 그의 아름다움은 눈이 크고 콧날이 날카로움에 그 이유가 돌려질 수 있는 것이 아니라 아름다움 자체에 그 이유가 돌려질 수 있다는 것이 플라톤의 주장이 된다. 눈의 큼이나 콧날의 날카로움이 그 자체로서 바로 아름다움의 원인이 되지는 못하고 그것들이 특정한 방식으로 배치된 데 그 아름다움의 원인이 있으며 이 경우에도 어떤 특정한 배치가 항상 조건 없이 아름답다고 이야기되는 근거를 다시 또 다른 어떤 것에서 구해야 될 것이다. 여러 방식으로 나타나는 현상계의 아름다운 것들을 근거 짓는 것은 따라서 그 자체는 적어도 아름다움이라는 관점에서 다른 것에 의해 근거 지어질 필요가 없는 것이 되어야 할 것이며 이것이 플라톤에서 아름다움 자체 혹은 아름다움의 이데아라는 것으로 등장한다고 할 수 있다. 이 이데 아가 도대체 무엇이며 그것의 독자적 존재가 인정될 수 있느냐 등의 이데아 와 관련된 일련의 물음들은 플라톤 자신의 문헌에서 이미 문제로 제기되고 그의 제자였던 아리스토텔레스 이래로 2천 년이 넘는 서양철학의 전 과정에 서 논란이 되어 왔다. 일단 위에 간략히 논의된 것에 기초하여 내려질 수 있 는 결론 가운데 하나는 현상계의 사물들이 좋은 것의 경우든 아름다운 것의 경우든 그 자체로서 좋다거나 또는 아름답다고 이야기될 수 없다는 것이다. 현상계의 사물들이란 항상 특정한 상황과 조건 아래서 불완전하게만 좋거 나 아름답다고 보여지고 불리어질 수 있으며, 그것이 그런 관점에서 보여질 수 있기 위해서는 그 자체로서 좋은 것, 즉 좋음 자체가 그것을 가능하게 한 것(aitia)으로서 있다는 것이 플라톤의 생각이 될 것이다.

아카데미 밖의 일반인을 대상으로 한 "좋음에 관하여"(peri tou agathou)라는 플라톤의 강연이 실패작이었다는 고대의 전승이 있거니와 『국가』 편이 쓰 인 당시에도 진정한 좋음이란 무엇이며 어떤 것이 참으로 좋은 것인가에 대 한 논의가 분분했던 것으로 보인다. 우리가 논의하는 도입부에서 플라톤은 진정한 선에 관한 당시의 두 입장을 소개하고 있다. 많은 사람들이 선이라 고 생각하는 쾌락이나 보다 세련된 사람들이 선이라고 생각하는 앎에 대해 플라톤이 소크라테스의 입을 통해 왜 그런 주장들이 합당치 않은지를 간략 히 논변하고 있는데, 이 논변에서 보여지는 반박 방식이 주목될 만하다.

좋음이 앎이라고 이야기될 수 없는 이유는 다음과 같이 제시된다. 좋음 이 앎이라고 이야기하는 이들에게 다시 "어떤 앎(hētis phronēsis, 505b)이 좋음 이냐"라는 물음이 제기될 수 있다. 이에 대해 그들은 좋음의 앎이라고 대답 할 수밖에 없다. 따라서 좋음이 무엇인지는 아직 대답되지 않고 있는 셈이다. 쾌락에 대해서도 비슷한 논변이 제시되고 있다. 쾌락에 좋은 쾌락과 나쁜 쾌락이 있으므로 좋음이 쾌락이라고 하는 이들은 좋은 좋음과 나쁜 좋음이 있다는 대답을 하는 셈이요 이 대답은 불합리하다는 것이 논변의 요지이다. 일종의 불가능에로의 논변(argumentum ad impossible)이라고 볼 수 있는 이 논변은 앎의 경우와 마찬가지로 쾌락이 그 자체로서 항상 좋은 것이 아니라 좋은 쾌락과 나쁜 쾌락이 나누어질 수 있으며, 따라서 좋은 쾌락의 좋음을 가능케 하는 것이 다시 이야기되어야 함을 보여 주고 있다. 좋음이 앎이라는 주장에 대해 어떤 앎이 좋음이냐는 물음은 이미 앎이 그 자체로서 좋은 것이 아니라 그것의 좋음을 이야기할, 앎 이외의 또 다른 심급이 요구됨을 전제하고 있다. 이 논박이 성립될 수 있는 것은 좋음이 앎이라는 주장자가 앎이 때로 좋지 않을 수도 있다는 것을 인정함에 의해서일 것이다. 그런 경우에나 어떤 앎이 좋음이냐라는 물음이 의미 있게 제기될 수 있을 것이기 때문이다. 그리고 이것은 쾌락의 경우에도 마찬가지이다. 따라서 이 논변들에서 밝혀지는 것은 앎이나 쾌락이 좋음과 동일화될 수 없다는 점이다. 이 점은 현상계에 존재하는 어떤 것도 바로 좋음으로 동일화될 수 없으며 따라서 그것들이 그것들임에 의해 예컨대 앎이나 쾌락이 앎이나 쾌락임에 의해 바로 좋은 것일 수 없다는 사실을 드러내 준다.

따라서 당연히 좋음이 무엇인지 아는 것이 문제가 된다. 모든 영혼이 이것을 추구하며 이를 위해 모든 것들을 행하나 그것을 충분히 알지 못한다. 플라톤은 많은 사람들이 이에 대해 감을 가지기는 하나(apomanteuomenē, 505e) 그것이 무엇인지 충분히 파악하지 못한다(ouk echousa labein hikanōs ti pot'estin. 505e)는 표현을 쓰고 있다. 즉 의견(doxa)은 가지나 참된 앎(epistēmē)은 가지지 못한다는 것이다. 그러나 사람들은 바로 이 좋음에 대해서만은 좋은 듯이 보이는 것(ta dokounta, 505d)에 만족하지 않는다. 사람들은 다른 것들, 예컨대 정의로운 것들에 대해서는 진짜 정의롭지 않더라도 단지 정의로운 듯이 보이는 것에 만족하는 데 반해 좋음의 경우에는 좋아 보이는 것에 만족하지 않고 진정으로 좋은 것(ta onta, 505d)을 추구한다. 모두 진정으로 좋음을 추구하기는 하나 그것을 아는 것이 쉽지 않다는 데 좋음에 대한 앎의 중요함과 어려움이 있다. 어떤 것을 가져도 좋음이 없이는 소용이 없듯이, 다른 것을 아무리 잘 알아도 좋음에 대한 앎이 없이는 이로움을 주지 못한다.(505a)

국가를 세우고 법률을 정하며 또한 공동생활을 위한 제반 조치를 취하는 것도 기본적으로는 좋음을 추구하는 인간 활동의 일환이며 그런 한에서 법률 제정자나 통치자는 정치 공동체의 좋음의 관리자요 수호자라고 할 수 있다. 그들이 바로 공동체의 선을 관리하고 수호하는 사람들인 만큼 그들에게 이 좋음에 대한 앎이 필수적이라고 할 수 있으며, 그들이 이 앎을 결하는 경우 장님에게 길의 인도를 맡기는 것과 다름없다는 것이 플라톤의 생각이다.

우리가 현상계에서 만나는 사물들의 좋음 여부가 그 사물들의 차원에서는 제대로 이야기될 수 없고 좋음의 이데아와 관련해서 이야기될 수 있다는 이상의 논의는 일단 이데아론 일반의 차원에서 이해될 수 있는 것으로 좋음의 이데아의 특별한 위치를 드러내는 것은 아니라고 할 수 있다. 이 특별한 위치는 인간의 모든 추구가 좋음을 향하며, 이를 위해 모든 것들이 행해지고 이루어진다는 언명 정도에서 찾을 수 있는데, 다음에 살펴볼 해의 비유는 좋음의 이데아가 가지는 특별한 위치를 특히 다른 이데아들과의 관계에서 부각시키고 있다.

4. 도입부에서 해의 비유로 들어가기 이전에 다시 소크라테스와 글라우콘 사이에 에피소드와 같은 짤막한 대화가 이어진다. 좋음이 쾌락도 앎도

아니요 현상계의 어느 것과도 동일시될 수 없다는 소크라테스의 이야기가 있은 뒤에 글라우콘은 다시 좋음이 쾌락인지 앎인지 혹은 다른 어떤 것인지에 대한 소크라테스의 생각을 묻는다. 글라우콘이 소크라테스의 논변을 제대로 따라가지 못하고 있음을 보여 주는 이 대화는 이어지는 부분에서 앞으로 있을 이야기의 성격을 분명히 하고 있다. "이 사람아!"라는 탄식성의 대꾸와 함께 소크라테스는 좋음이 쾌락이냐 앎이냐를 다시 묻는 데 대한 답답함을 표시하는 대신 좋음에 대해서는 다른 사람들의 생각(to dokoun)이 큰 의미가 없다는 이전의 언급을 다시 상기시킨다. 그러나 이내 그는 글라우콘의 요구를 받아들여 자신이 생각하는 바를 이야기하기를 승낙한다. 자신이 이야기하려는 것에 대해 그는 두 개념을 통해 그 성격을 이야기한다. 먼저 그는 좋음이 무엇인지에 관해서(auto mēn ti pot'esti t'agathon, 506e)가 아니라 그에게 그런 듯이 보이는 것(to dokoun, 506e)에 관해 이야기될 것임을 분명히 한다. 제시되는 것은 따라서 좋음에 관한 앎이 아니라 그럴듯한 생각(doxa)이다. 이야기 과정에서 도입되는 또 하나의 비유는 자식(ekgonos, 506e)이라는 말이다. 이것은 좋음의 이데아가 비유될 해에 대해 그가 사용하는 표현인데, 이 아들의 아버지에 관한 이야기(tou patros tēn diēgēsin, 506e)는 다음 기회로 미루어진다. 505c에서 모르는 자로서 단지 그가 생각하는(oiomenon) 것만을 이야기하기로 되었고 따라서 그런 듯한 것(to dokoun)임이 분명히 언급되었으나 자식으로서의 해에 대한 언급에 전후한 이야기들은 소크라테스가 좋음 자체에 대해 이야기할 수 있으면서도 이번 판(kata tēn parousan hormēn, 506e)에는 자식으로서의 그런 듯한 것만을 이야기하는 듯한 강한 인상을 풍긴다. 실제로 해를 지칭하는 자식이라는 표현은 그 자체가 비유이기는 하나 비유하는 것과 비유되는 것 사이의 실질적 관계를 표현한다. 508c에서는 나아가 좋음의 이데아와 해 사이에 단순히 유비 관계뿐만 아니라 전자가 후자를 자신에 비슷하게(analogon heautōi) 낳았다(egennēsen)는 표현까지 쓰고 있다. 이 표현이 비유이므로 지나친 해석은 일단 삼간다 하더라도 좋음 자체가 무엇인지를 이야기하지 않는다고 한 곳에서 '이번에는'(to nun, 506e)이라는 표현을 통해 다음에는 이야기될 수 있다는 시사를 주며 비슷한 시사가 506e의 지금은(ta nun)이나 다시(eis authis)라는 표현들에서도 이루어지고 있다.

비유를 통해 이야기되는 것이 대화 상대자 글라우콘의 지적 수준 때문에 이루어진 것인지 혹은 그에 덧붙여 또 다른 이유가 있어서인지 텍스트상으로 분명하지는 않다. 어떤 경우든 그 자신이 모든 존재와 앎의 시원이라고 말하고 있는 이 가장 어렵고도 중요한 것에 관해 플라톤은 모든 것 또는 분명한 것은 이야기하고 있지 않다는 점은 분명히 하고 있다.

대화 상대자 글라우콘에게 이전에 이미 이야기되었고 자주 들었던 것임을 확인하면서 이야기가 시작된다. 대화 초반에 합의된 것으로 놓이는 것은 플라톤의 독자들에게도 낯익은 이데아에 대한 가정이다. 아름다운 것들, 좋은 것들이 여럿으로 놓아지고 이것들에 대해 다시 아름다움 자체, 좋음 자체가 하나로서 그리고 각각이 진정으로 그런 것으로 놓아진다. 여러 아름다운 것들, 좋은 것들은 눈으로 보이며, 하나인 이데아들은 보이지는 않고 사유될 뿐이다. 가시 세계와 가지 세계를 가르는 플라톤의 이 구분은 가시 세계가 다(多)의 세계요 보여지는 것들이며, 가지 세계가 하나요 사유의 대상이라는 점이 그 핵심이라고 할 수 있다.

이 가시계와 가지계 사이에는 유비(analogy)가 성립하는데 가시계가 먼저 이야기되고 이에 가지계가 유비된다. 가시 세계는 특히 시각 능력과 관련하여 이야기된다. 먼저 지적되는 것은 보는 능력과 보여지는 것(to horaton)만으로 시각이 성립될 수 없고 제3의 것(to triton genos, 507e)이 시각의 성립을 위해 필요하다는 것이다. 눈이 볼 수 있게 하고 보여지는 것들이 보여지도록 하는 이 제3의 것은 빛이다. 빛은 보는 능력과 보여지는 것을 묶는 자(zygon)로 이것이 개입해야만 비로소 시각이 성립한다. 시각 능력과 가시 대상에 빛을 주어 시각을 성립시키는 것은 하늘의 해이다.

해와 빛, 눈, 그리고 시각 대상들의 관계에 관해 몇 가지가 더 이야기된다. 우선 해는 빛을 유출함으로써 눈이 보고 대상들이 보여지도록(aitios, 508b) 한다. 감각들 가운데 눈이 가장 해를 닮았으나(hēlioeidēstaton, 508b) 해가 눈은 아니며 또한 해는 빛과도 구분된다. 그리고 빛을 유출하여 눈이 보게 하는 해는 그 자신 눈에 보인다.

가시계에서 해와 빛, 눈과 가시 대상들 사이의 이 같은 관계가 가지 세계에서도 마찬가지로 성립한다. 가지계에서는 좋음의 이데아와 진리, 사유 능력인 이성(nous)과 사유 대상(noēton)이 각기 가시계의 해와 빛, 눈과 가시 대상에 해당한다. 이 경우에도 역시 사유 능력과 사유 대상만 있어서는 사유와 앎이 성립하지 않는다. 좋음의 이데아로부터 사유 대상에 진리와 존재가 비침으로써(katalampei alētheia te kai to on, 508d) 이성과 사유 대상은 각기 사유하고 사유되며 여기서 앎이 성립한다. 앎의 능력이 알 수 있게 하고 대상이 알려질 수 있게 하는 것은 진리를 허용하는(alētheian parechon, 508e) 좋음의 이데아이다. 진리와 앎이 좋음의 모습(agathoeidē, 509a)이기는 하나 좋음의 이데아는 아니며 그것들이 아름답기는 하나 좋음의 이데아는 아름다움에서 그것들을 훨씬 능가한다.

해와 좋음의 이데아가 가시계와 가지계에 대해 가지는 관계는 봄과 앎이라는 인식적 관계에 한정되지 않는다. 해가 지상의 것들에 생육과 자양을 주듯이 좋음의 이데아는 가지계의 것들에 존재와 본질(to einai te kai tēn ousian, 509b)을 부여한다. 더 나아가 해가 지상의 것들에 생육과 자양을 주나 자신은 생성이 아니듯이 좋음의 이데아는 가지계의 것들에 존재와 본질을 부여하나 스스로는 ousia가 아니며 그 위의(威儀)와 힘(presbeia kai dynamei, 509b)에서 ousia의 너머에(epekeina tēs ousias, 509b) 있다.

5. 이 비유에 대한 해석은 다양하다. 여러 해석들을 일일이 소개하는 일 보다도 내용에 대해 몇 부분으로 나누어 간략히 정리와 분석을 하고서 해의 비유를 통해 이야기된 것이 무엇이겠는가에 대해 좀 자유롭게 적어 보기로 하자.

이미 지적된 대로 이 비유는 가지계와 가시계의 엄격한 구분을 출발점으로 하고 있다. 이 구분은 일단 감각을 통해 파악되는 세계와 사유를 통해 파악되는 세계의 구분으로 이해할 수 있다. 플라톤 자신이 가시 대상의 예로 들고 있는 좋은 것들, 아름다운 것들이 어떤 의미에서 감각의 대상인지 분명하지는 않다. 제7권의 설명에 따른다면 감각 대상은 반대의 것(ta enantia)으로도 나타난다(phainetai)는 점에 그 특징이 있다. 이에 대조되는 가지 대상은 이 같은 관점에 따라 다르게 현상하는 일이 없이 한결 같으며 조건 없이 항상 그러하다는(또는 그러하다고 이야기될 수 있는) 데서 특징지어진다. 가시계의 여럿(多)은 어떠하게 나타났다가 그렇지 않게 나타나기도 하는데 이런 여럿들은 따라서 그러함의 불변의 준거가 되지 못한다. 다양하게 현상할 수 있는 것들을 그러하게 파악할 수 있게끔 하며 그러하다고 고정적인 이름을 부를 수 있게 하는 준거점은 따라서 현상하는 감각의 세계가 아닌 사유 대상의 세계이며 이 세계는 사유에 의해 만들어진 것이 아니라 독립된 대상으로 존재한다는 것이 플라톤의 생각이다. 우리가 감각적으로 경험하는 세계와 떨어져(chōris) 있다는 것이 무엇을 의미하는지는 다른 긴 논의가 필요할 것이다. 여기서 플라톤이 이야기하고자 하는 바는 이 조건 없는 준거로서의 이데아가 감각의 대상이 아니라 사유의 대상이라는 정도로 일단 정리될 수 있다.

이 같은 사유 대상이 사유되고 인식되기 위해서는 그 대상이나 사유 능력 이외에 제3의 것이 필요하며 이것이 바로 좋음의 이데아라는 것이 해의 비유의 핵심적 내용이 될 것이다. 인식자와 인식 대상 사이의 인식이 가능하기 위해서는 제3의 것이 있어야 한다는 주장은 근세 이래의 주·객 이분법에 익숙해진 우리에게는 얼마간 낯선 주장이다. 이 낯섦은 가시 세계에서 우리가 보고, 대상이 보여지기 위해서는 빛이라는 제3자가 필요하다는 사실에 의해 얼마간 완화될 수 있다. 플라톤에 의해 묶는 자 또는 연결하는 자로 특징지워진 이 빛은 대상에 비추어짐으로써 또한 그 스스로 해의 모습인 (hēlioeidēs) 눈과 대상을 연결시킨다. 눈이 스스로 해의 모습이라는 사실은 눈의 보는 능력(opsis) 자체가 빛과 같은 요소를 가진다는 것이 되겠는데 빛다운 눈이 빛이 비친 대상을 본다는 생각은 비슷한 것이 비슷한 것을 인식한다는 엠페도클레스적 인식 설명으로 이해될 수 있을 것이다. 플라톤의 주장에서 새로운 점은 이 동종성을 확보해 주는 것이 상위의 제3자로서 존재한다는 점이 될 것이다.

사유의 영역에서도 마찬가지 이야기가 성립한다. 사유나 사유 대상이나 동종적일 경우에 인식이 성립될 수 있는데 이 동종성을 가능케 해 주는 제3의 것이 좋음의 이데아이다. 물론 사유 능력이 이미 좋음의 모습을 지닌 것 (agathoeidēs)이다. 그러나 그것이 좋음의 모습을 지녔다는 것이 앎이 성립하기 위한 충분조건은 되지 못한다. 앎의 대상이 다시 좋음의 모습을 지녀야 하는 것이다. 가지 세계에서 빛에 해당하는 것은 진리와 존재로 이야기되어 있다. 진리와 존재가 대상에 비춘다는 것은 좋은 모습의 것이 대상에 비춘다는 것이요, 이때 그것들이 인식의 대상이 되고 인식을 성립시킬 수 있다. 좋음의 이데아를 통해 가지 대상에 진리와 존재가 비추인다는 말은 가지 대상의 대상으로서의 성립 자체가 좋음의 이데아에 의해 가능하다는 말로 이해될 수 있다. 이는 이어지는 소크라테스의 언명에서 확인된다. 좋음의 이데아는 가지적인 것들에 알려질 수 있을 뿐만 아니라 존재와 본질까지도 부여한다. 가지 대상이 가지적임은 그것이 바로 그렇게 존재하고 참이기 때문이며, 그것의 존재와 본질이 좋음의 이데아에 의해 비로소 가능하다는 것이 비유에 포함된 내용이다. 좋음의 이데아가 존재론적으로 그리고 인식론적으로 가지는 절대적 우위성에 대한 이 같은 주장을 우리가 어떻게 이해해야 할까? 먼저 여기서 좋음의 이데아가 가지적 대상들의 존재와 본질의 근원이라는 주장이 어떻게 이해될 수 있는지를 살펴보도록 하자.

6. 이해를 용이하게 하기 위하여 먼저 일용품인 만년필을 예로 들어 보자. 만년필은 펜, 잉크를 넣는 튜브, 그것을 감싸는 금속 표피, 뚜껑 등의 구성 요소로 이루어져 있다. 이 만년필이 무엇인지 모르는 사람에게 만년필을 설명한다고 생각해 보자. 우리의 설명은 당연히 만년필이 무엇에 쓰는 것인지를 이야기하면서 시작될 것이다. 그리고 이와 관련하여 왜 펜과 튜브와 금속제 몸체, 뚜껑 등이 있는지를 설명하고 아울러 왜 펜이 뾰족하고, 튜브가 하는 일이 무엇인지 등등을 설명할 것이다. 펜이 있고 그것이 특정한 방식으로 생긴 이유는 만년필 내에서 펜이 하는 역할에 의해 설명될 것이며, 튜브나 몸체, 뚜껑 등이 마찬가지 방식으로 설명될 것이다. 각 부분들의 존재와 본질, 즉 그것들이 왜 있으며 왜 그렇게 있는지 하는 이유는 만년필 전체의 소용과 관련하여 설명될 수 있다. 그것들의 존재와 본질, 즉 그것들이 왜 있고, 또 왜 그렇게 있는지는 만년필의 전체적 소용, 그것이 쓰이는 바에 의해 결정되며, 또한 우리가 그것을 아는 것도 그것의 소용에 근거해서이다. 그것의 쓰임새를 알면 각 부분들의 있음과 그러함, 즉 존재와 본질이 이해될 수 있다. 이 만년필의 쓰임새를 좋음으로 놓는다면 이 좋음에 근거하여 부분들의 존재와

본질이 결정되고 그것에 조회하여 그것들이 왜 있고, 왜 그렇게 있는지의 이해 또한 가능해 진다. 나아가 우리는 만년필의 펜이나 튜브가 있고, 또한 특정한 방식으로 있는 것은 그런 방식으로 있는 것이 만년필의 용도에 가장 좋기 때문이라고 이야기할 수 있을 것이며, 이런 점에서 인식되는 만년필의 부분의 존재나 본질과 인식하는 우리의 능력 사이에 만년필의 용도, 쓰임, 즉 그것의 좋음이 매개되어 있다고 이야기할 수 있을 것이다.

지금 우리가 들었던 예는 만년필이라는 특수한 용도를 위해서 만들어진 도구였고, 따라서 당연히 그것의 용도가 쉽게 이야기될 수 있는 것이었다. 또한 이 같은 용도에 맞게 그것의 부분들이 질서 지어진 대상이라고 할 수 있다. 여기서 바로 제기될 수 있는 물음은 그와 같이 특정 목적을 위해 만들어졌다고 할 수 없는 것들에도 같은 이해가 가능할지, 나아가 지금 문제가 되고 있는 좋음의 이데아와 여타 이데아들 사이의 관계를 이해하는 데 위의 예가 어떤 방식으로 도움이 될 수 있을지에 관한 것이다. 특정한 좋음을 위해 만들어진 것의 경우는 당연히 그 특정한 좋음과 관련하여 그것을 구성하는 것들이 존재하고 질서 지어지게 되겠고, 그 경우 각 부분들의 존재와 본질, 그리고 인식 가능성이 그 특정한 좋음과 연관되어 알려질 수 있다. 그러나 그와 같은 특정한 좋음을 바로 이야기할 수 없는 대상에 대해서는 어떻게 이야기할 수 있을까?

이 물음에 바로 들어가기 이전에 우리는 위에 제시된 예와 관련하여 한 가지 사실을 더 생각해 볼 수 있다. 위에 제시된 만년필의 경우 만년필의 소용이란 그 부분들과 마찬가지 방식으로 이야기될 수 없다는 점에서 부분으로 어떠함(ousia)을 넘어서 있다고 이야기할 수 있으며, 이런 점에서 제한된 의미에서나마 좋음의 이데아가 ousia를 넘어서 있다는 구절의 이해도 가능하다. 즉 만년필의 경우 전체의 체계와 그것의 소용은 부분과 전체가 개념상 동일한 레벨에서 이야기될 수 없다는 의미에서 부분들이 부분임에 의해 규정되는 방식으로 규정될 수 없고 그런 의미에서 어떠함을 넘어서 있다는 것이다. 물론 여기서 만년필이 다시 보다 큰 사용 연관에서 그 존재와 본질이 논의될 수 있고 그런 한에서 다시 그것의 ousia가 이야기될 수 있다는 점에서 좋음의 이데아의 경우와 구분됨은 물론이다. 그러나 어떻든 우리는 일용품으로서의 만년필에서 가지계 내에서 좋음의 이데아와 가지적 대상들 사이에 가지는 관계가 제한된 의미에서나마 이해될 수 있는 하나의 가능한 경우를 발견할 수 있다.

더 나아가 가지계의 앎의 대상이 플라톤의 경우 이데아라고 할 수 있겠는데 이 이데아 개념을 상당한 폭을 두고 해석한다면 만년필과 같은 예를 가지적인 것의 영역으로 끌어올리는 일이 불가능하지 않다. 만년필은 이미 가시적 대상으로 낯익은 것이므로 아직 가시적 세계에 존재하지 않는, 그러나 공학적으로는 가능한 것으로 가정된 단백질 칩을 장착한 컴퓨터를 생각해 보자. 이 컴퓨터의 각 부분들이 수학적 공학적 언어로 규정되어 있고, 이것이 컴퓨터의 작동과 기능을 기술해 주는 불변의 언어라고 할 때 우리는 이같은 컴퓨터를 플라톤적인 의미에서 존재한다고 할 수 있다. 이 같은 이론적 영역에서의 컴퓨터에 대해 우리가 만년필에 대해 했던 것과 동일한 논의가 가능할 수 있는데, 그렇다면 이는 가지적 영역에서 동일한 논리가 성립한다는 이야기가 된다. 여기서 문제될 수 있는 것이 플라톤 철학에서 특히 중기 철학에서 이야기되는 이데아들은 독립적인 것으로 이야기되는 데 반해 컴퓨터 예에서 이데아로 규정될 것들은 컴퓨터라는 특정 소용의 전체의 한 부분으로서의 위치를 차지한다는 점이다. 플라톤의 이데아들이 기계나 유기체와 같은 전체의 부분을 구성한다고 이야기하기 곤란하다는 점에서 위의 예는 플라톤의 가지계의 예로서 완전한 경우가 되기 어렵다고 할 수 있다. 아마도 이 경우를 좋음의 이데아에 의한 설명 모델의 한 경우라고 보는 것은 무리가 없겠으나 이것을 바로 해의 비유에서 좋음의 이데아와 가지계의 관계를 설명하는 모델로 삼는 것은 앞서 지적한 여러 이유로 어려움이 있고, 나아가 플라톤에게 모든 것을 제작품이나 유기체와 같은 것으로 파악했다는 부담을 안기는 일이 될 것이다.

7. 플라톤의 저술에서 앎과 관련하여 끊임없이 의사나 항해사, 목공이나 제화공과 같은 장인의 예가 제시되고, 『국가』에서도 국가 건립자나 통치자가 뛰어남의 제작자(500e)와 같이 제작자를 모델로 하고 있다는 점을 통해서 우리는 그가 제작자를 상당히 높이 평가하고 있음을 알 수 있다. 『변명』에서는 신탁의 뜻을 알기 위해 그가 만났던 여러 사람들 가운데 장인들이 앎에 있어 그나마 가장 나은 경우로 그려지고 있으며, 『티마이오스』에서는 우주가 제작된 것으로, 그리고 바로 제작자라는 뜻의 Dēmiourgos를 우주를 제작한 신으로 설정하고 있음은 이 같은 사실을 강력히 뒷받침해 주고 있다. 이러한 사실에 근거하여 그가 제작의 경우에 성립하는 설명의 패턴을 올바른 설명의 중요 모델로 생각했으리라는 점을 부인할 필요는 없을 것이다. 고슬링(J. C. B. Gosling)이 잘 분석해 보여 주고 있듯이[05] 고대 그리스에서의 앎의 개념이 오늘날 우리가 지식(knowledge)이라고 할 때 흔히 떠올리는 사태 지식으로서의 knowing that의 경우에 의해서보다는 어떤 것을 할 줄 안다는 의미의 능력(competence) 또는 재주(skill)의 의미를 담고 있는 knowing how에 의해 더 잘 설명되며, 건축술, 의술, 음악 등에서 그 1차적 예가 주어질 수 있다. 이 같은 경우에 잘 예화되는 앎의 기본적 특징은 그것이 관련 사

05 J.C.B. Gosling, *Plato*, London, 1973, 59면 이하 참조.

태에 관하여 그것의 좋은 상태와 그렇지 못한 상태를 구분할 능력이 있다는 점이다. 히포크라테스의 의학은 신체의 특정 상태를 좋은 상태, 즉 건강상태로 규정하면서 시작하며 이것은 구성 부분들의 균형과 조화에 의해 이루어진다. 음악의 경우도 조(調)들을 정하고 음계 사이의 좋은 배합을 지배하는 일반 규칙을 세우는 일이 전문가의 작업이 된다. 이 같은 앎의 특징은 『국가』의 국가 건립자나 통치자들의 예에도 그대로 적용될 수 있다. 그들의 작업은 국가를 구성하는 구성원의 삶과 관련하여 전체적으로 좋은 상태가 있다는 가정 아래 인간의 physis에 근거하여 이 좋은 상태를 규정하고 정의롭다고 규정되는 이 상태를 세우고 유지하는 일이었다. 따라서 그들의 앎은 이 같은 좋은 상태의 구분을 가능케 하는 것이어야 한다고 할 수 있다. 이것은 『티마이오스』에서 우주를 제작하는 데미우르고스에도 해당되며 좋은 상태와 그렇지 못한 상태를 구분하고 이 구분의 기준을 설정하는 모든 이론적, 실천적 작업에 해당된다고 할 수 있다. 앞서 제시된 특정 일용품의 예가 좋음을 그것의 사용 연관 속에서 규정하는 것이었다면 의술이나 플라톤의 통치술은 인간의 신체와 영혼의 본성에 근거하여 좋은 상태가 규정되었으며, 세계를 제작하는 데미우르고스는 자신 앞에 주어진 혼돈(chaos) 세계를 불변의 이데아에 비추어 와해되지 않고 자기 유지하게끔 한다는 좋음의 제작에 열중했다고 할 수 있다. 이러한 작업들이 모두 제한된 인간의 이용 영역이나 또는 국가 세계와 관련하여 안정된 질서가 있다는 가정 아래 시작되며, 플라톤의 경우 이 질서가 이데아의 세계라는 불변의 것에 닮음을 통해 주어진다고 가정하고 있다.

8. 세계가 무질서하지 않고 일정한 질서가 있다는 가정은 사실 방금 앞에서 언급했듯이 플라톤을 떠나서 모든 인간의 이론적, 실천적 작업의 출발점

이기도 하다. 이 같은 가정이 없이는 인간의 탐구 작업이나 기타 어떤 작업도 가능하지 않다. 이런 점에서 우선 이 같은 작업들은 어떤 종류의 것이든 그러한 질서가 있는 것이 좋은 상태라는 가정 아래 출발하며 이런 의미에서 좋음에 정위해 있다고 할 수 있다. 여기서 질서 있는 것이 좋은 상태라는 가정은 아주 기본적인 의미에서 무질서하지 않음을 가정한다는 것을 의미하며, 이것은 정신나가지 않은 한 인간 정신이 세계나 어떤 사태에 나아가는 기본 태도라고 할 수 있다. 이 같은 가정 아래 발견되는 질서가 주관적인 것이든 자연이나 세계 자체의 객관적인 질서이든, 그리고 양자 가운데 어떤 성격의 것이라고 한 탐구자에 의해 가정되든 이 같은 무질서하지 않음, 어떤 방식으로 질서가 가능하리라는 생각이 모든 인간의 탐구 활동에 가정되어 있다면, 인간의 이 같은 탐구 활동에서 결과한 모든 앎은 그러한 가정에 기반해 있고 그것에 의해 매개되어 있다고 이야기할 수 있을 것이다.

이런 질서에 대한 가정은 구체적인 경우 물론 질서 일반에 대한 가정뿐만 아니라 특정 질서에 대한 가정이 된다. 다시 말해 어떤 특정한 이론적 입장을 취하는 사람은 그 이론에서 발견되거나 세워진(setzen) 종류의 질서가 따라져야 할 질서라고 생각하고 있다는 말이다. 사실적 성격의 앎이라도 그것이 그 비슷한 영역에서 모두 규범(norm)으로 작용해야 한다는 점이 암묵적으로 가정되며, 그런 한에서는 이런 사실적 앎도 규범적 함축을 지니고 있다고 할 수 있다. 모든 종류의 앎이 가지는 이런 규범적 성격은 그 앎이 단편적이고 고립적인 것이 아니라 체계적인 것이며, 이 체계는 앎이라고 이야기될 수 있는 것과 그렇지 못한 것을 나누는 기준을 가진다는 사실에 함축되어 있다. 사실적 앎이 규범적 함축을 지닌다는 말은 따라서 보다 엄격히 표현한다면 사실적 진술이 규범적이라는 말이 아니라, 이 진술과 함께 묵시적으로 주장되고 있는 앎의 실정성에 대한 요구가 가지는 규범적 성격을 뜻한다고 할 수 있다. 모든 앎이 이런 체계적 성격과 기준을 가지며 이에 따른 규범적 성격을 지니는 한 그러한 앎이 대상하는 것에 대한 좋음을 가정하고 있는 셈이 되며, 따라서 모든 체계적 앎은 좋음에 매개된 앎이라고 할 수 있다.

이런 점에서 세계와 존재하는 것 일반에 대한 질서의 가정은 일종의 좋음에 대한 가정으로 이해될 수 있다. 세계에 질서가 있다는 가정은 동시에 세계가 알려질 수 있다는 것에 대한 가정이며 이런 가정이 없다면 앎을 추구하는 작업 자체가 가능하지 않을 것이다. 플라톤은 더 나아가 이런 좋음이란 단순히 앎의 추구를 위해 가정될 뿐 아니라 이 추구 과정에서 얻어지는 앎이 좋음을 통해서 비로소 성립되는 것이라고 말한다. 그것은 달리 말해 앎이 좋은 것을 대상으로 하고 있으며, 대상이 이같이 좋게 되어 있으므로 알려질 수 있고 또한 존재를 가질 수 있다는 말이 된다. 세계가 무질서하지 않고 질서 지어져 있으며 따라서 알려질 수 있다고 가정함조차 인간의 뛰어남과 좋음 때문에 가능하고 그래서 이 좋음의 발현이 세계의 좋음을 드러내고 또한 좋은 인식을 성립시킨다면, 이 모든 좋음들을 성립시키는 좋음 자체는 어떤 하나와 동일시화될 수 없고 그 하나하나의 좋음들을 넘어서 있고 그것들을 성립시키는 근거가 된다는 것이 플라톤의 생각이 될 것이다.

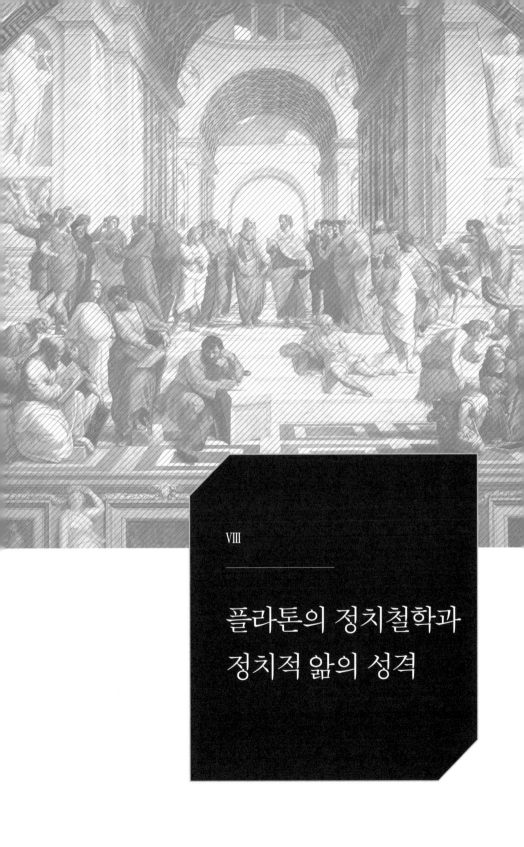

VIII

플라톤의 정치철학과
정치적 앎의 성격

정치적 지식에 관한 물음은 플라톤이 무엇을 정치적이라고 생각했는가라는 물음과 그런 정치적 지식의 성격을 어떤 것으로 생각했는가라는 두 물음을 포함한다. 『국가』에서 플라톤이 정치적 지식이라는 말을 직접 사용하고 있지는 않다. 우리가 중점적으로 논의하려는 부분은 소크라테스와 글라우콘이 폴리스의 지혜에 관해 논의하는 4권의 한 구절과 5-7권에서 제시되는 철인의 앎에 관한 논의이다. 이 구절을 중심으로 『국가』에서 '정치적'이라는 말의 의미와 정치적 지식의 성격이 어떠한지를 검토해 보자.

1. 폴리스의 지혜

『국가』 4권에서 소크라테스와 그의 대화 상대자들이 나누는 일련의 대화를 통해 우리는 정치적 지혜에 관한 물음들이 제기되는 한 구절을 주목해 볼 수 있다. 그들이 말을 통해 세운 훌륭한 나라가 지혜, 용기, 절제 그리고 정의를 지니리라는 점을 이야기하고서, 대화자들은 먼저 이 네 덕 가운데 지혜가 무엇인지를 찾아 다음과 같은 대화를 나눈다.

"그리고 내가 생각하기엔 실제로 이 나라에 있어서 아주 명백한 첫째 것은 지혜(sophia)인 것 같으이(428b). 그리고 지혜와 관련해서는 이상한 뭔가가 있는 것 같아 보이네."

"그건 무엇이죠?" 그가 물었네.

"우리가 자세히 말한 이 나라는 정말로 지혜로운 나라일 것으로 내게는 생각되네. 그건 이 나라의 잘 숙고함(euboulia) 때문이 아니겠는가?"

"그렇습니다."

"그렇지만 바로 이것, 즉 잘 숙고함은 일종의 앎(epistēmē)인 것이 분명하이. 사람들이 잘 숙고하게 되는 것은 무지(amathia)에 의해서가 아니라 앎에 의해서라는 게 확실하겠기 때문일세."

"그건 분명합니다."

"그러나 이 나라에는 온갖 종류의 많은 앎(지식)이 있네."

"어찌 없겠습니까?"

"그러면 이 나라가 지혜롭고 잘 숙고하는 나라로 불리어야만 되는 것은 목수들의 지식으로 인해서인가?"

"결코 그렇지 않습니다. 그것으로 인해서는 목수 일에 밝은(tektonikē) 나라로 불릴 뿐입니다." 그가 말했네.

"그렇다면 이 나라가 지혜로운 나라로 불리어야만 되는 것은 목재용구들에 대한 지식(epistēmē) 덕분에, 즉 어떻게 하면 이것들을 가장 좋은 상태로 가질 수 있을 것인지에 관해 잘 숙고되어서(bouleuomenē)는 아닐세."

"분명히 아닙니다."

"그러면 다음은 어떤가? 청동으로 만든 기구에 관한 지식이나 또는 이런 유의 것들에 관한 다른 어떤 지식 덕분인가?"

"그런 유의 어떤 것으로 인해서도 아닙니다." 그가 말했네.

"흙에서 나는 생산물의 생산에 관한 지식 때문도 아닐 것이니, 이로 인해서는 농사에 밝은 나라로 불릴 뿐이네."

"제게는 그렇게 생각됩니다." (428a–c)

인용된 구절에서는 좋은 나라에 있다고 이야기된 네 주요 덕 가운데 지혜에 관해 논의가 진행되고 있다. 2권에서 4권에 걸쳐 자세히 논의된 나라가 지혜를 지녔으리라는 점에 관해서 대화자들은 큰 논의 없이 합의한다. 이어서 지혜에 관해 논의가 시작되는데 먼저 폴리스가 지혜로운 것은 그것이 잘 숙고하기(euboulos) 때문이라는 것이 언명되고, 이어서 잘 숙고함은 일종의 앎(epistēmē tis, 428b5)이라는 점이 합의되며, 이에 대해 무지가 아니라 앎에 의해 우리가 잘 숙고하기 때문이라는 이유가 제시된다. 여기서 문제되고 있는 것은 폴리스의 지혜이다. 폴리스가 폴리스로서 지혜를 가지며, 이는 잘 숙고함에 의해 가능하고, 잘 숙고함은 앎에 의해서 가능한 만큼, 이를 위해 폴리스가 가져야 할 앎이 어떤 것인지가 물음으로 제기된다.

그런데 폴리스에는 대단히 많은 종류의 앎이 있다. 어떤 앎이든 앎이면 모두 도시를 지혜롭게 하는가? 그렇지 않다. 그렇다면 어떤 앎이 도시를 지혜롭게 하는가? 인용문에 이어지는 논의는 이 물음에 집중된다. 먼저 목수들의 앎에 의해 도시가 지혜롭다고 불리는가라는 물음이 던져진다. 물론 답은 그렇지 않다는 것이다. 이들의 앎에 의해 폴리스는 지혜롭다고 불리기보다는 건축 일에 밝다고(tektonikē) 불린다. 훌륭한 목수들이 폴리스에 있을 때 폴리스는 건축 관련 문제들을 훌륭하게 해결할 수 있다는 점에서 tektonikē polis, 즉 건축일에 밝은 도시가 된다. 그렇다면 목재용구술에 의해 도구들이 어떻게 가장 좋은 상태에 있을지에 관해 잘 숙고함에 의해 도시가 지혜롭다고 불리는가? 혹은 청동기물의 앎에 의해 도시가 지혜롭다고 불리는가? 또는 땅에서 열매를 산출하는 기술에 의해 도시가 농업적이라고 불리는 이외에 달리 불리는가?

건축술, 목재용구술, 청동 기구에 관한 앎, 농술 등 이 모든 앎들에 의해 도시가 잘 숙고하고 따라서 지혜롭다고 불릴 수 있다는 것이 부정된다. 이 기술들이 해당 분야에 관해 잘 숙고할 수 있는 능력이라는 점은 인정되지만 폴리스를 지혜롭게 하는 앎은 아니라는 것이다. 이 기술들이 제공하는 부분적인 앎으로는 폴리스가 지혜로워질 수 없다는 것은 언급된 특정 영역에 관한 부분적인 앎으로는 해결되지 않는 다른 성격의 문제와 이를 해결하는 앎이 있음을 예시(豫示)한다. 그렇다면 폴리스의 문제가 잘 숙고될 수 있기 위해서 요구되는 앎은 어떤 앎인가? 다음에 인용되는 대화에는 폴리스가 그 숙고 과정을 통해 해결해야 할 문제가 무엇인지가 소크라테스의 언명을 통해 직접 제시되어 있다.

> "그렇다면 어떤가? 이제 막 우리에 의해서 수립된 이 나라에 사는 시민들 중의 어떤 사람들에겐 이런 어떤 지식이 있는가? 즉 이 나라의 부분적인 것들 중의 어떤 것에 관련해서가 아니라, 이 나라 전체와 관련해서 어떤 방식으로 이 나라가 대내적으로 그리고 다른 나라들과 가장 잘 지낼 수 있을 것인지를 숙의 결정해 주게 될 그런 지식 말일세." 내가 물었네.
> "물론 있습니다."
> "그건 무엇이며, 누구에게 있는가?" 내가 물었네.
> "그건 나라의 수호술(守護術: phylakikē)이며, 우리가 방금 완벽한 수호자들 (teleous phylakas)로 불렀던 그 통치자들에게 있습니다." 그가 대답했네.
> "그렇다면 이 지식으로 인하여 이 나라를 자네는 뭐라 부르겠는가?"
> "분별 있고(euboulon) 참으로 슬기로운(sophēn) 나라라 부르겠습니다."
> 그가 대답했네. (428c~d)

위에 제시된 인용문에 따르면 폴리스의 지혜에 관한 대화자들의 논의는 어떤 종류의 앎, 누가 가진 앎이 폴리스를 잘 숙고하도록 하며 지혜롭게 하느냐에 맞추어져 있다. 폴리스가 지혜롭게 되기 위해서는 "이 나라의 부분적인 것들 중의 어떤 것에 관련해서가 아니라, 이 나라 전체와 관련"하는 앎이 필요하다. 그리고 이 전체와 관련되는 앎은 "어떤 방식으로 이 나라가 대내적으로 그리고 다른 나라들과 가장 잘 지낼 수 있을 것인지"에 관해 이 나라가 잘 숙고된 상태에 있을 수 있게 하는 앎이다. 폴리스가 지혜롭기 위해 이런 능력을 지닌 사람이 필요하므로, 이런 조건을 충족시키는 앎을 나라의 어떤 사람들이 가지고 있는가라는 형식으로 물음이 제기된다. 이 물음에 대해 완벽한 수호자들(teleioi phylakēs)이 그 앎을 지니고 있다는 대답과 함께 수호자들이 지닌 수호술(phylakikē) 때문에 도시가 잘 숙고하며 지혜롭다는 결론에 이른다. 폴리스에 요구되는 여러 기능들이 그 기능을 잘 수행할 수 있는 앎을 가진 이들에 의해 수행되듯이 폴리스를 대내외적으로 전체적 관점에서 잘 이끄는 일도 하나의 기능으로 설정되며, 이 기능을 가진 이들이 수호자라 명명된다. 그리고 이들이 통치자가 되고 이들에 의해 폴리스가 이끌어져야 한다는 점이 동의된다. 수호술은 논의 중에 여러 기능들 가운데 하나로 이야기되나, 이 기능은 다른 기능들과 달리 폴리스의 부분 기능이 아니라 폴리스 전체를 그 좋음에 관련하여 관장하는 기능이며, 따라서 이 수호술의 앎은 전체의 좋음을 확보하는 앎이라는 점에서 특별한 것이다.

수호자들의 앎이 폴리스를 지혜롭게 한다고 할 때, 앞서 언급된 앎들과 달리 수호자들의 앎이 지닌 어떤 특징을 통해 폴리스의 문제들이 잘 숙고될 수 있으며, 그 이유는 무엇인가? 목공의 지식이나 농업 기술, 기타 다른 기술들도 어떤 방식으로 폴리스에 관련된다. 바로 그 때문에 이 앎들에 의해 폴리스는 '목공일에 밝은'(건축적), '농사일에 밝은'(농업적) 등의 성격을 가지게 된다. 이 기술들이 폴리스를 지혜롭게 한다고 말할 수 없는 것은 그것들이 단지 폴리스의 부분적인 기능일 뿐이며 따라서 그것들에 관한 앎도 부분적인 앎에 불과하기 때문이다. 어떤 앎이 폴리스를 지혜롭게 할 수 있기 위해서는 폴리스 전체에 관련해야 한다는 주장은 앞서 언급되었듯이 그들의 앎이 폴리스를 지혜롭게 하는 사람들, 즉 수호자들의 일과 관련하여 설명되고 있다. 전체로서 폴리스의 일이 하나의 단위로 설정되고, 이 단위의 일을 전체로서 다루는 자들의 이름이 수호자로 명명된다. 이는 농사일이 하나의 단위로 설정되고 농사일을 전체로서 잘 다루는 이들이 농부라 칭해지는 것과 동일한 방식이라 할 수 있다. 수호자의 일은 대내외적으로 폴리스의 일을 잘(arista) 처리하는 것이라는 언명은 농부의 일이 농사일을 잘 처리하는 것이라는 언명과 동일한 방식이라 할 수 있다. 농부나 목공의 지혜를 통해 폴리스가 지혜로울 수 없다는 것은 이런 점에서 보면, 농사술이나 건축술이 수호술과 별개의 전문 영역이라는 것, 그리고 이 기술들이 도시의 좋음, 잘 수호됨에 관해 부분 역할 이상을 하지 못한다는 것으로 이해될 수 있다. 이 폴리스를 잘 수호하는 일이 그 영역 내에 농사술, 건축술 등의 일을 부분 기능으로 포함한다고 할 수 있겠다.

건축 지식이나 청동기물에 관한 앎, 또는 농사술도 어떤 방식으로 폴리스에 관련된다. 그러나 이 기술들은 폴리스에는 부분적으로 관련될 뿐이지만, 목공과 청동기물과 농업에는 전체로서 관계된다. 그래서 그것들은 건축술, 청동 기구술, 농사술이라 불린다. 인용문의 논의 범위 내에서 이 기술들이 전체적이 아니라는 것은 폴리스에 관련해서만 타당하다. 목공일, 청동기구, 농사에 관한 한 이 지식들은 부분적인 것이 아니라 각기 영역 전체에 관련된다. 그리고 목공일들에 관해서는 전체에 관련된다는 성격이 목공술에 부여될 뿐 아니라, 그것들을 통해 좋음을 추구하는 주체(agent)에 숙고를 가능하게 한다. 따라서 이런 기술들에게도 그것들이 관여하는 대상에 관한 한 지혜와의 관련이 전적으로 부인되는 것은 아니다. 인용문의 한 구절이 이런 사정을 분명하게 보여 준다.

> "그렇다면 이 나라가 지혜로운 나라로 불리어야만 되는 것은 목재용구들에
> 대한 지식(epistēmē) 덕분에, 즉 어떻게 하면 이것들을 가장 좋은 상태로 가질
> 수 있을 것인지에 관해 잘 숙고되어서(bouleuomenē)는 아닐세." (428c)

인용문에는 목재용구에 관한 지식 때문에 폴리스가 잘 숙고되어 지혜롭
게 되는 것은 아니라는 점이 주장되고 있다. 여기서 우리가 주목할 수 있는
점은 목재용구술과 관련하여 소크라테스가 숙고된(bouleuomenē)이라는 말을
사용하고 있다는 점이다. 여기서 숙고는 목재용구들을 가장 좋은 상태에 있
게 함에 관한 것이다. 용구들의 좋음, 잘 관리됨에 관해 숙고가 관여하는 만
큼 이 경우에도 숙고는 대상들의 잘 있음에 정위한다고 할 수 있다. 먼저 인
용된 부분에서 정치적 지식과 관련하여 소크라테스는 잘 숙고된(euboulos,
428b, c, d), 잘 숙고됨(euboulia, 428b)과 숙고하다(bouleuetai, 428d)를 함께 사용
하고 있다. Euboulos라는 어휘가 플라톤의 문헌에서 드물게 쓰이는 어휘이
지만,[01] 일단 428d에서 같은 어근의 bouleuetai가 정치적 지식의 맥락에서
쓰이고 있는 만큼 이 어휘와 근본적인 의미의 차이를 두기는 어려울 것으로
생각된다.

인용문에서 숙고의 내용은 목재용구들을 '어떻게 가장 좋은 상태에 있게
할 수 있을 것인지'에 관한 것이다. 앞서 제시된 인용문에서 euboulia를 일
종의 앎으로 구분했듯이 여기서 문제되는 목재용구술은 목재용구가 용구로

---

01 Brandwood의 Word Index to Plato에는 이 단어의 용례가 플라톤 『국가』 6권에 세 번 언급된 이외
    에 *Alcibiades I*에 한 번 그리고 위작으로 간주되는 *Sisypos*에만 사용된 것으로 제시되어 있다. Cf.
    Brandwood, p.403. euboulia라는 형태로는 *Republic, Protagoras, Alcibiades I*에 각기 한 번 씩 용례가
    보고되어 있다.

서 잘 보전되도록 하는 기술 일반에 관련되는 것으로 이해될 수 있다. 그리고 목재용구들이 어떻게 가장 좋은 상태에 있을지에 관해 숙고된 상태에 있는 것은 이 경우 폴리스이다.[02] 그리고 실제 숙고를 시행하는 자들은 목재용구술의 전문가들이다. 그러나 이들의 숙고에 의해 폴리스가 *지혜롭다*고 이야기되지는 않으며 단지 *목재용구술에 밝다*고 불릴 수 있을 뿐이다.

목재용구술과 관련하여 숙고의 개념이 언급되는 것은 이 개념과 관련해서도 지혜가 이야기될 수 있음을 의미한다.[03] 인용문 서두의 지혜에 관한 일반적 논의에서 소크라테스는 폴리스가 잘 숙고되었으므로(euboulos) 지혜롭다고(sophos) 언명하고 있다. 잘 숙고되었기에 지혜롭다고 할 수 있다면, 목재용구술의 경우도 목재용구들의 최적 상태에 관한 성공적인 숙고는 지혜라고 불릴 수 있다는 결론이 가능하다. 물론 이 경우의 지혜는 폴리스의 지혜는 아니며 따라서 정치적 지혜라고 할 수 없다. 그러나 목재용구술에 관해 지혜가 거부된 것은 그것이 전체로서 폴리스를 지혜롭게 하는 기술이냐는 물음과 관련해서일 뿐이다. 목재용구들을 "어떻게 가장 좋은 상태에 있게 할 수 있을 것인지"[04]에 관한 문제에서도 목재용구술의 전문가들에 지혜로움이 부인된 것은 아니다. 즉 후자의 물음에 관해서는 목재용구술을 가진 자에게 숙고가 긍정될 수 있다. 그리고 잘 숙고함이 지혜라면 목재용구술에 관련해서도 지혜가 긍정될 수 있다. 더 나아가 목재용구에 관한 한, 관련 사안 '전체'에 관한 지식을 목재용구술이 가지고 있다는 점도 부인될 필요가 없다. 목재용구술에 목재용구에 관련하여 지혜가 이야기될 수 있다는 것은

---

02 Slings가 적절히 지적했듯이 여기서 bouleuomenē는 polis에 걸리며 따라서 잘 숙고된 것은 폴리스이다. Slings, S. R. *Critical Notes on Plato's Politeia, Mnemosyne Supplimentum*, ed. by Boter, J. & Ophuijsen Ja van, Leiden/Boston 2005, 61-62면 참조.

03 428c3, 423d8에서는 dia가 423d1에서는 3격의 hē가 관련기술에 관해 사용되고 있다.

04 Slings가 이 문장의 주어가 skeuē임을 올바르게 지적하고 있다. Slings, p.60 참조.

목재용구에 관한 한 알아야 할 전체를 안다는 것을 전제하며, 이런 점에서 전체에 관한 앎은 잘 숙고함의 조건이며 따라서 지혜의 조건이라고 할 수 있을 것이다. 아마도 목재용구술에 지혜가 용인되는 것은 바로 이 요인, 즉 그것이 목재용구가 가장 좋은 상태에 있게 하는 일을 할 뿐 아니라, 목재용구에 관한 한 전체에 관련되는 지식을 지닌다는 점에 의해서 확보된다고 이야기해야 할 것이다. 목재용구술이 있다고 폴리스가 숙고되고 지혜롭다고 이야기될 수는 없겠으나 목재용구술을 사용하는 업무와 관련해서는 목재용구술을 가진 자나 그의 작업이 숙고되고 지혜롭다고 이야기될 수 있을 것이다. 이상의 논의에 따른다면 지혜란 어떤 *대상 전체에 관해* 어떻게 그것이 가장 잘 있을 수 있는지를 숙고하는 작업에 대해 붙여진다고 할 수 있다. 그러나 이미 언급되었듯이 폴리스와 관련해서는 목재용구술은 폴리스에 부분적으로만 관련한다는 점에서 부분적 기능에 지나지 않으며 따라서 목재용구술이 목재용구술로서 정치적이라고 할 수는 없다.

2. 정치적 지식에서 '정치적'의 의미

폴리스의 지혜를 다루며 논의된 앞의 인용문에서 플라톤이 직접 '정치적'이라는 말을 쓰고 있지는 않다. 위에 제시된 분석을 통해 우리가 논의하는 '정치적'이라는 개념을 일단 '폴리스에 관계되는'으로 이해할 수 있다. '농사일에 관계되는'이나 '목공술에 관계되는' 것들이 '농술적' 혹은 '목공술적'이라고 불리듯이 '폴리스에 관계되는' 것들이 '정치적인' 것으로 불린다. 그러나 농술이나 목공술도 부분적으로는 폴리스에 관계되는 것일 수 있는 만큼 이들과 같이 부분적으로만 폴리스에 관계되는 것이 아니라 '폴리스 전체와 관련하는' 것만이 정치적이라고 말할 수 있으며, 이런 점에서 '정치적인' 것은 '폴리스 전체와 관련되는' 것으로 이해될 수 있다. 그리고 정치적 지식이란 종국적으로 '폴리스 전체에 관한 좋음을 추구하는' 지식의 의미로 이해될 수 있다.

위에서 언급된 세 가지 관점에서 볼 때, 플라톤의 『국가』 4권에서 정치적 지식이 폴리스 전체와 관련된다는 점 이외에 여타의 앎과 의미 있는 차이가 이야기될 수 있는지의 물음이 제기된다. 폴리스에 관한 앎으로서 정치적 앎이 가지는 전체성이 폴리스의 전체에 관련된 것이요, 좋음에 관한 앎도 폴리스에 관련된 사안에 대한 것이라면, 유사한 구조가 지혜가 이야기될 수 있는 모든 종류의 앎에 대해 이야기될 수 있기 때문이다. 다시 말해 해당 영역 전체에 관련된다는 점과 그 영역의 좋음을 위해 각각의 지혜가 성립한다는 점에서는 정치술의 경우나 여타의 경우에 차이가 없다. 폴리스의 지혜와 여타 부문의 지혜는 그것들이 해당 영역에 관해 잘 숙고하는 것으로서의 지혜라는 점에서는 구별되지 않는다.[05]

폴리스의 지혜가 다른 지혜들과 가지는 이런 공통점에도 불구하고 폴리스의 지혜가 여타의 지혜와 다른 점은 일단 그것이 폴리스에 관해 위에 언급된 여타의 지혜들을 부분 기능으로 가지는 통합적인 성격의 것이라는 점에서 찾아질 수 있다. 여기서 통합적 혹은 폴리스 전체에 관련된다는 것은 숙고의 대상이 폴리스 전체가 된다는 것을 의미한다. 이를 『국가』 2권[06]에서 대화자들 사이에 이루어지는 최초의 폴리스에 관한 논의를 예로 삼아 검토해 볼 수 있다.

---

05 『국가』 1권에서 소크라테스는 기술은 그것이 적용되는 대상의 좋음을 목표한다는 점을 기술(techne)이 기술로서 가지는 특징으로 이야기하고 있으며 통치술도 이 점에서 여타 기술과 같다고 말한다. Cf. 341d ff. & 342c ff.

06 369c ff.

소크라테스는 최초의 네 사람의 공동체에서 농부는 자신만의 수요 충족을 위해서가 아니라 폴리스 구성원 네 사람 모두의 식량 수요를 충족시키도록 일을 한다는 점을 이야기하고 있다. 이런 경우 폴리스 구성원 네 사람 전체의 기본 수요에 관련된다는 점에서 식량을 책임지는 농군의 소출물도 폴리스 구성원 전체와 관련된다. 그러나 이 경우 공동체 구성원 전체와 관련된다는 점은 농업적인 것이기보다는 정치적인 것이다. 여기서 그가 네 사람 전체를 위해 노동을 하고 자신의 소출물을 4인 공동체*의 공동의 것*으로 한다는 룰은 농부의 자격으로 그가 내리는 결정이 아니다. 『국가』의 해당 구절에서 이 결정은 나라를 세우는 자(oikistai poleos, 379a)로서 대화자들에 의해 이루어지고 있다.[07] 장인으로서 농군은 농산물을 어떻게 가장 수월하게, 많이 산출하는지에 관해 전문적 지식을 가진다. 그는 적절한 때를 맞추어 모를 내고, 물길을 여닫으며, 필요에 따라 해충 퇴치를 위해 적정량의 농약을 사용하기도 하며, 때를 맞추어 수확하는 등의 농사일에 필요한 결정을 내린다. 이 농사일에 관해서 그는 훌륭한 산출을 위한 지식을 가지고 있으며 상황에 따라 필요한 결정을 내린다. 이런 농산과 관련된 부분에서 그는 훌륭한 숙고를 통해 좋은 산출물을 산출하며 그런 한에서 지혜로운 농군일 수 있다. 농사일에 현명한 그가 시민으로 폴리스의 구성원이 되고 농사일을 관장하는 한 폴리스는 농사일에 현명한 시민을 가지며, 그가 농사일을 효과적으로 관장하는 한 농사일에 현명한 폴리스가 된다. 그리고 이런 사정은 다른 부문의 일에 관해서도 마찬가지로 이야기될 수 있다.

정치적 지식의 전체성이라는 관점에서 폴리스의 수호자가 가지는 지식의 특별한 점은 이런 점에서 볼 때 *전체성*이라는 점에서 부각되는 것이기보다

---

07 이 결정이 최초 공동체를 구성하는 네 사람에 의해 이루어지는 경우에도 이 결정은 특정 부문의 직인으로서가 아니라 공동체를 구성하는 시민으로서 취하는 정치적 결정이라고 할 수 있다.

는 *폴리스에 관한* 전체성이라는 점에서 드러나는 것이라 할 수 있다. 농업 지식은 농업 지식으로서 전체성을 가지며, 건축술은 건축술로서 전체성을 가진다. 이런 전체성의 성격에서 정치적 지식의 전체성이 특별한 위치를 차지한다고 보기는 어렵다. 이런 폴리스의 전체성이 바로 그 사실, 즉 그것이 폴리스에 관해 성립하는 전체성이라는 사실 때문에 가지게 되는 분명한 특징이 지적될 수 있다. 처자 공유의 논의를 진행하면서 소크라테스가 대화자들과 다음과 같은 대화를 나눈다.

> "[…] 지금은 우리가 수호자들을 수호자들로 만들려고 하는 한편으로는, 우리가 할 수 있는 한, 모든 시민을 가장 행복하도록 만들려 하고 있지. 이 나라 안에 있는 한 집단에 유의해서 이 집단을 행복하도록 만들려 하고 있는 건 아니라고 말일세." (466a)

폴리스의 지혜가 추구하는 폴리스의 좋음의 구현이라는 목표는 대화자들의 작업을 통해 이루어지는 폴리스의 정치체제와 교육을 포괄하는 법의 형태로 그 모습을 드러내게 된다. 수호자 집단이나 다른 어느 특정 집단이 아니라 모든 시민을 가장 행복하도록 만들려 하고 있다는 것, 이것이 대화자들이 나라를 세우고 법을 제정하며 유념하고 있는 것이다. 폴리스를 구성하는 모든 시민들의 행복의 추구라는 언명은 폴리스의 전체성을 구성하는 불가결의 요인이 구성원 *전체*의 행복이라는 점을 위 인용문이 분명히 하고 있다. 아래의 구절 역시 정치 공동체 내에서 정치와 법의 이런 전체적 성격을 드러내 준다.

> "여보게, 자넨 또 잊었네. 법(nomos)은 이런 것에, 즉 나라에 있어서 어느 한

부류가 각별하게 잘 살도록 하는 데에 관심을 갖는 게 아니라, 온 나라 안에 이것이 실현되도록 강구하는 데 관심을 갖는다는 걸 말일세. 법은 시민들을 설득과 강제에 의해서 화합하게 하고 각자가 공동체(to koinon)에 이롭도록 해 줄 수 있는 이익을 서로들 나누어 줄 수 있도록 만듦으로써 그런다네."

(519e-520a)

공동체를 공동체이게 하는 공동의 것(to koinon)으로서 법은 특정 계층이 아닌 전체 계층의 행복을 도모함으로써 참으로 공동의 것이 되고 공동체에 유익한 것이 된다. 공동체 구성원 전체란 존재하는 것 전체 혹은 가지계와 가시계 전체에 비교한다면 제한된 의미에서나 전체라고 할 수 있다. 그러나 공동체 전체의 행복의 추구란 공동체의 특정 그룹이 아닌 공동체 전체를 시야에 두고 법을 만들고 필요한 결정을 내리는 경우에만 가능하다는 점에서 공동체적 좋음의 추구 역시 제한된 범위에서나마 전체에 관한 앎을 전제한다고 할 수 있다.

그런데 폴리스 내외사를 잘 처리하도록 하는 앎으로서 폴리스의 지혜는 폴리스 구성원 전체의 행복이라는 좀 더 구체적인 목표를 가진다. 폴리스의 전체성을 구성하는 요인은 구성원 전체의 행복보다 물론 복합적이다. 이 폴리스를 구성하는 복합적인 전체는 그 구성원 전체의 행복이라는 목표를 위해 조직된다. 폴리스 내외의 일을 폴리스 전체의 관점에서 잘 처리한다고 할 때, 잘 처리함의 '잘'이란 좀 더 구체적으로 구성원 전체의 행복이 확보되기 위한 방향으로 제반 요인들이 결정된다는 것으로 이해될 수 있다. 경제 조직체로서의 회사 조직이 조직의 목표인 이윤 극대화를 위해 경우에 따라 조직 구성원의 일부를 해고함으로써 그 목적 달성을 추구하는 것이 가능하지만, 정치 공동체인 폴리스의 경우 회사에서의 해고와 같은 일은 원천적으로 배제된다. 구성원 전체의 잘 삶이라는 목표는 정치 공동체로서 국가가 임의로 변경할 수 있는 어떤 것이 아니라, 바로 그 정치 공동체를 성립시키는 원초적 조건의 성격을 가지며, 그런 점에서 공동체의 법이나 법에 따른 조치를 통해 임의로 변경, 축소할 수 있는 어떤 것이 아니다. 바로 그것의 보호와 신장이 정치 공동체 성립의 목표가 되고, 성립 자체의 조건이 되기 때문이다. 정치적 지혜를 규정하는 전체성이란 이런 점에서, 정치체 구성원 전체의 행복이라는 원천적 참조점을 구조로 가지는 *실질적 전체성*이라 할 수 있을 것이다. 이제 통치자가 지녀야 할 앎에 관한 논의가 집중적으로 이루어지는 5-7권의 논의에서 정치적 지식이 어떻게 특징지어지는지 검토해 보자.

3. 철인 통치와 정치적 지식

정치와 지혜가 결합되지 않고는 나라들에서, 그리고 인류 전체에게 악(惡)이 끊이지 않을 것이며, 철인이 통치자의 자리에서 통치의 업무를 수행하는 오직 그 경우에만 대화자들에 의해 그려진 나라가 지상에 실현될 수 있으리라는 것, 이것이 플라톤의 소크라테스가 앞 절의 모두에서 인용된 문장에서 내린 처방이다. 그의 이 처방이 적절한 것인지, 그 적절성을 검토하기 위해 아마도 우리는 그가 생각하는 앎과 통치의 개념이 어떤 것인지를 보다 자세히 살펴보아야 할 것이다. 일단 우리는 철인 통치라는 우리에게 낯익지 않은 개념이 통치와 앎의 결합이라는 보다 친숙한 개념으로 번역될 수 있다는 사실을 일단 확인할 수 있다. 철인이 통치자가 되어야 한다는 주장은 따라서 아는 자가 통치를 해야 한다는 것을 의미한다. 그렇다면 철인에게서 구현된 그리고 통치자에게서 현실화되어야 할 앎은 어떤 것이고 그 성격은 무엇인가?

인용문에 이어지는 부분에서 소크라테스와 그의 대화 상대자는 실제 철학자가 어떤 사람이며 철학적 앎의 성격이 어떤 것인지를 찾아 나선다. 의견과 앎을 구분하며 대화자들은 철학자를 다음과 같이 규정한다.

> "언제나 똑같은 방식으로 한결같은 상태로 있는 것을 파악할 수 있는 이들이 지혜를 사랑하는 사람들(철학자)인 반면에, 그건 파악하지 못하면서 잡다하고 변화무쌍한 것들 속에서 헤메는 이들은 지혜를 사랑하는 사람들이 아니니, 도대체 어느 쪽이 나라의 지도자들이어야 하겠는가? […] 어느 쪽이든 나라들의 법률과 관행을 수호할 수 있을 것으로 보이는 사람들이면 이들을 수호자로 임명해야 할 걸세. […]" (484b-c)

철학자들은 여기서 "언제나 똑같은 방식으로 한결같은 상태로 있는 것을 파악할 수 있는 이들"로 이야기되고 있다. "언제나 똑같은 방식으로 한결같은 상태로 있는 것"은 플라톤이 이데아를 서술할 때 사용하는 말이다. 즉 철학자는 각각의 것들의 실재(hekaston to on, 484d)를 파악하며 이것을 본(paradeigma, 484c)으로서 자신의 영혼 속에도 가지고 있는 사람들이다. 그들이 이 본에 비추어 법률과 관행(epitedeuma, nomima)을 정하고 이를 수호하는 일을 할 때 그들은 수호자의 역할을 수행하게 된다. 통치자가 철인이 되거나 철인이 통치자가 되어야 한다는 앞서 인용문의 구절에 따르면 플라톤이 통치자에게 요구하는 것이 각각의 것들에 대한 실재의 파악이라고 할 수 있다. 실재란 앞에서 말했듯 항시 동일한 방식으로 한결같이 있는 것으로 변치 않고 자기동일성을 유지하는 어떤 것으로 이해될 수 있다. 그가 해와 선분의 비유에서 가지계(noumena)라고 명명한 영역이 이에 해당한다고 할 수 있을 터인데, 이 맥락에서 플라톤의 언명을 이해한다면 그가 통치자들에게 요구하는 앎은 수학과 같은 변치 않고 한결같은 앎이라고 할 수 있다.

통치자가 해야 할 작업은 법률의 제정과 수호, 기타 국가의 내외사와 관련하여 필요한 결정을 내리는 일이다. 이 같은 작업들에서 공동체 전체의 좋음이 이루어지도록 할 수 있을 때 참된 통치자라고 할 수 있다. 그리고 이것이 가능하기 위해서 그가 정위해야 하는 것이 바로 좋음의 이데아이다. 그가 이것에 정위하고 따라서 좋은 듯한 것(ta dokounta, 505d)이 아니라 진정으로 좋은 것(ta onta)을 안다는 것이 그를 통치자로 정당화한다. 좋음에 정위하고자 하는 것은 인간 모두가 하는 바이나, 철인을 여타의 그룹과 구분하는 것은 이들이 *좋음 자체에 대한 앎을 가진다*는 점에 있다. 플라톤은 이 통치자가 "좋음 자체를 일단 보게 되면, 이들은 그것을 본(paradeigma)으로 삼고서"(540a), 폴리스와 시민들 자신을 질서 지운다고 말한다. 공동체의 공동선의 실현이라는 구체적 목적 아래 법률을 제정하고 개별적 상황에서 제반 결정을 내리는 데 좋음의 이데아가 본으로서 좋음의 실현을 가능하게 해 준다는 것이다.

그러나 통치자가 좋음의 이데아에 정위하고 그것을 앎으로써 진정한 통치자가 된다고 할 때 여기서 좋음의 이데아를 안다는 것이 구체적으로 무엇을 의미하는가? 이 물음에 직접 대답을 찾아가기 이전에 먼저 이 저술에서 대화를 이끌어 가는 대화자들이 저술 내에서 수행하는 역할을 주목해 보며 이야기의 실마리를 풀어 가 보자. 2권에서 10권에 이르기까지 좋은 나라를 그리고 있는 대화자들은 말을 통해 국가를 세워 가는 국가 건립자의 입장에 있다. 실제로 소크라테스는 이야기를 이어 가는 자신들을 언급하며 국가의 건립자(oikistēs tēs poleōs, 519c) 또는 법률 제정가(nomothetēs, 462a, 497d)라는 말을 명시적으로 사용하고 있다. 이 점에서 그들의 입장은 본질적으로 이 좋은 나라의 통치자의 입장과 동일하다고 할 수 있다. 국가를 건립하고 법률을 제정하는 사람이나 이에 기초하여 법률을 수호하고 국가를 통치하는 사람이나 모두 그들이 세우고 통치하는 나라의 법률과 제도가 왜 필요하며 그것이 전체적인 연관에서 어떻게 정당화될 수 있는지를 이해하고(katidein), 설명할(logon didonai) 수 있을 것이 요구된다. 479d에서 소크라테스는 "logos tēs politeias"라는 말을 사용하고 있는데, 이 말은 "국가 체제의 원리" 혹은 "정치체제의 이치" 정도로 번역될 수 있다. 국가의 법률을 제정했던 사람들이 설정했던 좋은 정치체제에 대해 이해하고 설명할 수 있는 사람들이 필요하다는 말은 국가를 건립하고 국가의 법을 정초하는 일과 통치를 담당하는 사람들의 역할 그리고 통치의 원리가 동일함을 이야기하는 것이다. 법률 제정자들이 특정 상황을 처리하기 위해 이 경우를 포괄하는 법률을 제정할 때, 법적으로 규정된 제도나 조치가 필요한 이유를 이후에 이 법률에 따라 통치하는 사람들도 알 때에만 그 법과 이것에 근거한 좋은 정치의 토대가 유지될 수 있다. 이 경우 물론 개별적이고 구체적인 경우에 최선을 선택하고 결정을 내려야 하는 통치자와 국가의 주요 사안에 대해 일반적인 법률을 제정하는 법률 제정가의 작업이 동일한 것은 아니다. 정책의 개별성과 법률의 일반성에 대한 이 구분은 후기의 『정치가』편에서는 명백하게 등장한다.[08] 『국가』편에서는 철인왕의 능력이 법의 일반성을 넘어서 구체적인 경우와 최선을 가능하게 한다고 볼 수 있는데 바로 이렇게 최선을 가능하게 하는 것이 좋음의 이데아에 관한 앎이라고 할 수 있다.

08 Schofield, M. *Plato*, pp.144ff.

4. 정치적 앎과 좋음의 이데아

플라톤의 통치자를 진정한 통치자이게끔 하고 그에게 통치의 자격을 부여하는 또 하나의 포인트가 지적될 수 있는데 그것은 그들이 단순히 한 특수 영역에서의 전문 지식을 지닌 사람들이 아니라 좋음에 대한 앎을 가진 사람들이라는 점이다. 전문 영역의 전문 지식도 그 전문 영역에 관련하여 좋음을 추구하는 앎이라는 점에서 좋음의 지식에 속한다. 통치자를 통치자로 자격짓는 좋음에 대한 앎이란 이미 앞에서 논의한 대로 폴리스 전체와 관련하여 좋음을 추구하는 앎이라 할 수 있다. 플라톤 자신이 분명히 언급하고 있듯이 좋음이란 통치자라는 특수 계층만이 추구하는 어떤 것이 아니라, 모든 사람이 그들의 생각과 행동을 통해 추구하는 것이다. 모든 사람이 좋음을 추구한다면 특별히 통치자들에게 이 좋음을 안다는 것을 이유로 통치의 전권이 주어지는 것은 어떻게 정당화될 수 있는가? 이 물음에 대한 대답에 열쇠가 되는 것이 또한 철학이라는 개념이다. 이 점을 우리는 선분의 비유에서 철학을 논의하는 부분에 근거하여 좀 더 살펴볼 수 있다.

선분은 크게 가지계와 가시계로 구분되며, 가지계는 다시 산술, 기하 등의 수리적 학문들과 플라톤이 변증술(dialektikē)이라 명명하고 있는 철학 부분으로 나뉜다. 두 부분을 구분하는 것은 영상의 사용 여부와 출발점(archē)이 되는 명제에 관한 태도라는 두 가지로 언명되고 있다. 산술이나 기하와 같은 수학적인 것의 영역은 그려진 도형이나 손가락 같은 감각적 영상을 사용하는 데 반해 변증술은 형상들만을 사용하여 탐구를 진행한다는 점이 그 하나이다. 다른 하나는 수리 교과들이 출발 명제(archai)로 놓이는 것들을 명백하다고 생각하여 이를 출발점으로 하여 추론적 사고를 통해 결론에 이르는 연역 추론을 하는 데 반해, 변증술은 출발점에 놓이는 것들이 충분히 분명하지 못하다는 점 때문에 이를 밝혀 줄 더 상위의 원리들을 찾아 나아가며, 모든 것들이 밝혀지는 무전제의 출발점(archē anhupothetos, 510b, 511b)에까지 나아가고 이 출발점으로부터 다른 모든 것들을 근거 지으며 나아간다는 점이다. 수리 교과가 모순 없는 추론적 일관성을 보여 준다는 점에서 감각적 영역의 논의들과 다른 불변적 앎의 모습을 보여 주지만, 그 전제 자체의 근거와 타당성을 묻지 않는 데에서 불명함의 요인을 완전히 제거시키지는 못하고 있다는 것이 플라톤의 판단이며, 이 교과들의 이런 불명함은 변증술을 통한 무전제의 출발점에 도달하면서 근거가 제시됨으로써 해소된다는 것이다.

변증술과 수리적 분과 학문에 대한 이런 구분은 전자가 그 출발점의 무전제성 때문에 그 앎의 절대적 정초를 주장할 수 있는 성격의 앎임에 반해 후자는 분과적 전제의 불투명성을 벗어날 수 없다는 점에서 찾아질 수 있다. 수학과 같은 변치 않는 앎이 윤리적, 정치적 영역에서도 성립하며, 이런 가지적 영역이 법률이나 관행의 본의 역할을 한다는 것이 플라톤의 생각이었다. 변증술에 대한 플라톤의 생각은 그것이 수학과 같은 여일함을 가질 뿐 아니라, 수리 교과가 지니지 못한 궁극적인 자기 정초와 이를 통한 만유의 정초를 가능하게 한다는 것이었다. 플라톤이 통치자에게 요구하는 앎이 철학자의 그것이라는 점은 그가 파악하는 정치적 앎이 단지 의견이 아니라 참된 지식이어야 함은 물론, 더 나아가 실재하는 것들 전체를 근거 짓는 궁극적인 원천에 뿌리를 둔 것이어야 한다는 요구를 담고 있다.

이런 점에서 좋음의 이데아에 대한 앎으로 규정된 철학적 앎이란 현상계의 것들에 관해서든 가지계의 이데아들과 관련해서든 모든 것들의 좋음을 궁극적으로 근거 지을 수 있는 능력으로 이해될 수 있다. 국가 내에서 통치자의 일이 공동체 전체의 좋음을 구현하는 것이라면 그들이 수행해야 할 작업도 성격상 철학자의 일과 다름이 없다. 그들에게 요구되는 능력은 일반 규정으로서 법의 수준에서건 개별 사안에 관한 구체적 결정의 수준에서건 바로 그들의 결정에 대한 이런 근거 제시 능력에 다름 아니기 때문이다. 어떤 선택이 가장 좋은지 그리고 왜 그런지에 관해 분명한 과학적 이유를 댈 수 있다는 것, 그리고 이런 근거 제시가 단일 분과 학문의 범위에 한정된 것이 아니라 분과 학문을 넘어서는 만유의 근원을 찾아가는 도정을 거친 것이라는 점에서 변증적 앎은 분과 지식과 구분된다. 플라톤이 생각하는 정치적 지식은 바로 이 같은 변증적 지식의 궁극성에 대한 요구를 담고 있다는 점에서 여타 분과 학문의 범위와 한계를 넘어서는 것이라 할 수 있다. 제2절에서 언급된 정치적 지식의 전체적 성격도 좋음 자체라는 궁극 근거에 관한 앎에 기초한 철학적 앎의 성격을 지니면서 여타 앎들이 나름대로 자신의 영역에 대해 가지는 전체성 주장의 제한성과 상대적 한계를 넘어서게 된다. 어떤 것의 좋음이 의견이 아닌 앎의 수준에서 근거 지어질 수 있기 위해서는 문제되는 것이 전체 내에서 어떤 위치를 가지며 여타의 것과 어떻게 관계되는가에 관해 엄격히 추론적인 근거를 댈 수 있어야 한다는 것이 정치적 지식에 대한 플라톤의 요구였다고 할 수 있다.

진정으로 좋은 것에 대한 통합적 앎으로서의 정치적 앎에 대한 플라톤의 주장은 앎(episteme, knowledge)과 의견(doxa, opinion)이 분명히 구분되며, 또한 이와 같은 앎에 접근 가능하다는 전제 위에 서 있다. 이는 정치적 실천의 영역에서는 엄격한 앎은 가능하지 않고 오직 의견으로서의 실천적 지혜만이 가능하다는 아리스토텔레스 이래의 정치적 앎의 성격에 대한 입장과 선명히 대비된다. 또한 앎에 접근 가능한 소수에게 전체의 좋음 추구를 맡겨야 한다는 그의 견해는 정치가 상충되는 개인적 이해의 협의를 통한 조정과 정이라는 오늘날 우리가 공유하는 정치의 그림과도 정면으로 배치된다. 정치적 앎의 성격에 대한 플라톤의 이런 입장은 정치 공동체의 좋음의 추구가 투명한 지적 근거 제시의 과정을 통해 모두에게 말을 통해 접근 가능한 것이라는 합리적 정치과정의 꿈을 제시하는 것이다. 태양에 비유된 좋음의 이데아는 빛이 모든 것을 밝히 드러내고 가시 세계의 모습을 모두에게 공유 가능한 것으로 보여 주듯이, 만유(萬有)가 질서 지이진 것이며, 이렇게 질서 지어진 가지계(可知界)의 진상이 로고스를 통해 드러나며, 변증의 과정을 통해 로고스에 참여하는 모두에게 접근 가능한 것이라는 비전을 제시한다.

IX

플라톤과 수학

1. 플라톤이 수학을 중요하게 여겼다는 것은 그 자신의 문헌이나 후대의 전언 등을 통해 여러 가지로 확인된다. 그의 많은 저술들이 수학적 내용을 담은 예를 제시하고 있거나, 수학 자체를 대화 주제로 삼고 있으며, 당시의 수학자가 직접 대화자로 등장하는 경우도 드물지 않다. 『국가』에서 플라톤은 그가 그린 가장 뛰어난 국가의 통치자가 될 사람들이 20세에서 30세에 이르기까지 10년에 걸친 기간 동안 수학과 그 연관 과목의 훈련을 받을 것을 요구하고 있다. 알려져 있듯이 그의 아카데미 입구에는 "기하학을 모르는 자는 들어오지 말라"고 씌어 있었다고 전해진다. 유클리드의 기하학 교본을 주석했던 고대 말기의 철학자 프로클로스의 말에 따르면 많은 수학자들이 아카데미에서 수학에 관련된 제 문제의 공동적 탐구를 수행했으며,[01] 더 나아가 고대 수학에서의 분석적 방법(Method of Analysis)은 바로 아카데미의 수학적 작업에서 시작되었다고 말한다.[02] 테아이테토스, 유독소스, 메나이크모스, 레오다마스, 테우디오스 등 BC 4세기 당시의 가장 뛰어난 수학자들이 플라톤의 아카데미에서 연구 작업을 행했던 것으로 알려지고 있으며,[03] 유클리드 기하학의 체계가 많은 부분에 있어 이 같은 아카데미에서의 수학 연구 활동에 의해 거의 완성된 단계에 이르러 있었다고 주장된다.[04]

01 F. Solmsen, "Plato's Einfluβ auf die mathematischen Methode," in *Das Platonbild*, 1969, 136면 참조.
02 Solmsen, 같은 논문, 132면 참조. L. Heiberg, *Naturwissenschaften und Mathematik in Klassischen Altertum*, Leipzig, 1912, 28면 참조.
03 Solmsen, 같은 논문, 133면 참조.
04 Solmsen은 플라톤의 dialectic이 유클리드 기하학의 체계화에 방법적 기초를 제공했다고 그의 논문에서 밝히고 있다. 그의 자료에 근거하여 우리가 거꾸로 기하학의 체계화의 진전이 플라톤의 방법론 형성에 깊은 영향을 미쳤다는 가설을 세우는 것이 불가능하지 않다는 점에서 그의 주장은 추측 이상을 넘어서기 곤란할 것으로 보인다. J. Mittelstrass, *Rettung der Phänomene*, 45면 이하 참조.

아카데미에서의 수학 탐구 활동이 어떤 방식으로 플라톤의 철학에 영향을 주었으며, 또한 역으로 플라톤의 철학이 어떤 방식으로 수학의 체계 형성에 영향을 미쳤는지를 자세히 확정하는 일은 간단치 않은 일이 되겠다. 그러나 적어도 우리는 이 같은 상호 영향이 매우 긴밀한 형태로 이루어졌으리라는 사실을 어렵지 않게 상상할 수 있다. 아마도 우리는 더 나아가, 위에 지적된 사실, 즉 플라톤 철학과 당시 수학 사이의 밀접한 상호 연관을 적절히 고려함이 없이 플라톤 철학의 핵심적 부분을 제대로 이해하는 것이 가능하지 않다고까지 이야기할 수 있을 것이다.

이런 맥락에서 『국가』의 6권과 7권에서 플라톤이 수학에 대해 직접적으로 언급하고 있는 두 부분에 관해 주목할 필요가 있다. 하나는 잘 알려진, 그리고 대단히 많은 논의가 이루어지고 있는 선분의 비유에서 수학에 관한 언급 부분이고, 다른 하나는 7권에서 통치자의 교육 프로그램을 논하면서 이루어지는 수학 및 연관 학문 분야의 언급에 관련된 한 부분이다. 이 두 부분은 어떤 점에서 상당히 대조적이라고 할 수 있다. 6권의 선분의 비유 가운데에서 플라톤은 수학 및 수학자의 작업을 변증술 및 변증론자의 작업과 비교하여 그 한계를 부정적으로 논의하고 있는 데 반해, 7권의 논의에서는 수학 교육이 어떤 방식으로 변증술을 위해 적극적인 역할을 할 수 있는지에 관해 긍정적으로 논의하고 있기 때문이다. 어떻든 양 구절에서 우리는 수학에 대한 플라톤의 직접적인 언급에 접할 수 있으며, 따라서 이 부분들로부터 우리는 그가 수학이란 학문을 어떻게 생각했는지에 관해 일단의 통찰을 얻고자 시도해 볼 수 있다. 그리고 이 같은 통찰은 그가 6권과 7권에 걸쳐 아직 거칠게 윤곽을 그려보고 있는 변증술의 성격을 이해하는 데도 얼마간의 도움을 줄 수 있을 것이다.

2. 앞서 잠시 언급된 대로 플라톤의 가장 뛰어난 국가에서 통치자로 훈련을 받는 사람들은 20세에서 30세까지 10년간 수학교육을 받게 되어 있다. 이 교육은 이후에 이어질 5년간의 변증술 교육의 예비학(prooimion, 531d)의 성격을 띤다. 산술학, 기하학, 천문학, 화음학 등이 통치에 적합한 학과(discipline)들로 특별히 교육되어야 하는 이유로 플라톤은 우선 이 과목들이 셈이나 진지 구축, 기타 실제적인 일들에 유용하다는 사실을 든다. 그러나 이런 실용성보다도 그가 강조하고 있는 사실은 이 과목들이 배우는 자의 영혼을 생성의 세계로부터 실재의 세계로 이끈다(mathēma psychēs holkon apo tou gignomenou epi to on, 521d)는 점이다. 그는 이 사실을 여러 번 반복하여 이야기하고 있다.[05] 이와 관련하여 우리는 생성계에서 실재계로 영혼이 눈을 돌린다는 것이 어떤 의미이며, 수학 관련 교과들이 어떤 점에서 이 같은 영혼의 전회(periagōgē, 518d)를 가능하게 하는가라는 물음을 던질 수 있다. 이 두 물음들에 대해 7권의 한 부분에서 우리는 플라톤 자신으로부터 비교적 소상한 대답을 들을 수 있다.[06]

『국가』 522 이하에서 산술 과목에 관해 논의하면서 대화자 소크라테스는 사람들이 이 과목을 올바르게 사용하면(chrēsthai orthōs) 통찰(noēsis)이 가능하게 되는데, 이는 산술이 실재로 이끄는 학문이기 때문(heltikō onti … pros ousian. 523a)이라고 말한다. 그의 말이 무엇을 의미하는지 좀 더 자세히 설명해 달라는 글라우콘의 요구에 소크라테스는 다음의 구분을 제시한다. 우리가 지각하는 것들 가운데서 어떤 것들은 우리의 사유로 하여금 숙고하도록 만들고(parakalounta tēn noēsin eis episkepsin, 523a), 어떤 것은 전연 그렇지 않다. 후자의 경우는 감각에 의해 충분히 판단되는 것들(hikanōs hypo tēs aisthēseōs

---

05 521d, 523a, 525b, 525c, 526e, 527b 참조.
06 523a-525e 참조.

krinomena, 523b)이며, 전자는 이와 반대로 감각이 어떤 건전한 것도(hygies) 제공해 주지 못하는 것들이다. 감각에 의해 충분히 파악되는 것, 따라서 우리의 사유를 불러낼 필요가 없는 예로 제시되는 것이 손가락이고, 감각에 의해 충분히 파악되지 못하고, 따라서 우리의 사유를 불러내는 것의 예로 크기(to megethos)의 경우가 제시된다. 손가락의 경우는 그것이 우리의 지각에 어떻게 주어지든, 즉 가운데 손가락이건 가장자리에 있는 것이건, 가늘든, 두툼하든, 희든 검든 손가락으로 파악되고, 손가락에 반대되는 것(tounantion ē daktylon)으로 우리의 영혼에 나타나지 않는다. 감각에 의해 충분히 파악되느냐 아니냐 하는 물음에 기준이 되는 것은 그것이 감각에 의해 우리의 영혼에 그것과 반대되는 것으로도 나타나느냐의 여부이다. 손가락에 대한 우리의 지각은 손가락을 항상 손가락으로 보여 주며, 따라서 우리 영혼이 손가락이 도대체 무엇이냐(ti pot' esti daktylos)라는 물음을 던질 필요가 없다. 손가락과 달리 사유를 불러일으키는 것의 예로 제시되는 것은 크기의 경우이다. 이 크기의 경우를 통해 위의 사실이 의미하는 바가 보다 분명해질 수 있다. 우리가 검지를 중지와 비교할 때, 그것은 작은 것으로 나타나며(phainetai), 엄지와 비교할 때 그것은 큰 것으로 나타난다. 동일한 것(to auto)이 크게도 나타나고 작게도 나타나는 경우, 즉 항상 그것에 반대되는 것(enantiōma, 524e)이 동일한 것에서 함께 보여지는 경우, 우리의 영혼은 그 동일한 것에 근거하여 큼과 작음이라는 상반되는 것을 함께 경험하면서 궁지에 빠지게(aporein) 된다. 이 경우 궁지에 빠짐은 같은 것이 크기도 하고 작기도 하다는 데에서 성립한다. 이런 상반되는 경험을 제공하는 것에 근거하여 큼이 무엇인지, 또한 작음이 무엇인지에 관해 앎을 가질 수 없다. 상반되는 감각을 보여 주는 감각적 표본을 통해서는 큼이나 작음이 무엇인지(ti oun pot' esti to mega au kai to smikron, 524c)를 알 수 없게 되고 도대체 큼, 작음이 무엇인가라는 물음을 묻지 않을 수 없게 된다.

위에 제시된 이야기에서 감각에 충분히 파악되지 못한다는 것은 무슨 의미인지가 분명해질 필요가 있다. 대화 중에 소크라테스 자신이 명시적으로 밝히고 있듯이, 감각의 불충분함 때문에 사유가 개입하게 되는 것은 어떤 것이 밀리서 보여 지거나, 음영 속에서 보여지기[07] 때문에 감각이 명확히 파악하지 못하는 경우가 아니다. 문제되는 경우는 가운데 손가락과 같이 표본이 되는 대상 자체의 성격 때문에 지각이 제대로 큼 또는 작음을 밝혀 주지 못하고 결함을 드러내는 경우이다. 앞서 제시된 크기의 예에서 드러나듯이 크다고 지칭된 어떤 것이 다른 것과 비교될 때, 작은 것으로도 즉 큼에 반대되는 것으로도 나타난다는 사실이 감각의 불충분함을 이야기하는 근거가 된다. 이 같은 경우 감각은 상반되는 어느 것에 대해서도, 즉 큼이나 작음 어느 것도 제대로 해명해 주지 못한다고 한다. 이 주장의 의미는 다음과 같이 이해될 수 있을 것이다. 크고 작음과 관련해서 감각이 문제되는 이유는, 같은 것이 크게도 나타나고 작게도 나타나기 때문이다. 어떤 때 어떤 관점에서 크다고 보여진 것이 또 다른 때 다른 관점에서 작은 것으로 나타난다면 우리는 이같이 때와 관점에 따라 크게도 나타나고 작게도 나타나는 사물을 큼이나 작음의 어느 것으로 동일화시(identify)할 수 없다.[08] 우리의 지각이 큼이나 작음 어느 것도 제대로 밝혀 주지(dēloun, 523c) 못한다 함은 따라

---

07 523b-c 참조. 원문에는 "음영화로 그려진 것"(eskiagraphēmena)이다. 즉 문제 대상과 관련하여 제기된 문제가 가까이 가서 보거나 밝은 데서 본다고 해소될 수 있는 성격의 것이 아님을 뜻한다.

08 Allen, 'The Argument from opposites in *Republic* V', In *Essays in Ancient Greek Philosophy*, ed. by J. P. Anton & G. Kustas, Albany, 1972 참조. Allen에 따라 이것은 다음과 같이도 설명될 수 있다. ① F와 G는 반대되는(opposite) 것이요 서로 의미가 다르다. ② 그런데 어떤 것이 F면 또한 G이고, G면 F라고 보자. ③ 우리가 F의 의미를 F인 사물, G의 의미를 G인 사물이라고 한다면, ②에 의하여 F와 G는 같은 의미를 가진 것이 된다. ④ 그러나 ①에 의해 ③은 불가능하다. ⑤ 따라서 F나 G의 의미는 F이거나 G인 사물일 수 없고, 그 사물 이외의 독자적인 어떤 것이어야 한다. Allen은 이에 근거하여 이데아의 독자적 존재가 증명되며 더 나아가 이데아는 오로지 반대되는 것들의 쌍에 해당하는 개념에 대해서만 존재한다고 주장한다.

서 감각되는 것의 어떤 것도 큼이나 작음으로 동일화될 수 있는 것이 아니요 따라서 앎의 대상이 되지 못한다는 의미로 이해될 수 있다. 이 같은 지속적인 지시 가능성은 변화하고 섞여 있는 감각 대상에서가 아니라, 분리되어 (kēchōrismena, 524c) 하나로 존재하는 것에서 사유에 의해 파악될 수 있다. 이 같은 대상을 플라톤은 가시적인 것(to horaton)에 대해 가지적인 것(to noēton)이라고 부른다.[09]

사유를 촉발하는 것들과 그렇지 않은 것들을 구별한 후 플라톤은 산술이 다루는 '하나'나 모든 수들도 역시 감각 세계의 가시적인 것에서는 분명히 드러나지 않고, 가지적인 것으로 사유에 의해 파악되는 대상에 속하는 것으로 분류한다. 수학과 그 인접 학문들이 인간의 영혼을 생성계에서 실재계로 이끄는 학문이라 함은 따라서 이 학문들이 다루는 대상이 감각을 통해서는 분명히 파악되지 않고 우리의 사유를 통해서야 분명히 파악되는 대상들이요, 이 가지적인 것으로 우리의 영혼을 이끈다는 점에서 수학은 실재로 우리를 이끄는 학문이라고 지칭된다.

여기서 가시적인 것과 가지적인 것의 구분 근거는 아래와 같다. 첫째, 가시적인 것들은 시간과 관점에 따라 다른 것으로 나타난다. 그것들이 반대되는 것으로도 나타나는 이유가 바로 이 같은 시간과 관점에 따른 차이가 허용되기 때문이다.[10] 이에 대해 크기 자체(auto to mega), 또는 하나 자체(auto to hen)[11] 등으로 표현되는 가지적 대상들은 이 같은 시간과 관점에 따라 반

---

09 524c. 이 표현은 이미 6권 509d에 나와 있다. 5권 478a와 6권 510a에는 gnoston과 doxaston이라는 표현이 나온다.
10 감각의 사물이 시간과 관점에 따라 반대되는 것으로 나타난다는 사실이 곧 이 세계에서 모순율이 저촉됨을 뜻하지 않는다는 사실을 Scheibe와 Brentlinger가 잘 밝혀 주고 있다. E. Scheibe, "Über Relativbergriffe in der Philosophie Platons," in *Phronesis*, 1967 참조. J. Brentlinger, "Particulars in Plato's Middle Dialogues," 1972, 121면 참조.
11 525d에는 수들 자체(auton ton arithmon)라는 표현도 나온다.

대로도 나타날 수 있는 것이 아니며, 따라서 가변적이고 생성 소멸하는(to gignomenon kai apollymenon) 것이 아니다. 둘째로, 가시대상들이 항상 어떤 특정한 관계 속에서 파악되는 데 대해 가지 대상들은 스스로 그 자체에서(auto kath' hauto)[12] 파악된다고 한다. 따라서 가시 대상들이 그때그때 단지 그렇게 보일(phainetai)[13] 뿐인 데 대해, 가지 대상들은 단지 그렇게 보이는 것을 넘어서 항상 자체에서 그러하다고 이야기될 수 있다. 『국가』 6권에서 플라톤은 이 같은 가지 대상들의 성격을 "항상 동일하게 같은 방식으로 있는 것"(tou aei kata tauta hōsautōs echontos, 484b)이라고 표현하고 있다. 항상 자신과 같고, 다르게 나타나지 않으므로 그것은 항상 그것으로서 동일시될 수 있고, 고정적인 지시대상이 될 수 있다.

가지계와 가시계의 구분, 그리고 실재와 생성 소멸하는 세계의 구분은 『국가』의 5권과 6권에서 이미 이루어진 것인 만큼 우리가 살펴본 7권에서 플라톤이 보이고자 한 점은 수학이 어떤 점에서 우리의 영혼을 실재에로 이끄는가 하는 물음에 대한 대답이라고 할 수 있다. 그리고 이미 지적되었듯이 '하나'나 수들과 같이 수학이 다루는 대상들이 가시적인 것들에서는 제대로 예화될 수 없으며, 따라서 밝혀지지 않는다는 점에서 수학의 가지적 성격이 이야기될 수 있다. 그러나 플라톤 스스로가 503a에서 분명히 하고 있듯이 수학 자체가 바로 이 실재하는 것들을 다루는 학문인 것은 아니다. 단지 그 학문들을 올바로 사용하는 경우 영혼을 실재에로 이끌 수 있을 뿐이며, 실재세계에 대한 탐구는 변증술의 과제로 남겨지게 된다.

위에서 간략히 소개된 7권의 수학과 관련된 언급에서 우리가 주목하고자 하는 점은 사유를 촉발하는 것들과 그렇지 않은 것들의 구분이다. 손가락과

---

12 524d.
13 524d, 기타 여러 곳.

같이 감각에 의해서 충분히 판단된다고 분류된 사물들에는 아마도 우리가 일상 경험에서 나무, 사람, 책상들과 같이 개물들로 지시가능한 것들이 대체로 포함될 것으로 보인다. 그 반대의 경우로 언급된 큼과 작음이 먼저의 경우와 다른 점은 그것들이 지각에서 반대되는 것으로도 나타날 수 있는 것들이라는 점이다. 큼과 작음과 함께 제시되고 있는 예는 두꺼움과 얇음, 부드러움과 딱딱함, 무거움과 가벼움, 그리고 하나와 여럿 등이다. 사유를 촉발하는 것들이 위에 지적된 바와 같이 우리가 관계 개념이라고 부르는 것들이라는 사실로부터 알렌(Allen)은 이와 같은 개념들에 대해서만 이데아가 존재하며 손가락이나 책상 등과 같은 제일 부류에 속하는 사물들의 이데아는 말할 수 없다는 주장까지 하고 있다.[14] 그에 따른다면 이데아가 독자적으로 존재한다고 이야기할 수 있는 것들이란 감각적 영역에서 그것의 엄밀한 지시물이 존재치 않는 경우이다. 이러한 반대의 짝들은 어떤 것이 한순간, 혹은 한 관점에서 반대의 한쪽으로 다음 순간 혹은 다른 관점에서 반대의 다른 한쪽으로 나타나므로 그 사물을 반대되는 짝의 어느 한 항과도 같은 것으로 생각함은 불가능하다. 따라서 큼-작음, 무거움-가벼움 등의 경우는 적어도 우리가 감각하는 사물들에서 큼 자체, 혹은 작음 자체로서 지시됨이 불가능하고 큼 자체, 작음 자체 등이 가변적이고 생성 소멸하는 가시계와 별도로 존재함이 요구된다는 것이다. 이에 대해 우리의 사유를 촉발하지 않는 손가락과 같은 경우는 지각에서 반대되는 것으로 나타나지 않으므로 이데아의 설정이 불필요하다는 것이 알렌의 주장이다. 그러나 이 같은 그의 주장은 여러 난점들을 안고 있다. 사물의 모든 성질에서 예에 제시된 짝들처럼 반대되는 것들이 정확히 지시되기 어렵고 ―이것은 우선 수들의 경우에서 바

14 509d, 註 8 참조.

로 지적될 수 있다[15]— 그런 경우 이런 개념들에 대해 이데아가 존재치 않는 다고 이야기하기 곤란하다. 또 첫 번째 부류로 구분될 수 있을 침대나 의자에 대해 플라톤 자신이 『국가』의 10권에서 이데아를 이야기하고 있는데 이 사실에 대해서도 알렌이 제시하는 반론이 적절한 해결책이 될 수 있을지 의심스럽다.[16]

이 같은 어려움들 때문에 우리가 큼-작음과 같은 반대의 짝들에 대해서만 이데아가 존재한다는 알렌 같은 이의 주장을 받아들이지 않는다고 하더라도, 우리는 플라톤이 우리의 사유를 촉발하는 것들과 그렇지 않은 것들을 구분했다는 것만은 일단 그의 입장을 이해하는 데 주목에 값하는 사실로 받아들일 수 있다. 이미 언급되었듯이 플라톤 자신이 『국가』 10권[17]에서 의자나 침대의 이데아를 말하고 『크라튈로스』[18]에서 직조기의 이데아를 말하기는 하나 플라톤의 전 대화 편에서 이 같은 개물들의 이데아에 관한 언급이 극히 적은 경우에 제한되고 예외적이라고까지 말할 수 있다.[19] 이데아론을 비판적 논의의 주제적 대상으로 삼고 있는 『파르메니데스』에서도 대화자 파르메니데스가 인간, 불, 물 등에 대해서도 이데아가 존재하는가라고 물었을 때 그의 대화 상대자 소크라테스는 그와 같은 사물들에도 이데아가 존재하는지에 관해 종종 의심을 가져왔다고 대답한다.[20] 자연종에 대한 이데아의 존재 여부에 관해 소크라테스가 보이는 유보적 태도를 우리가 바로 그

---

15 Allen은 짝수-홀수의 짝으로 반대의 짝이 지시될 수 있다고 생각하는 듯하나 짝수임과 홀수임은 수의 성질 이지 수 자체가 아니라는 점에서 난점은 그대로 남는다. Allen, 앞의 논문, 168면 참조.
16 Allen, 같은 곳 참조.
17 596bf.
18 Crt. 398b.
19 이데아가 이야기되는 대상들에 대해 A. Wedberg, *Plato's Philosophy of Mathematics*, Stockholm, 1955, 33면과 148면 주8 참조.
20 *Prm*, 130aff.

같은 것들에 대한 이데아가 존재하지 않는다고 플라톤이 생각했다는 결론으로 이끌어 갈 필요는 없겠으나, 자연종들의 경우 적어도 그의 이데아론이 적절히 적용될 수 있는 대상이 아니었다는 사실만은 이끌어 낼 수 있을 것이다.

사실 사람이나 기타 자연종들의 이데아가 그 자연종들을 떠나서 따로 존재한다는 생각은 썩 쉽게 이해될 수 있는 주장은 아니라고 할 수 있다. 그리고 『국가』 7권의 텍스트 부분이 전해 주는 내용에 비추어 본다면, 플라톤의 이데아가 별 무리 없이 언급될 수 있는 경우는 감각 경험의 세계에서 그것의 엄격한 지시가 가능하지 않은 대상들이 된다. 수학의 대상들이 바로 이 같은 것으로 분류될 수 있다. 수학이 이 같은 가지 대상들을 탐구하도록 한다는 플라톤의 언급에서 우리가 간취할 수 있는 사실은 그에게 있어 수학의 중요성이 그 추론의 정합성이나 엄격성 때문뿐 아니라 수학적 대상들이 이데아로 적절히 예화될 수 있다는 점에서 구해지고 있다는 점이다. 그리고 우리가 하나 자체, 삼각형 자체, 즉 하나나 삼각형의 이데아를 사람의 이데아나 손가락의 이데아 등을 이야기할 때와는 달리 큰 어색함 없이 이야기할 수 있다면, 바로 이런 관점에서만 보아도 수학은 그의 이데아와 관련하여 그리고 최고의 학문인 변증술과 관련하여 뛰어난 자리를 차지함이 이상할 것이 없다고 하겠다.

3. 앞서 논의된 수학 교과목들은 변증술의 예비학의 성격을 지닌다는 것이 이미 언급된 바 있다. 이 최고학으로서의 변증술의 교육에 있어 가장 중요한 자리를 차지하고 있는 것이 "좋음 자체"(auto to agathon)에 관한 앎이다. 플라톤의 국가에서 통치자들이 통치자일 수 있는 것이 바로 이 좋음 자체에 대한 앎을 가지고 있기 때문이다. 『국가』의 6권 끝과 7권 첫머리에서 제시되

고 있는 세 비유, 즉 해의 비유, 선분의 비유, 동굴의 비유는 좋음 자체가 무엇인가라는 글라우콘의 물음에 대한 소크라테스의 대답의 시도로서 주어진다. 소크라테스 자신이 말하고 있듯이 이 비유들을 통해 좋음 자체가 무엇인지는 밝혀지지 않고 단지 그것이 무엇에 비슷한지가 밝혀질 뿐이다.[21]

이 세 비유 가운데 두 번째로 제시되는 선분의 비유는 서양 학문사에서 비교적 포괄적인 최초의 학문 체계화 작업이라고 할 수 있다. 그러나 그 내용이 대단히 압축되어 있으며 비유로 서술되어 있어서, 여러 면에서 오늘날도 가장 많이 논의되고 있는 플라톤 텍스트 중의 하나이다. 간단한 비유의 내용을 도표와 함께 살펴보면 다음과 같다.[22]

도표에 주어진 대로 일정한 선분을 부등한 길이로 나누고,[23] 나누어진 선분의 두 부분을 그 부등한 비율에 따라 다시 나눈다. 이를 통해 우리는 AC : CB = AD : DC = CE : EB의 관계로 분할된 선분을 얻게 된다.[24] AC는 가시계(to horaton) 혹은 의견의 대상(to doxaston)이고, CB는 사유 대상(to

21 506d 참조.
22 510a-511e 참조.
23 분명함(saphēneia)의 정도, 진리의 정도가 선분을 분할하는 기준이 된다고 한다. 510a, 511d-e 참조.
24 DC의 길이와 CE의 길이가 같게 되는데 이 두 부분의 길이가 같음이 의미하는 바가 무엇인지에 대해 연구자들이 해석의 시도를 해 왔다. 설득력 있고 주목할 만한 해석을 Wielnad가 그의 저술에서 제시하고 있다. W. Wieland, *Platon und Formen des Wissens*, Göttingen, 1982, 201면 이하 참조.

noêton), 혹은 가지계(to gnōston)으로 불린다.[25] 분할된 선의 각 부분에는 해당되는 대상 영역과 그에 상응하는 영혼의 상태(pathēmata en tē psychē, 511d)가 있다. AD에 억측(eikasia), DC에 의견(pistis), CE에 추론적 사고(dianoia), 그리고 EB에 사유(noēsis)가 각기 해당 영혼의 상태이다. AD의 대상은 그림자나 거울 등에 비치는 상, DC에 해당되는 대상은 식물, 동물 등의 자연물과 여러 제작물들(artefacta)이며, CE와 EB에 대해서는 명시적인 대상구분이 제시되지 않고 가지적 영역, 사유 대상으로 함께 표현되고 있다.[26] 이 선분의 CE가 수학자들의 태도를 보여 주는 부분이며, 마지막 가장 긴 선분인 EB가 변증론자(dialectician)의 영혼의 상태 및 작업 성격을 보여 준다. 우리가 이 글에서 중점적으로 다룰 부분은 CE의 수학자의 태도를 보여 주는 부분이다. 수학자와 관련되는 부분인 CE에 관한 플라톤의 언급을 요약하면 다음과 같다.

1) 이 부분(CE)에서 영혼은 가시계의 사물들을 모상(eikōn)으로 사용한다.
2) 이 부분에서 영혼은 어떤 것을 놓는데(hypothemenoi, 510c), 이 놓은 것으로부터 원리(archē)에로 나아가지 않고 끝으로(epi teleutēn) 나아간다.
3) 대표적으로 기하학이나 산술에 종사하는 사람들의 작업이 이에 해당된다.
4) 그들이 놓는 것들(hypothesis)[27]의 예로는 짝수나 홀수, 형태들, 그리고 각의 세 종류 등을 들 수 있다.

---

25 509d에서는 to horomenon genos와 to nooumenon genos라는 표현도 나온다.
26 CE가 이데아와 달리 수학의 고유한 대상 영역인 수학적 대상으로 생각되어야 하지 않느냐에 대해 연구가들 사이에 많은 논란이 있어 왔다. 필자는 이 부분에 의거해서 수학적 대상을 따로 설정할 설득력 있는 근거가 없다고 생각한다. 이 문제는 이 책에서 다루지 않는다. 최근의 논의에 대한 간략한 요약을 Guthrie, *A History of Greek Philosophy* vol. IV, 509면 주2에서 읽을 수 있다. Wedberg의 앞의 책, 109면 이하도 참조.
27 앞으로 이 논문에서 '놓여진 것', '놓고 나가는 것', '전제', 'hypothesis' 등으로 표현되는데, 모두 희랍어의 번역 혹은 음사(transliteration)이다.

5) 그들은 이 놓아진 것이 모든 이들에게 분명하다고 생각하고, 또한 스스로도 분명히 안다고 생각한다.

6) 그래서 그들은 이 놓아진 것에 대해 자신에 대해서나 다른 사람들에게나 어떤 설명(logos)도 요구하거나 제시하지 않는다.

7) 그들이 이 놓아진 것에서 시작하여 앞뒤가 맞게(homologoumenōs)[28] 그들이 도달하려고 하는 결론에로 나아간다.

8) 그들은 가시적 도형이나 사물들을 보조물로 사용하고 그것에 관해 이야기하나, 그들이 실제로 논의하는 대상은 그 그려진 도형이나 구체적 대상물이 아니라, 삼각형 자체나 대각선 자체이다.

9) 그들은 그들이 놓은 것을 놓은 것으로 생각하지 않고, 즉 hypothesis를 hypothesis로 생각하지 않고, 출발점(archē)으로 생각하는데 이는 그들이 이 놓아진 것이 진정한 출발점, 원리가 아니라 단지 놓아진 것일 뿐이라는 것을 모르기 때문이다.

10) 그들이 다루는 대상도 진정한 시초와 연결되면 사유 대상(noēton)이다.

이상에서 요약된 선분 CE에 관한 언급은 첫째, 수학적 대상의 성격, 둘째, 수학자들의 작업 방식과 태도가 가지는 특징에 대한 언급 부분으로 나누어질 수 있다. 수학적 대상의 성격과 관련하여 먼저 수학에서 그려진 도형이나 가시적 사물들이 모상으로 사용된다는 것과 그러나 그들의 논의의 진정한 대상은 그 같은 모상들이 아니라 사각형 자체나 대각선 자체 등과 같은 사유대상(noēton)이며, 또한 그들의 논의 대상은 진정한 원리와 함께(meta archēs, 511d) 사유 대상이 될 수 있다고 이야기되고 있다. 수학자들의 작업 방

---

28 이 말은 '상호 합의하면서'로 옮길 수도 있다. F. M. Cornford, "Mathematics and Dialectic in the 'Republic IV-VII'," in Studies in Plato's Metaphysics, ed. by R. Allen, 66면 참조.

식 및 태도의 특징으로 지적되고 있는 것은 첫째, 그들이 도형을 사용한다는 것, 둘째, 그들은 어떤 것을 놓고 나간다는 것, 셋째, 그러나 그들은 그들이 놓고 나가는 것이 단지 놓여진 것일 뿐이라는 것을 모른다는 점, 넷째, 바로 그 이유 때문에 그들은 그 놓여진 것에 대해 모든 것이 분명하다고 생각한다는 것, 따라서 그 놓여진 것들이 단지 놓여진 것일 뿐이라는 사실 때문에 그것에 대해 근거 제시(logon didonai)가 필요함을 그들이 알지 못하며, 마지막으로 수학자들의 작업은 이 놓여진 것의 놓여진 것이라는 성격을 제거하기 위해 진정한 원리에로 올라가는 것이 아니라 이 놓여진 것을 원리로 놓고 정합성 있는 추론을 통해 결론에 이르는 일이라는 것이 밝혀져 있다.

수학이 가지는 이 같은 성격은 다음에 논의되는 변증술의 성격과 변증론자들의 작업에 비교해 보면 보다 분명하게 드러난다. 선분 EB에 관해 다음의 것들이 언급되고 있다.

1) 이 부분에서의 영혼의 탐구는 도형이나 감각적인 것의 도움 없이 이루어진다.

2) 수학자들과 마찬가지로 이 부분에서도 영혼은 어떤 것을 놓는다.

3) 그러나 그는 이것이 단지 놓아진 것일 뿐이라는 것을 알기 때문에 수학자들처럼 이것을 출발점으로 놓고 아래로 내려가지 않고, 진정한 원리, 놓아지지 않은 원리(anhypothetos archē, 510b, 511b)에로 찾아 올라간다.

4) 이 원리를 영혼이 서로 따짐의 능력인 바 변증술(hē dynamis tou dialegesthai, 511b)에 의해 파악한다(labein, haptesthai).

5) 이 원리는 모든 것들의 원리인데 이것과 더불어 모든 것이 알 수 있는 것이 된다.

6) 상승의 길의 끝에서 이 원리를 파악한 후 하강의 길에서도 영혼은 어떤 감

각도 사용하지 않으며 오직 이데아에서 시작하여 이데아를 통하여 이데아
에서 끝나는 작업을 한다.

이 같은 변증론자의 작업은 먼저 그들이 수학자들과는 달리 도형이나
다른 어떤 감각적 사물들을 사용하지 않는다는 점에서 일차적 특징이 찾아
질 수 있다. 나아가 그들도 어떤 것을 놓기는 하되 그들은 이것이 놓여진
것이라는 사실을 안다는 점에서, 그리고 이 같은 앎 때문에 진정한, 놓여지
지 않은 원리를 찾아 나서 그것으로 나아간다는 점에서 수학자들과 구분
된다. 수학자들과 변증론자들 사이의 차이는 따라서 그들이 감각적 대상을
모상으로 사용하느냐의 여부와 그들이 놓고 나가는 것에 대한 태도에서 생
긴다고 할 수 있다. 수학과 수학자들의 태도에 대한 플라톤의 부정적 판단
은 이 두 가지 점, 즉 수학자들이 도형과 같은 가시적인 대상을 사용하며,
또한 놓여진 것의 놓여진 성격에 관심을 두지 않는다는 사실에로 압축될
수 있다.

4. 첫 번째 비판의 초점이 되고 있는 수학자들의 도형이나 유사한 감각물
의 사용은 오늘날 수학과 관련해서도 이 비판이 타당한가 하는 문제가 제기
될 수 있겠으나, 적어도 이 비판이 수학적 작업의 어느 부분에 향해져 있는
지는 분명하게 이해될 수 있다. 고대 희랍 수학이 기하학을 중심으로 이루
어졌으며 이 기하학에서 그려진 도형이 사용되었고 오늘날도 유클리드 기
하학과 관련하여 도형이 이용되고 있다. 사실 감각적 보조물을 사용함은 반
드시 기하학에만 한정되지 않고 산술의 경우에서도 예시될 수 있다. 초보
적인 단계에서 우리가 셈을 할 때 손가락이나 사물들을 임의의 단위로 취하
여 셈을 한다. 셈에 익숙하게 되어 그런 감각물이 아니라 생각 속에 점 같은

것을 보조물로 떠올리며 셈하더라도 마찬가지 비판이 가해질 수 있을 것이다.[29] 플라톤 자신이 명백하게 말하고 있듯이[30] 셈하는 이들이 가시적인 것들을 사용하고 그것들에 관해 말하기는 하나, 그들의 추리와 논증이 관계하는 진정한 대상은 사각형이나 대각선 자체들이라는 것이 플라톤의 생각이다. 이 말은 아마도 산술의 연산이나 기하학적 논증이 타당한 것은 가지계의 대상들, 즉 이데아에 관련해서이지 가시적 형태들에 대해서가 아님을 말하는 것일 것이다. 그리고 감각계의 도형이나 형태에 타당하지 않음은 말할나위도 없이 그것들이 단지 그렇게 보일 뿐 다른 관점에서는 다른 것으로나타날 수도 있다는 점에서 찾아질 수 있을 것이다. 그려진 도형이나 기타가시적 형태의 사용은 일부 부실한 수학자들에만 한정된 잘못된 관행이라기보다는 수학이란 학문에 따르는 피치 못할 성격으로 파악되고 있다.[31] 수학의 바로 이 같은 성격이 이 학문을 선분의 가장 윗부분이 아니라 그 아래부분에 위치하게 한 이유 중의 하나라고 할 수 있겠다.

비판의 두 번째 포인트는 첫 번째 경우보다 더 중요하다. 따라서 플라톤자신의 언급도 길고 더불어 수학의 성격에 대해서도 이야기하는 바가 많다고 할 수 있다. 우선 우리가 수학자들이 놓는 것 혹은 놓아진 것이라고 번역하는 것에 대해 그 의미가 보다 분명히 될 필요가 있겠다. 이 말은 희랍어의hypothesis라는 말의 번역어이다. 이것은 문자 그대로 수학자들이 그들의작업을 하면서 의식적이든 무의식적이든 놓고 나가는 것이라고 할 수 있다.플라톤이 여기서 예로 들고 있는 것은 기수와 우수, 여러 형태들, 그리고 각

---

29 Wieland, 앞의 책 203면 이하에 이 부분이 뛰어나게 밝혀져 있음.

30 511c-d 참조.

31 C. C. W. Taylor, "Plato and the Mathematicians," *Philosophical Quarterly*, 1967, 200면 참조. Wieland, 앞의 책 207면 이하도 참조. Hare는 다른 견해를 피력한다. R. M. Hare, "Plato and the Mathematicians," in *New Essay on Plato and Aristotle*, ed. by R. Bambrough, 30면 참조.

(角)의 세 종류, 즉 예각, 직각, 둔각 등이다.[32]

　이와 같이 수학자들이 놓는 것은 따라서 오늘날 물리학이나 화학과 같은 실험과학에서의 가설(hypothesis)과는 성격이 다르다. 우선 그것이 과학에서의 가설처럼 검증 혹은 반증되어야 할 잠정적인 어떤 명제가 아니라는 점에서, 또한 더 나아가 다른 보다 나은 어떤 명제로 대치될 수 있는 성격의 것이 아니라는 점에서 전연 다른 것이라고 할 수 있다.[33] 오늘날 선분의 비유와 관련하여 많은 논란의 대상이 되는 문제, 즉 이 놓여진 것이 삼각형이나 각 혹은 짝수와 홀수와 같은 사물을 말하느냐 혹은 그런 사물들에 대한 명제냐 하는 물음이 어떤 식으로 대답되든, 이런 형태들 또는 수들이나 그것에 관한 기본적인 명제를 놓고 나간다는 것은 수학적 작업이 포기할 수 없는 성격의 것이며, 보다 나은 어떤 것으로 대치될 수 있는 성격의 것도 아니기 때문이다. 플라톤 자신이 지적하고 있듯이 변증가도 어떤 것을 놓고 나가기는 마찬가지이며, 나아가 역학(力學)이 운동 및 운동체나 그것들의 존재를 놓고 나가며, 정치학이 공동체와 통치행위나 그것들이 존재함을 놓고 나가는 것과 같은 성격의 것이다. 따라서 수학뿐 아니라 모든 학문 일반이 도대체 학문으로 성립함에 있어 전제하는 대상 영역이나 대상 영역의 탐구와 관련하여 기본적인 것으로 출발점에서 놓고 나가는 것들은 모두 놓아진 것이라고 말할 수 있다.

　앞서 잠시 언급되었듯이 여기서 수학자들의 가설(hypothesis), 즉 그들이 놓고 나가는 것이 삼각형, 수와 같은 사물이냐 혹은 그 같은 사물들에 대한 명제이냐에 관해 연구가들 사이에 논쟁이 있어 왔다. 대부분의 연구가들이 수학자들에 의해 놓여지는 것들이 명제라고 생각했는데 이 경우에도 이 명제

32　510c4-5.
33　Wieland, 앞의 책, 209면 이하 참조.

가 공리(axiom)냐, 정의(definition)냐 혹은 존재명제(existential proposition)냐에 관해 견해가 갈려 왔다.[34] 사실 이 논의는 수학 자체의 성격을 밝히는 일과도 전연 무관하지는 않겠으나, 보다 중요하게는 선분의 비유 부분과 『국가』 7권에서 수학과 대비되어 그 윤곽이 그려지고 있는 변증술(dialektike)의 성격을 밝히는 데 의미 있기 때문에 많이 논의되어 왔다고 할 수 있다. 플라톤이 그의 저술들에서 이 놓아진 것을 명제의 형태로도 제시하고 명제와 관련되고 있는 사물들을 지칭하면서도 제시하고 있다는 데서 문제가 제기된다. 우리가 다루고 있는 선분의 비유 부분에서는 이 놓아진 것이 명제의 형태가 아닌 '기수', '우수', '형태들', '각의 종류들'과 같은 방식으로 언급되고 있는데 같은 『국가』의 4권이나 『파이돈』 또는 기타 다른 대화 편들에서는 대체로 명제의 형태를 취하고 있다.[35] 필자의 견해로는 플라톤이 『국가』를 쓸 시기에는 이 놓아진 것에 대해 두 표현 방식을 다 쓰고 있으나, 사물을 직접 언급하는 경우에도 이에 관한 명제적 표현을 배제할 필요가 없어 보인다. 일단 앞서 제시된 두 입장에 대한 비교적 근래에 해어(Hare)와 테일러(Taylor)에 의해 발표된 논문들을 살펴보면서 문제에 접근해 보도록 하자.

5. 해어의 견해에 따르면 수학자들이 놓고 나가는 것은 명제가 아니라 텍스트의 510c4-5에 명백히 나와 있듯이 기수, 우수, 삼각형, 원과 같은 여러 형태들 그리고 각의 세 종류와 같은 부류의 사물이다. 그가 이 같은 견해를 취하는 이유는 먼저 우리가 다루는 텍스트상의 근거뿐 아니라, 이같이 해석하는 경우에 logon didonai라는 말의 의미가 제대로 이해될 수 있기 때문이

---

34 지나치게 아리스토텔레스의 구분에 따라 분화시켜 문제를 따짐의 부적합에 대해 Mittelstrass, 앞의 책, 43면 이하 참조.
35 Taylor, 앞의 논문, 196면 이하 참조.

라는 것이다. 해어는 여기서 logon didonai라는 말을 '정의한다'는 의미로 받아들이고 있다. logon didonai라는 말이 정의함을 의미한다면, 이 같은 정의가 내려지는 대상은 명제가 아니라 삼각형이나 기수, 우수 같은 사물이 됨은 당연하다고 할 수 있다. 왜냐하면 우리가 명제에 대해 정의를 내릴 수는 없기 때문이다. 해어는 수학에서 정의를 정확히 하지 않고 논증하는 예로『메논』의 소크라테스와 시동 사이의 대화[36]를 들고 있다. 이 대화에서 그들은 사각형이나 대각선을 정확히 정의하지 않고 단지 땅 위에 그려진 그림에 의존하여 논의를 전개시키고 있다. 이 같은 해어의 견해에 따르면 수학자들의 부족함에 대한 플라톤의 비판은 수학 및 수학자들 일반에 대해 향해지는 것이라기보다는『메논』에 제시된 바와 같은 부실한 수학자와 수학적 논증과정에 향해진 것이라고 할 수 있고, 예컨대 유클리드 기하학 체계에서와 같이 이 같은 부분이 보완 완비된다면 수학 및 수학자들은 플라톤의 비판을 모면할 수 있다는 결론이 나오게 된다.[37] 사물들에 대한 통찰에 근거하여 정의를 내리는 작업이 곧 변증론자들의 작업이 되며, 그들의 정의 대상이 바로 이데아라고 할 수 있다.[38]

이상에서 요약된 해어의 견해는 logon didonai가 정의를 내림을 의미한다는 주장에 깊이 의존하고 있다. 해어의 입장에 반대하여 수학자들이 놓고 나가는 것이 명제라고 주장하는 테일러는 바로 이 점, 즉 당시의 수학자들이 정의를 제대로 내리지 않고 논증을 수행했다는 해어의 논거를 현존하는 당시의 문헌에 의거하여 비판하면서 그의 논의를 시작한다.[39] 테일러는 우선 해어의 주장이 당시 수학자들의 작업에 대한 사료상의 공고한 기반이 없

---

36 *Men*. 82aff, Hare, 앞의 논문, 25면 이하 참조.
37 Hare, 앞의 논문, 30면 이하 참조. 이 논문의 주31 참조.
38 Hare, 앞의 논문, 24면, 32면 참조.
39 Taylor, 앞의 논문, 194면 이하 참조.

으며 따라서 그럴 개연성은 인정될 수 있을지 모르나 반드시 그렇다는 주장을 할 수 없다고 말한다. 또한 당시 수학의 작업 모습의 예로 제시된 『메논』의 기하학에 관한 대화는 그것이 본격적인 수학적 증명을 위한 것이기보다 상기설을 증명하기 위한 것이었다는 점에서, 그리고 소크라테스나 시동이 온전한 기하학자라고 할 수 없다는 점에서 수학적 작업의 모범으로 받아들여질 수 없다는 것이 테일러의 주장이다. 마지막으로 그는 현존하는 당시의 문헌들에 근거하여 당시 수학자들이 이미 정의를 내리는 작업을 했을 뿐 아니라 정의가 논증 과정에서 하는 역할을 이미 이해하고 있었다고 주장한다. 따라서 수학자들이 놓고 나가는 것이 해어가 주장하듯 삼각형, 기수, 우수 등과 같은 사물이 아니라 "기수가 무엇이다"라든지 "삼각형이 있다"와 같은 그 사물들에 대한 명제라는 것이 테일러의 주장이다. 그에 따르면 플라톤의 텍스트에 나오는 대부분의 경우 hypothesis는 명제 형태이며 명제 형태가 아닌 소수의 경우도 명제 형태로 이해될 수 있는 경우라는 것이다. 이 가설에서 로고스(logos)를 제시한다는 것은 그 명제를 보다 높은 명제로부터 증명함(give a proof)[40]을 의미한다.

증명한다는 것은 그 명제를 그것보다 논리적으로 선행하는 명제에서 도출함을 뜻한다. 수학자들에 대한 플라톤의 비판은 테일러에 의하면, 그들이 예컨대 "삼각형은 x이나" 혹은 "삼각형이 있다"와 같은 명제를 보다 높은 원리로부터 연역, 증명하지 않는다는 데 향해져 있다. 그가 그리는 변증술은 성격상 수학과 같이 연역적이나, 수학과 다른 점은 그것이 모든 명제들을 역시 명제 형태의 최고 원리로부터 도출해 내는 데 있다고 할 수 있다.[41]

이상에 요약된 두 입장은 나름대로의 강점과 약점을 가지고 있다.

---

40 Taylor, 앞의 논문, 197면 참조.
41 Taylor, 앞의 논문, 197면 이하 참조.

우리가 다루는 『국가』 6권의 경우 수학자들이 놓고 나가는 것이 기수, 우수, 여러 형태들과 같이 사태들로 제시되어 있다는 점에서 적어도 우리가 다루는 구절과 관련해서는 놓여진 것이 명제라고 주장하는 이들에게 제거하기 곤란한 난점을 제기한다. 그러나 해어 같은 이의 주장이 가지는 난점들은 사실 테일러의 입론에 의해 적절히 제시된 것으로 보인다. 두 입장이 모두 logon didonai가 어떻게 해석될 수 있느냐 하는 물음의 대답에 크게 의존하고 있는데, 해어는 이 말의 의미를 지나치게 좁게 해석하고 있는 듯이 보인다. 해어가 주장하듯이 logon didonai가 '정의한다'는 의미를 지니고 있다고 해도, 이 말은 전문적인 의미에서의 정의 제시를 넘어서 '이유를 대다', '근거를 제시한다'는 보다 넓은 의미에서 쓰여질 수 있고, 쓰이고 있다. 테일러는 logon didonai가 보다 높은 명제로부터 "삼각형이 무엇이다"라든지 "삼각형이 있다"와 같은 삼각형의 정의나 존재명제를 도출해 냄을 의미한다고 한다. 그러나 우선 이 같은 정의나 또는 존재명제가 어떤 종류의 보다 높은 명제로부터 연역될 수 있는지 그의 글이 분명히 보여 주고 있지 못하다. 그리고 그의 입장에 따르면 좋음 자체에 관련되는 최고 원리도 명제의 형태가 되겠는데 그 명제의 내용이 어떤 것이 될지, 과연 그것이 명제의 형태가 될지조차도 논란의 여지가 많다.[42] 양 입장의 논란점은 성격상 당시의 수학의 발전 정도와 상태에 대한 정확한 파악을 요하는 역사적인 문제이기도 하면서 동시에 플라톤의 학문 이론의 전체적인 윤곽이 어떤 것이냐에 관한 이론적인 문제이기도 하다. 사실 이 두 가지 측면에서 모두 결정적이고 확실한 대답이 나오기란 지극히 어렵다고 할 수 있다. 우선, 당시 수학의 발전 정도

---

42 선분의 비유와 7권에서 플라톤은 이 원리에 도달함을 haptetai, hapsamenos, idein 등의 접촉이나 시각을 나타내는 말로 표현하고 있다. 즉 최초의 시초, 최고의 원리는 이에 따르면 직관의 대상이다. Mittelstrass, 앞의 책, 43면 이하 참조.

와 실제 작업을 평가할 문헌들이 단편적 형태로밖에 우리에게 주어져 있지 못하고, 이 같은 단편적인 사료에 입각하여 『국가』 6권이 쓰여질 당시의 수학의 진전 정도를 재구성하고 텍스트 구절이 의미하는 바를 이 재구성된 사료에 따라 정확히 해석하는 일은 해결하기 거의 불가능한 난점이 따르는 일로 보인다.[43] 또한 플라톤의 학문이론이라는 것 자체가 —만약 그런 것이 있다고 한다면— 『국가』의 6-7권에서 아직 모호한 채로 윤곽 지어지고 있는 상태이기 때문에 우리가 할 수 있는 작업이란 기껏해야 전체적 윤곽에 대한 추측 이상의 것을 넘어설 수가 없게 되어 있다. 우리가 논란이 되고 있는 문제에 접근할 때 이 같은 제한을 항상 염두에 두고, 지나치게 많은 것을 텍스트에 읽어 넣지 않는 것이 오히려 문제를 보는 데 도움이 될 수도 있으리라는 생각이 든다.

이 같은 시각 아래서 우리가 선분의 비유 내에 나타난 수학에 관한 언급들로부터 일차적으로 주목할 수 있는 사실은 그의 언급이 수학자의 작업 방식과 태도에 주로 향해지고 있다는 점이다. 도형이나 가시적 사물을 사용한다는 점 이외에 수학자들이 어떤 것을 전제한다, 어떤 것을 놓고 나간다는 사실이 지적되는데, 사실 어떤 것을 놓고 나간다는 점에서는 변증론자도 마찬가지이다. 수학자와 변증론자의 차이는 변증론자가 이 놓여진 것이 단지 놓여진 것이라는 것을 알고 그것에 유념하는 데 대해 수학자들은 그것에 유념하지 않는다는 데 있다. 놓여진 것이 단지 놓여진 것임을 안다는 것은 그것이 아직 덜 분명하며(asaphēs, ouk enargēs) 따라서 그것이 더 밝혀지고 분명해져야 하며, 그것에 로고스가 주어져야 함을 안다는 것을 의미한다. 즉 놓

---

43 『국가』가 씌어진 시기 자체가 정확히 알려져 있지 않으며(대개 BC 370년대로 의견이 모아지고 있음), 현존하는 수학 관계 문헌들의 저술 년대도 정확히는 정해지지 않는다. 이런 상태에서 어떤 편이 먼저 영향을 미치고 받았는지를 정확히 결정한다는 것은 어렵고, 당시 사료에 의거하는 경우도 추측 이상을 넘어서기 어렵다.

여진 것은 단지 놓여진 것일 뿐이요, 따라서 이 놓여짐의 성격이 제거되어야(tas hypotheseis anairousa, 533c) 함을 안다는 말이다. 반대로 놓여진 것이 놓여진 것임을 모르는 이는 바로 그것이 놓여진 것이라는 것을 모르기 때문에 그것을 바로 출발점이라고 생각한다. 물론 그들은 이것을 출발점으로 하여 수미일관한 논증을 할 수도 있다. 그리고 놓여진 것이 놓여진 것임을 모른다고 해서 이 논증의 타당성에 결함이 생긴다고 말할 수도 없다. 그럼에도 불구하고 플라톤이 수학자들의 이 같은 태도를 비판하고 있는 것은 그가 학문의 영역에 있어 타당한 추론 이외에 보다 중요한 어떤 것이 더 있다고 생각했다는 것을 뜻한다. 플라톤에 따르면 수학자들이 하고 있는 것은 바로 이 같은 보다 중요한 것 ―그것이 어떤 것이든 간에― 이 있음을 모르며, 그렇기 때문에 그들은 그들이 놓고 나가는 것이 모든 이들에게 분명하다고 (panti panerōn, 510c) 생각하며, 스스로 그것을 알고 있다고(hōs eidotes, 510c) 생각한다. 수학자들의 이 같은 태도는 그들이 놓은 것이 아직 썩 분명하지 못하며 거기에 대해 더 로고스가 요구되어야 함을 모르고 있음과 동시에 그들이 모르고 있다는 사실조차도 모르고 있음을 뜻한다.

사실 이 같은 중층적 모름의 구조는 선분의 각 단계를 구분하는 핵심적 계기이며 또한 동굴의 비유에 제시된 수인의 상승의 길에서도 마찬가지로 적용될 수 있다.[44] 앞서 제시된 선분의 AC에 해당하는 가시계에서 머물고 있는 영혼은 가지적 영역이 있다는 것을 모르고 따라서 이 영역에 대해 알지 못할 뿐 아니라 자신이 그것을 모르고 있다는 사실조차 모르고 있다. 이러한 관계는 다시 선분 AD와 DC 사이에서도 성립하며 우리가 해석하고 있는 CE와 ED의 관계에서도 성립한다. 동굴의 비유에서도 이 사실은 대단히

---

44 Wieland의 해석을 참조할 것, 앞의 책, 201-223면.

의미 있는 해석의 계기를 이룬다. 목과 발목에 사슬이 묶여 오로지 그림자만을 보고 있는 수인의 경우, 그의 영혼의 상태를 규정하는 특징은 그가 그림자의 세계만 알고 그것을 실재로 여기고 있다는 사실뿐 아니라, 이 사실에 함축된 것이지만 그가 그림자만을 보고 있다는 사실을 모른다는 점이다. 그가 지금까지 보아 왔던 것이 단지 그림자일 뿐이라는 사실은 그가 얼굴을 돌려 그림자의 실물인 동굴 내 성벽 위의 여러 모형들을 볼 때에야 비로소 깨달을 수 있게 된다. 그리고 이 그림자의 원물인 모형들이 다시 동굴 밖의 세계의 사물들의 모상에 불과하다는 사실은 동굴 밖으로의 고통스러운 여행을 해본 사람에게만 알려질 수 있다. 바로 이 같은 중층적 모름의 구조가 우리가 분석하고 있는 수학자와 변증론자의 경우에도 그대로 적용된다. 수학자들은 놓여진 것이 놓여진 것인 줄 모르고 이것들에 관해 진정한 출발점에 이름에 의해 놓여짐의 성격이 제거되어야 하며, 근거가 제시되어야 한다는 사실들을 알지 못하며, 더 나아가 그들이 이것을 알지 못한다는 사실조차도 알지 못한다. 7권에서 플라톤은 이 같은 상태에 있는 사람들을 실재에 관해 꿈꾸고 있는 사람들이라고 말한다.[45] 꿈꾸는 사람들의 상태를 특징짓는 것은 그들이 꿈속에서 나타나는 여러 가상들을 원물로 여긴다는 사실과 함께 스스로 꿈꾸고 있음을 모른다는 점이다. 수학자들의 경우에 있어서도 문제되는 것은 그들이 놓고 나가는 것이 틀렸다든지 그래서 틀리지 않은 것으로 대치되어야 한다든지 하는 데 있는 것이 아니라 그들이 놓여진 것이 놓여진 것임을 모르며, 더 나아가 모른다는 사실조차도 모르기 때문에 진정한 원리로 나가야 함을 모른다는 데 있다고 할 수 있다.

수학자들의 태도에 대한 이 같은 플라톤의 비판은 변증론자들의 작업의

45 533b, 534c, 476 참조.

성격이 분명해질 때에야 보다 의미 있게 받아들여질 수 있다. 변증론자에 의해 놓여진 것들이 놓여짐의 성격을 벗어 버리고 보다 분명해진다는 것은 무엇이 어떻게 되는 것을 뜻하는가? 텍스트에 의거해서 우리가 제시할 수 있는 대답의 실마리로 먼저 놓여진 것이 놓여진 것임을 아는 이들, 즉 변증론자들은 이것을 원리로 놓지 않고 진정한 원리로 찾아 올라간다는 사실이 주목될 수 있다. 이 진정한 원리는 플라톤 자신의 언어로는 무전제의 원리, 혹은 놓여지지 않은 원리(anhypothetos archē, 511b)라고 이야기된다. '놓여지지 않은'이라는 수식어는 진정한 시초란 놓임의 성격에서 자유로움을 뜻한다. 따라서 변증론자들이 놓여진 것이 놓여진 것임을 알고 위로 올라간다는 사실은 바로 이 놓여진 것에서 놓여짐의 성격이 제거되어야(anhairousa, 533c) 함을 안다는 것을 의미하고, 이 성격의 제거는 그 자신은 놓여지지 않은 어떤 것에 이를 때 가능하다는 것을 안다는 사실이 함축되어 있다.

이 같은 놓여지지 않은 시초가 좋음 자체라는 사실에 대해서는 연구자들 사이에 의견이 일치되고 있다. 『국가』 7권에서 플라톤 자신이 이 사실을 비교적 선명하게 이야기하고 있다.

> "이렇게 우리가 서로 따짐(dialegesthai)에 의해 어떤 지각의 도움도 없이 logos 를 통해서만 각각의 것들이 그것인 바의 것 자체(auto ho estin hekaston)에로 육박한다면, 그리고 또한 우리가 사유 자체에 의해 좋음 자체를 파악할(labe) 때까지 멈추지 않는다면, 우리는 사유 대상의 목표에 이르게 될 걸세."

이 인용문에서 모든 것들의 시초가 좋음 자체임이 분명히 언급되고 있다. 더불어 이 좋음 자체에 도달함에 의해 보다 분명하게 되는 것이 어떤 것인 가도 명시적으로 이야기되어 있다. 그것은 "모든 것들이 그것인 바의 것 자체"이다. 그리고 이것은 긴 상호 따짐 끝에 직각적 사유(noēsis)에 의해 주어진다. 이러한 지경에 이른 사람은 각각의 사물들의 로고스는 모든 것들이 그것인 바의 것, 즉 어떤 사물의 '무엇임'에 대한 것임을 안다. 534b에서 플라톤은 이것을 사물들의 ousia에 대한 로고스(logos tēs ousias)라고 말하고 있다. 이 logos tēs ousias라는 말은 아리스토텔레스에서 '정의'를 의미하는 전문용어이다. 그러나 우리는 이 말을 해어가 생각하듯 좁은 의미에서의 정의함으로 이해할 필요는 없다. 로고스를 댄다 함은 여기서 어떤 것의 어떤 것임을 제시하고 왜 그것이 그렇게 규정되는지 이유를 대는 일이라고 할 수 있다. 이것은 따라서 단순히 이미 주어져 있는 정의를 언어로 다시 정식화하는 일이거나 그것을 자신의 증명의 첫머리에 놓는 일만을 의미하지는 않는다. 정의되고 있는 것이 그같이 정의되는 이유(logos)에 대한 통찰이 없이 단순히 언어화된 정의(定義)를 제시한다고 해도 그는 얼마든지 문제되고 있는 사물의 가정적 성격을 이해치 못하고 있을 수 있으며 그런 의미에서 변증적이지 않을 수 있다. 변증론자가 어떤 것에 관해 요구되는 분명함을 가진다는 것은 곧 어떤 것의 어떤 것임에 대한 통찰(noēsis)을 가지고 있음을 뜻한다. 이런 경우 그는 그 사물을 꿈꾸는 상태에서가 아니라 깨어 있는 상태에서 본다고 할 수 있다.

지금까지 이야기된 것과 연관하여 우리는 놓여진 것에 대해 그것이 명제냐 혹은 사물이냐의 선언지를 놓고 따지는 일이 적어도 비판되고 있는 수학 자체의 성격에 관해서는 큰 영향을 미치지 않으며, 따라서 그리 중요한 문제가 아니라는 결론을 내릴 수 있다. 수학자들의 태도에 대한 플라톤의 비판은 그들이 놓고 나가는 가설이 해어의 주장처럼 사물이든 테일러 같은 이의 주장처럼 명제이든 관계없이 타당하다. 사실 놓아진 것이 사물이냐 명제냐를 따지기 이전에 우리가 주목할 수 있는 점은 플라톤이 이것을 위의 양 경우 모두에 대해 사용하고 있다는 사실이다. 이는 적어도 그에게 있어 이 놓아진 것을 양자 중의 어느 하나로 확정해야 할 필요가 절실하지 않았거나, 절실하게 의식되지 않았다고 해석될 수 있다. 그리고 우리가 앞에서 제시한 플라톤의 수학자 비판은 사물이나 명제 여부에 관계없이 수학에 잘 적용될 수 있다. 그리고 두 입장의 차이는 logon didonai의 의미가 정의를 내리고 연역하는 것을 포함하는 보다 포괄적인 의미에서 이해될 수 있다면, 생각처럼 그렇게 크다고 할 수 없다. 해어처럼 삼각형과 같은 사물이 놓여진다고 하더라도 결국 놓여지는 것은 "삼각형이 무엇이다"라든지 또는 "삼각형이 있다"는 것은 함께 놓여진다고 할 수 있다.[46] 그리고 테일러처럼 놓여지는 것이 "삼각형이 무엇이다"라든지 "삼각형이 있다"와 같은 명제의 경우에도 플라톤에서 문제되는 것은 진정한 삼각형의 삼각형임을 결정하는 것에 대한 통찰이라면, 이 통찰은 사물로서의 이데아와의 관련 아래에서만 의미있게 이야기될 수 있을 것이다.

---

46 Hare 자신도 그의 논문 23면에서 비슷한 논지의 말을 하고 있다.

X

시가와 영혼의 교육

: 플라톤의 예술 이해

미학이란 말은 근대에 형성되어 쓰이기 시작했다. 예술이란 말도 우리가 이해하는 의미를 획득한 것은 르네상스 시대에 이르러서이나. 미학의 출현이 근대에 이르러 시작된 데에나 technē, ars라는 말이 늦게서야 우리가 이해하는 의미를 지니게 된 데에는 물론 나름의 이유가 있다. 이런 지체에 플라톤의 aisthesis나 techne 개념 이해가 적지 않은 역할을 하고 있다. '감각', '지각'을 의미하는 고대 그리스어는 aisthēsis이며 미학으로 번역되는 aesthetics가 이 개념에서 형성된 것이라는 점은 잘 알려져 있다. aisthēsis를 통해서는 앎이 성립하지 않으며 오로지 이성(nous), 혹은 지성(dianoia)의 영역에서만 엄격한 의미에서 앎이 성립한다는 파르메니데스와 플라톤의 선명한 구분 이후로, 감각 경험에서 앎이 성립할 수 있다는 생각은 그리스 주지주의적 전통에서 둥근 사각형처럼 일종의 형용모순으로 받아들여져 왔다. 감각 경험 영역에서의 규범적 질서를 추구하는 학문으로서 aesthetics 출범도 따라서 감각 영역의 규범적 복권 이후로 미루어 지게 된다.

그러나 서양 고대에 그리고 플라톤의 철학에서 미학적 주제가 결여되어 있었던 것은 물론 아니다. 타타르키비츠가 적절히 지적했듯이[01] 미학의 거의 모든 주제에 관해 우리는 플라톤의 저술에서 본격적인 혹은 부수적인 언급을 발견할 수 있다. 서양 미학이 미와 예술 개념을 중심으로 전개되어 온 것이 사실이라면, 바로 이 개념들이 예술에 관한 논의의 중심에 위치하는 것이 플라톤의 작품에서 시작된다. 이후의 미학적 논의와 예술에 관한 이

---

01 Tatarkiewicz, W. *History of Aesthetics* Vol. I, Hague/Paris, 113면.

론들이 이런 플라톤의 울타리를 벗어나는 과정임에 틀림이 없지만, 개념의 폭을 확대하고 새로운 체계를 시도하는 입장들에도 옛 울타리의 그림자는 지울 수 없이 남아 있다. 서양 학문의 여러 분야에서와 마찬가지로 우리는 플라톤의 철학에서 이후 서양 미학의 중심 개념들이 형성되고 미학의 기본적인 문제들이 방향을 잡았다고 평가해도 좋을 것이다. 이 글은 플라톤의 『국가』에서 발견되는 예술과 미에 관한 생각을 『이온』(Ion), 『파이드로스』(Phaedrus), 『티마이오스』(Timaeus)와 연관하여 개관적으로 서술한다.

1. 플라톤의 후기 저술 『티마이오스』 편에는 신이 세계를 만드는 과정이 기술되어 있다. 『티마이오스』 편에 나오는 이 신의 이름은 데미우르고스(Demiourgos)이다. 이 신의 이름은 기묘한 데가 있다. 데미우르고스란 그리스어로 제작자, 장인을 뜻하는 보통명사이다. 목수나 제화공 또는 대장장이 등이 모두 이에 속한다. 즉 제작자를 뜻하는 보통명사가 그대로 고유명사화되어 신의 이름으로 쓰이고 있다.[02] 이 기묘한 이름에 관해 우리는 다음과 같은 물음을 던져 볼 수 있다. 왜 플라톤은 이 신에게 '데미우르고스', 즉 '제작자'라는 이름을 붙였을까? 이 물음은 다음과 같이 다시 물어질 수 있을 것이다. 세계를 만든 존재인 이 신은 왜 자신의 고유한 이름이 아닌 '만드는 자'라는 일반적인 이름을 가졌을까? 이 물음에 대답하기 위해 우리가 먼 길을 우회할 필요는 없을 것이다. 중요한 것은 '만드는 자'라는 이 신의 이름이 우리에게 시사해 주는 다음과 같은 사실이다. 즉 데미우르고스라는 신의 이름

---

02 신화에서 우리는 인간이 뜻대로 할 수 없는 힘을 가진 자연이나 인간 현상을 그대로 신격화시킨 경우들을 종종 만나며, 이런 경우 그 현상을 나타내는 명사가 그대로 고유명사화함을 볼 수 있다. 사랑을 뜻하는 Eros, 정의를 뜻하는 Dike 등이 예가 되겠는데 이 같은 신격화와 명명이 인간의 삶에 대한 그 현상의 중요성을 표현하는 것임은 물론이다. Dike나 Moira와 같은 신들의 경우 이들의 기능은 이들이 지니는 거의 제일한 작용 방식이 이미 일반 명사화된 요소들의 작용 방식과 유사하다는 점에서 고유명사로서의 성격을 띤 신에서 보통 명사화된 세계의 설명 요인으로 이행하는 과정을 보여 준다고 할 수 있을 것이다.

과 함께 플라톤이 부각시키고자 했던 것은 이 신의 환치될 수 없는 고유성이 아니라, 그가 가진 '만드는 자'라는 일반적인 성격이었으며, 그가 신인 이유는 그에 의해 만들어진 이 세계가 신적인 완전함을 보이기 때문이라는 점이다. 즉 이 신은 신적인 완전함을 보이는 모든 만듦에 항시 편재하는 그런 일반직 존재라는 것이 '만드는 사'라는 신의 이름에서 우리가 읽어 낼 수 있을 메시지라는 것이다.

아울러 신에 의해 만들어진 이 세계도 구약성서에서의 창조물처럼 절대적 존재의 완전한 복속의 대상이 아니라, 다른 만들어진 것들과 마찬가지로 거역될 수 없는 만듦의 질서에 따른 것이라는 점, 따라서 이 세계 역시 여타의 제작된 것들 일반이 이해되는 바와 마찬가지 방식으로 이해될 수 있다는 플라톤적 자연 이해를 우리는 읽어 낼 수 있다. 플라톤에 의해 단지 그럴듯한 이야기(*eikos mythos*)(*Tim.* 29d)일 뿐이라고 하며 그려진 이 세계 제작자의 이야기는 그 이외에도 여러 점에서 구약성서의 창조주의 이야기와 다른 점이 지적될 수 있다. 이 다른 점은, 플라톤의 세계 제작자가 문자 그대로 단지 제작자일 뿐이라는 점에 그 뿌리를 두고 있다. 구약성서의 창조주가 모든 것을 ―세계의 질료와 그 질서 모두를― 무로부터 창조해 냈던 존재임에 대해, 플라톤의 세계 제작자인 데미우르고스에게는 이미 많은 것이 주어져 있다. 질서 지어지지 않은 혼돈된 것으로 이야기되는 재료도 그에 의해 만들어지는 것이 아니라 이미 주어져 있으며, 이 혼돈된 재료, 혹은 바탕에 구현되어야 할 세계의 질서(*taxis*), 혹은 세계의 본(*paradeigma*)도 데미우르고스의 머릿속에서 고안되는 것이 아니라, 그의 밖에 이미 존재해 있다. 그가 하는 일은 주어진 이 혼돈된 재료에, 역시 이미 존재하는 질서를 부여하는 일이다. 즉 그의 일은 이미 주어진 재료와 질서를 결합하는 일이다. 아리스토텔레스가 말했던 질료인과 형상인은 이 제작자의 밖에 별개의 독립적 요인으로 이미 주어져 있으며 데미우르고스 신에게는 이 둘을 결합하는 작용자, 작업자(ourgos, agent)의 역할만이 주어져 있다. 바로 이런 점에서 그의 작업은 그에게만 고유하다고 할 것이 없는, 모든 제작자들에게 일반적인 성격의 것이며, 따라서 그의 이름이 그에게만 고유한 어떤 것이 아니라 '제작자'라는 일반적인 것일 수 있다는 이해가 가능하다. 우주의 제작자에 관한 플라톤의 이런 생각은 동시에 우주까지도 제작된 것이며, 따라서 자연 세계도 기본적으로 책상과 같은 제작물들이 이해되는 것과 동일한 방식으로 이해될 성질의 것이라는 점을 함께 이야기한다.

자연에 대한 이 같은 이해 방식은 우리가 이 글에서 다루고자 하는 시가나 예술이 플라톤에서 어떻게 파악되는가를 이해하는 데에도 중요한 출발점이 된다. 시가든 조형예술이든 플라톤에게서 일차적으로 만들어진 것으로 이해되고 있으며, 만들어진 것들에 제기되는 물음들이 시가와 예술에 그대로 제기되고 있다는 사실 때문이다. 영어에서 시와 시인을 뜻하는 포임(poem), 포이트리(poetry), 포이트(poet)나 불어의 같은 의미의 단어들도 모두 '만들다', '제작하다'를 뜻하는 poiein이라는 그리스어에 그 뿌리를 두고 있다. 시와 시인을 뜻하는 그리스어의 poiēma와 poiētēs는 직역하면 '만들어진 것' 및 '만드는 자'요, 시를 뜻하는 poiēsis는 직역하면 '만듦' 혹은 '지음'이다. 흔히 『시학』으로 번역되는 poiētike[영어로는 포에틱스(poetics)]는 뒤에 기술을 의미하는 technē가 보충되어 '제작술', '만듦의 기술', '지음의 기술'로 번역될 수 있는 말이기도 하다. 플라톤의 문학 이해와 관련하여 우리가 중심적으로 다루게 될 그의 『국가』편에서 시인은 '이야기를 만드는 자'(mythopoios, 377c)[03]로 언급되며, 시인들의 대표라고 할 호메로스가 같은 저술 내에서 『모

---

03 『국가』 597c1에는 신이 본인의 뜻에 의해서건 또는 어떤 강제에 의해서건 자연에 오직 하나의 침대만 만들었다는 언명이 나온다. 신도 따르지 않을 수 없는, 신을 넘어서는 자연의 질서가 있다는 생각이 명백히 표명

상(模像)을 만드는 자』(eidōlou demiourgos, 599d)로 표현되고 있다.

시와 시인 그리고 예술과 예술가 일반이 일차적으로 이같이 만들어진 것, 그리고 만드는 자로서 파악된다면, 당연히 이 만듦의 성격이 어떤 것으로 이해되느냐에 따라 시와 시인의 본성과 기능이 규정되리라는 것을 추측하기 어렵지 않다. 만듦이 구약성서에 나오는 신의 경우에서와 같이 무에서의 창조로 파악되고, 시(詩) 또는 문학작품도 이 같은 성격의 작업으로 된다면, 시인이란 창조자요, 없던 것을 만드는 자이며, 만들어진 것으로서의 시에서도 이 같은 일회적이고 고유한 것의 측면이 강조될 것이다. 반면에 만듦이 앞에 이야기된 데미우르고스 신(神)의 경우처럼 이미 주어져 있는 것의 결합, 또는 무질서한 것에 질서를 부여하는 작업으로 이해되고, 이 모델에 따라 시와 시작이 이해된다면, 당연히 여기서 강조되는 것도 그 같은 작업을 가능하게 할 규율과 이 같은 규율에 따라 만들어지는 것들의 구조와 질서 등이 될 것이다. 우리가 플라톤의 예술 이해를 살피기 위해 다루게 될 『이온』 편이나 『국가』 편도 일차적으로 이런 맥락 아래서 접근될 수 있다.

2. 『국가』 편의 10권에서 플라톤은 세 부류의 제작자를 구분하고 있다. 이 세 부류 가운데 우리에게 가장 낯익은 제작자가 우리가 쓰는 책상이나 옷, 그릇 등을 만드는 제작자이다. 또 다른 한 제작자는 신이다. 신이라는 제작자는 여기서는 앞서 이야기된 『티마이오스』 편과는 다른 맥락에서 도입된다. 침상을 예로 들어 이야기해 보면, 우리가 사용하는 침상들은 목수가 만들었으나 침상 자체, 즉 침상의 이데아는 목수가 만든 것이 아니라는 것이 플라톤의 생각이다. 목수는 하나의 구체적인 침상(kline tina, 597a3)을 특정한

되고 있다.

재료와 디자인, 색깔을 사용해 만들지만 적어도 도구로서 침상이 어떠어떠한 것이어야 하는가는 목수가 특수한 한 침상을 만들기 이전에 이미 침상의 이데아로 존재하며, 이 본래의 침상의 제작자가 신이라는 것이다.

이데아가 신에 의해 만들어졌다는 이야기는 이데아에 대해 언급되는 플라톤의 다른 저술에는 등장하지 않고 『국가』편의 10권(597a 이하)에서만 나오는 이야기이다. 이 이야기 때문에 플라톤의 이른바 이데아론의 내용이 달라졌다고 생각할 이유는 없다. 여기서 신이 이데아의 제작자로 이야기된 것에 관해 두 가지 이유가 이야기될 수 있을 것이다. 먼저 논의 맥락이 제작과 관련되어 있다는 것과 제작품으로 이야기되는 이데아가 신적인 완벽함을 지닌다는 것이 두 가지 이유이다. 즉 이데아를 신이 만들었다고 해서 신이 자의로 다르게 만들 수 있는 성격의 것은 아니며, 바로 이렇게 어떤 경우에든 달라질 수 없다는 점이 신이 만든 책상의 신적인 특징을 드러낸다는 것, 이것이 신적인 제작자라는 개념을 통해 플라톤이 이야기하는 점이다. 목수에 의해 제작된 침상과 신적인 침상의 차이는 목수의 침상이 만들어지고 언젠가는 부서져 없어지며, 때로는 침상이 아니라 땔감으로 사용될 수도 있는데 대해, 신적인 침상은 항상 침상일 뿐 생성이나 소멸, 기타 어떤 변화도 겪지 않으며, 또한 관점에 따라 다르게 나타나지도(alloia phainetai) 않고, 다른 것으로 사용될 수도 없다는 데서 성립한다. 차이의 핵심은 신적인 침상이 항상 동일하게 침상임에 반해, 목수가 만든 침상은 보는 데 따라, 또는 입장에 따라 다르게 나타나고 다른 것이 될 수도 있다는 데 있다.

이 만들어진 침상이 관점에 따라 다르게 나타날 수 있다는 것, 즉 그것의 다양한 현상 방식에 제3의 제작자인 화가의 성립 가능성이 있다. 화가가 만드는 침상은 침상 제작자에 의해 만들어진 침상의 모상이라는 것이 플라톤의 생각이다. 그럼 목수의 침상과 화가의 제작품인 이 모상의 차이는 어디서 성립하는가? 목수의 침상이 실재하는 것의 모방품임에 대해 화가의 그림은 그 모방품을 다시 모사한 것이라는 것이 플라톤의 입장이다. 즉 두 경우 모방의 대상이 다르다. 실재하는 것을 모방하는 경우, 바로 그 대상이 실재하는 것이므로, 앞서 이야기된 대로, 시간이나 관점에 따른 차이가 성립하지 않고 항상 책상이 만들어진다. 관점에 따라 달라지지 않고 참으로 존재하는 것으로부터 만들어진 것은 그것의 형상이 되는 것의 불변성과 관점에 따라 달리 나타나지 않고 여일하다는 점 때문에 그 결과물에도 항상성이 주어진다. 그러나 본래의 것을 모방하여 만들어진 이 모방품으로서의 책상을 다시 모방 대상으로 하는 경우, 이 두 번째 모사는 모방 대상을 현상하는 만큼만 모사할 수 있다. 즉 모사자에게 나타나는(phainetai) 만큼만 모사되며, 관점이나 시간에 따라 다양하게 나타나는 방식, 즉 현상 방식에 따라 다양한 것들이 나타나게 된다. 쉽게 이야기해서 화가의 그림에는 책상이 그 전체로서 나타날 수 없고, 그리는 자의 위치에 따라 앞면이나 옆면만 나타난다든지, 또는 다른 방식으로 한 부분만이 나타나며 전체가 드러나지 않는다는 것이다. 현상에서 나타나는 이러한 측면을 플라톤은 모상(eidōlon)(Resp. 598b)이라고 부르며 따라서 제3의 제작자인 화가는 모상의 제작자가 되는 셈이다. 화가의 관점이 현상하는 측면에 한정됨으로써 화가의 위치는 플라톤 자신의 표현에 따르면 실재에서 세 번째 떨어져 있는 자가 되며, 그의 제작품도 본래의 것에서 세 번째 것(597d.e, 599a, 602c)의 지위를 지니게 된다. 화가는 거울을 들고서 이것저것을 비추는 사람으로 비유되고 화가의 그림도 거울에 비친 모상의 지위가 되는데, 이 같은 그의 입장은 거울에 비친 상이나, 화가가 그린 그림이나 모두 사물이 한 특정한 관점에서 비추어지거나, 보여져 나타난 모습, 즉 외관을 모사하는 데 불과하며, 양자가 이런 점에서 동일하다는 데 근거하고 있다.

이후 서양철학이 세계를 파악하는 기본적 틀을 이루게 되는 현상계와 실재 세계의 구분은 위에 이야기된 플라톤의 입장에 의하면 시간이나 관점에 따라 이렇게 혹은 저렇게 달리 나타나는 것(phainomenon, appearance)과 그것을 넘어서 변치 않고 항상 그러한 것(to on, being) 사이의 구분이 된다. 여러 가지로 다르게 나타나는 것으로서의 현상에 대조되는 개념으로『국가』편의 10권에 제시되는 것이 실재(to on)의 개념인데, 이미 지적되었듯이 이것은 시간이나 관점의 차이에 관계없이 변화하지 않고 항상 동일한 것이 있다는 생각에 근거하고 있다. 이 '항상 그러한' 것을 파악하는 인간 능력이 이성이며, 이렇게 저렇게 달리 나타나는 것이 우리의 감각과 관계된다. 그리고 바로 이런 이유로 이성이 진정한 실재의 파악 능력으로, 반면에 감각은 그때그때 관점에 따라 달리 나타나는 것만을 받아들이는 능력으로 평가된다. 이성에 진리 파악 능력을 부여하는 이성의 형이상학은 이런 생각에 근거하여 성립하게 된다.

이 같은 플라톤의 존재론적, 인식론적 구도 아래서 가장 낮은 위치를 차지한 화가, 그리고 그 화가와 본성상 같은 것으로 여겨진 시인이나 여타 예술의 입장에 대해 다음의 질문이 제기될 수 있다. 화가는 실재하는 신적인 책상에 접근할 수 없는가라는 질문이 그것이다. 그 물음에 대한 플라톤의 대답은 앞서의 논의에 근거해 제시될 수 있다. 즉 화가는 체계적으로 현상에 관계할 수밖에 없다는 것, 이것이 플라톤의 세 제작자와 두 상이한 모방의 개념에 함축된 주장이다. 즉 그들이 다루는 것, 그리는 것이 초시간적·공간적인 대상, 그래서 관점에 따라 달리 나타남이 불가능한 어떤 것, 관점을 넘어선 무시간적·초공간적인 어떤 것이 아니라 항시 시간과 공간에 제약되고, 특정한 관점에서 나타나고 바라본 것이라는 점이 화가 작업의 성격을 규정하는 핵심이라는 것이다. 시간과 공간 그리고 특정 맥락에 제약되어 있다는 것은 두 번째 모사물로서 예술 작품이 지니는 벗어 버릴 수 없는 사실이라는 것이 플라톤의 대답이 될 것이다. 플라톤에 따르면 그가 설정하는 초시간적인 실재에 접근하여 성립하는 것은 앎, 지식이다. 그리고 실제 제작의 세계에서는 우리가 인공물이라 말하는 것들, 즉 우리가 실제로 사용하는 물건들이 실재를 대상으로 할 때 생기는 산출물이다. 목수의 경우는 예컨대 침상 자체에 관심을 가질 이유가 있다. 그 침상이 기능해야 하는 것인 만큼 침상 자체가 그것의 현상 형태를 넘어서 가져야 할 기본 요건이 어떤 것인지를 알아야 제대로 기능하는 침상을 만들 수 있기 때문이다. 그러나 화가나 시인의 경우는 관심이 기능하는 침상이라고 할 수 없다. 그들이 제시하려는 것이 사용하기 위한 침상이 아니기 때문이다. 즉 침상을 만드는 이와 침상을 그리는 이 사이에는 그들이 만들려는 것의 차이에 따라 체계적으로 다른 관심이 지배하고 있다. 화가나 시인의 경우는 사용가능한 침상의 제작이 목표가 아닌 만큼 침상 자체가 어떤 것인지에 관한 관심과 앎은 문제가 되지 않는다고 할 수 있다. 플라톤은 바로 이 점을 관심 대상의 존재론적 차이로 표현하고 있다. 실재 세계에 관심을 가진 사람이라면 목수가 그렇듯 우리가 사용하는 침상을 만들지, 그것의 모사물을 만들지는 않는다는 것이다. 즉 모사를 일삼음은 변치 않는 것으로서의 실재에 대해 접근할 능력이 없고 그에 따른 무지로부터 나오는 것이며, 그럴 능력이 있는 자는 실제의 것들을 제작하지 유희(*paidia, play*)에 지나지 않는 그것의 모사물을 제작하는 데 시간을 보내지 않는다는 것이 플라톤의 대답이다. 이런 플라톤의 구분은 다른 시각에서 본다면 바로 예술가의 모방과 여타 제작이 같을 수 없으며 출발에서 다르다는 점을 구분하기 시작하는 것으로 이해될 수 있다. 이 둘의 차이는 모방 대상의 존재론적 차이에 근거하며, 이 존재론적 차이는 또한 그들의 관심사의 차이를 반영한다고 할 수 있을 것이다.

3. 제3의 제작자인 화가에게 모방자라는 개념과 더불어 일차적으로 부인된 것은 실재에 대한 앎이다. 제2의 제작자인 목수도 진정한 앎(*epistēmē*)을 가지지는 않으며 단지 참된 견해(*alēthēs doxa, true belief*)만을 가진다고 이야기된다.[04] 화가는 진정한 앎도, 참된 의견도 가지지 못한다. 모방자인 한에서 시인의 경우도 또한 마찬가지라는 것이 플라톤의 생각이다. 화가의 작업이 앞에서 이야기된 좁은 의미의 모사 작업이라고만 이야기될 수 있는지 그리고, 모사로 이야기된 의미의 모방 개념이 그대로 문학의 경우에도 적용될 수 있는지 등의 물음이 제기될 수 있다. 여기서 우리는 화가건 시인이건 단지 모방자일 뿐 앎을 지니지 못한다는 플라톤의 생각과 근거가 무엇인지를 조금 더 자세히 살펴볼 필요가 있다. 앞에 언급되었듯이 화가나 시인의 작업이 아무것도 모르는 사람이 거울을 들고 사물들을 비추면서 모든 것을 만들었고, 모든 것에 대해 안다고 주장하는 것 이상이 아니라는 견해나, 화가나 시인의 작품이 진리에서 세 번째 것에 지나지 않는다는 반복된 언명은 양자가 모두 알지 못하는 자일 뿐 아니라 진정한 앎에 관심이 없는 자라는 점을 극적으로 강조하는 표현들이라고 할 수 있다. 거울을 든 자가 모든 것을 만들었다는 헛된 주장을 하듯이, 모든 것을 알고(*pasas epistameno*)(598c) 모든 것에 현명하다고(*passophos*)(598d) 주장하는 모방자로서의 시인의 주장이 구체적으로 어떻게 잘못된 것인지에 대한 플라톤의 생각을 『이온』편을 통해 보다 분명하게 밝혀 볼 수 있다.

음유시인(*rhapsōdos*) 이온과 소크라테스 사이의 대화를 담고 있는 플라톤의 초기저술 『이온』편에서 주제가 되는 것은 이온의 직업인 음유시인이 하

---

04 진정한 앎은 아마도 학자들, 이즈음의 예에 적용하여, 컴퓨터를 직접 만드는 사람들이 아니라, 그것의 원리를 발견하고, 원리에 따라 설계하는 사람들이 가진다는 것이 플라톤의 생각일 것이다. 물론 이 사람들, 즉 학자들도 신이 아님은 물론이다.

는 일의 성격에 관해서이다. 에피다우로스의 아스클레피오스 축제에서 음유시인 경연에 참가하여 입상하고 돌아오는 이온을 만난 소크라테스가 던지는 질문과 함께 바로 본격적인 대화가 진행되는데 서두 대화 일부를 직접 보도록 하자.

소크라테스 이온, 사실 나는 때때로 자네들 음유시인들을 자네들의 기술(technē) 때문에 부러워했다네[…]. 자네들은 그의(호메로스의) 시구를 단지 암송할 뿐 아니라 그의 생각을 잘 이해해야 하지. 얼마나 부러운 일인가! 사실 시인이 이야기하는 바를 이해하지 못한다면 음유시인이 될 수 없지. 음유시인은 듣는 사람들에게 시인의 시의 해석자(hermēneus)가 되어야 할 테니까. 그리고 이걸 잘하는 건 시인이 말하는 걸 알지 못하고서는 불가능할 테니까. 이 모든 것들이 물론 사람들의 부러움을 불러일으키는 것들이지.

이온 자네 말이 옳네, 소크라테스, 그게 내 기술에서 내가 가장 많이 애를 쓰는 부분일세. 그리고 내 판단으로는 나보다 호메로스를 더 멋지게 얘기할 수 있는 사람은 아무도 없네.

[…]

소크라테스 자네가 암송하는 건 언제 시간이 나면 한번 들어 보기로 하지. 지금은 나에게 다음 물음에나 대답해 주게. 자네는 호메로스에만 뛰어난가 혹은 헤시오도스나 아르킬로코스도 마찬가지로 잘 하나?

이온 아니, 호메로스만을 잘 하네, 그리고 그것만으로도 충분하다고 생각되네. (『이온』530b-531a)

자신의 재주를 뽐내 보고 싶은 이온과, 그에는 관심이 없고 그의 기술에 대해 따지며 질문하려는 소크라테스 사이의 재미있는 대조를 보여 주는 이

짤막한 대화는 이온의 기술(technē)[05]을 부러워하는 소크라테스의 언급에서 시작된다. 대화 가운데에서도 소크라테스와 이온이 모두 이 말을 쓰고 있지만 두 사람의 이 말에 대한 이해가 동일하지 않음이 그들의 이야기를 통해 이미 어느 정도 드러나며, 이후 대화가 진행되면서 보다 뚜렷하게 된다. Techne 개념이 가지는 기술이라는 의미와 예술이라는 의미가 같지 않음이 분명하게 되는 것이 바로 이 대화 편에서라고 할 수 있다. 소크라테스가 여기서 이 말과 연결시키는 개념들은 알다, 이해하다, 해석하다 등과 같이 인지적 측면이 부각되는 것들이다. 그는 음유시인이 암송하며 구연(口演)하는 시의 내용을 알고 있어야 제대로 그것의 해석자가 될 수 있다고 말한다. 이와 관련해 소크라테스가 일차적으로 제기하는 질문이 이온이 호메로스에만 정통한가 다른 시인들에도 정통한가 하는 것이며, 호메로스에만 정통하다는 이온의 대답이 제시된다.

이어 본격적인 물음과 대답이 계속되는데 소크라테스에 의해 제기된 물음을 음미해 볼 만하다. 그의 물음은 이온의 기술이 호메로스라는 한 사람의 시인을 대상으로 하는가 혹은 다른 시인들을 포함한 시인 일반을 대상으로 하는가에 향해져 있다. 그리고 이에 대한 이온의 대답은 호메로스만을 대상으로 하며, 그의 시를 암송, 구연하는 데에만 정통하다는 것이다. 이 물음과 대답에서 이미 시사되듯이 소크라테스 물음의 초점은 기술이 성립하는 대상의 보편성 여부에 향해져 있다. 이온이 하는 일이 기술이라면, 호메로스뿐 아니라 다른 시인들도 그 대상이 되어야 한다는 것이며, 호메로스 한 사람에 대해서만 성립하는 기술이란 없다는 점이 이어지는 대화 과정에서 이온의 동의를 통해 분명히 된다. 이어지는 논의의 요지는 다음과 같이 정

---

05 기술로 번역된 그리스어의 technē라는 말은 라틴어에서 ars로 번역되고 근세 이후 아트(art)나 쿤스트(Kunst)로 번역된 말이다. 따라서 기술뿐 아니라 예술로도 번역되는 말이다.

리될 수 있다. 호메로스의 시에 나오는 동일한 주제가 다른 시인의 시에도 나올 수 있다. 예컨대 두 시인의 시에 모두 말 모는 것에 관한 이야기가 나올 때, 이온의 재주가 올바른 기술이라고 이야기될 수 있는 것이라면 두 경우 모두를 제대로 해석할 수 있어야 할 것이다. 나아가 동일한 주제에 관해 두 사람이 상반된 내용을 말할 때, 그가 기술사라면 당연히 누구의 말이 맞는 것인지를 판단할 수 있다. 이온은 소크라테스에게 자신이 호메로스 이외의 시인에 관한 이야기가 나올 때에는 관심이 없어 꾸벅꾸벅 졸지만, 호메로스에 관한 이야기가 나오면 정신이 번쩍 난다는 것을 고백하는데, 이에 대해 소크라테스는 이 점은 이온의 작업이 앎과 기술에서 나오는 것이 아니라, 다른 데 그 기원이 있기 때문이라는 것을 지적하면서 이른바 영감설을 이야기한다. 이온의 작업이 기술이 될 수 없고, 앎에 기반하고 있지 않다고 하는 이유는 기술이나 앎이란 어떤 개별적인 한 대상에 대해 성립하는 것이 아니라, 그 개별 대상이 속하는 종 일반에 대해서 성립하기 때문이며, 이 점에서 시 일반이 아닌 호메로스의 시만을 그 대상으로 하는 이온의 일은 기술이 아니라는 것이 소크라테스의 입론이다.

소크라테스와 이온의 대화 과정은 소크라테스가 이온의 직업에서 이온 자신이 자신의 일이라고 하는 측면을 부각시키기보다는 일의 인지적이라고 할 수 있는 측면에 초점을 맞추고 있음을 보여 준다. 이온이 하는 일은 사람들 앞에서 호메로스의 시를 암송하며 연기하는 일이며, 이를 통해 사람들을 자신이 의도하는 감정 속으로 몰아넣는 일이라고 할 수 있다. 여기서 그는 배우로서 나름대로 호메로스의 시를 해석하며, 이에 기초하여 호메로스의 시를 말과 몸짓을 통해 관중들에게 전달한다. 해석자로서 그의 역할은 배우나 무용하는 이의 입장과 같다고 할 수 있다. 연극배우가 연극 대사의 지적 내용과 근거에 관해 알고 있을 수도 있겠으나 이것이 그의 연기와 본질적으로 연관된 것이 아니라고 한다면, 소크라테스가 이온에게 묻는 물음이 배우로서의 그에게 어떻게 부적절한 것인가를 이해할 수 있다. 그는 이온의 작업을 구연되는 시의 내용에 대한 기술적인 해석 작업으로 놓고 일련의 질문을 던지고 있다.

그러나 소크라테스의 이 같은 부적절한 질문은 거의 의도된 것이라고 해도 좋을 듯하다. 그리고 그것이 의도된 것이든 아니든 그의 물음은 배우의 작업이 어떤 것은 아니라는 점을 분명히 드러내 준다. 즉 배우는 그가 하는 역할과 관련되어 나오는 이야기의 인지적 타당성 여부에 대해 아는 자, 또는 정통한 자가 아니라는 점이다. 사실 대화 편의 후반부는 이 점을 명시적으로 분명히 부각시킨다. 음유시인 이온은 호메로스의 시에 나오는 전쟁이나 병의 치료, 마차몰이, 축성술 등에 관해 정통한 사람이 아니다. 그것들에 관해서는 각기 장군, 의사, 마부, 축성술사가 전문가로서 관련된 내용의 옳고 그름에 관해 판단할 수 있다. 그리고 이들은 모두 공히 그들의 영역에서 하나의 개별적 대상에 대해서가 아니라 관련되는 대상 일반에 대해 정통하다. 예컨대 어떤 사람이 의사라면 그는 당연히 모든 환자들을 대상으로 하고 치료할 수 있지, 특정한 한 사람에 대해서만 의사라고 할 수 없다. 호메로스에만 정통한 배우로서 이온은 다른 시인들에게는 관심이 없다. 그리고 물론 그는 위에 언급된 기술들 가운데 어느 영역에도 정통하지 못하며, 이 점에 있어서는 호메로스나 다른 시인들도 마찬가지이다. 그들은 여러 부류의 일들에 대해 이야기하며, 그와 관련된 사건들을 그려내고 연기하지만, 어느 것에 대해서도 전문가로서의 앎을 가지고 있다고는 할 수 없다. 거울을 들어 모든 것을 비추어 보이는 사람처럼 그들은 수많은 것을 그려 내지만 제대로 아는 것은 아무것도 없다는 플라톤의 언급은 바로 이 점을 지적한다고 할 수 있다. 오늘날 시인이나 배우 가운데 자신이 말하거나 연기하는 내용

가운데 여러 전문분야의 내용에 대해 전문가라고 주장할 사람은 없을 것이다. 전문 영역과 앎이 오늘과 같이 분화되지 않고 따라서 전문가라고 할 사람들이 비로소 서서히 분화되기 시작했을 당시에는 사정이 오늘날과 같지 않았음도 또한 분명하다. 인간 삶의 거의 전 영역을 다루는 시인의 시를 암송하고, 그것이 상연되는 것을 보는 일은 당시 삶의 전 영역에 대한 거의 유일한 정보의 원천이었다고 할 수 있으며, 단순히 지적 영역뿐 아니라 도덕과 행위의 영역에서도 거의 절대적 영향을 미쳤다고 할 수 있다. 우리가 분석하고 있는 『이온』편에서 플라톤이 분명히 하고자 하는 점 가운데 하나가 바로 시인이나 그것을 음송하는 음유시인들이 자신이 암송하는 내용들에 대해 전문가라는 주장을 할 수 없다는 사실이다. 시인은 시가 그리는 여러 일들에 대한 지적, 도덕적 내용에 대해 더 이상 전문가, 기술자로서의 권위를 주장할 수 없으며, 시인은 기술자가 아니라는 것이 이온과의 대화 속에 전개된 논변에서 분명하게 된 것이라고 할 수 있다.

그럼 시인이나 그것을 연기하는 배우는 어떤 사람이며 그들이 하는 일의 성격은 어떤 것인가? 다시 소크라테스의 이야기를 직접 들어 보자.

"내가 방금 이야기했듯이 호메로스를 훌륭히 읊어 내는 것은 너에게 기술이 아니라, 흔히 헤라클레스의 돌이라고 불리고 유리피데스에 의해 자석이라고 불렸던 돌 안에 있는 힘과 같은 신적인 힘이 있기 때문일세. 이 돌은 스스로만 쇠로 된 반지를 끌어당기는 게 아니라, 그 반지에도 자신과 같은 힘을 줘서, 그것이 다른 반지들을 끌어당기도록 하여 [⋯] 일련의 연결된 반지 고리가 이루어지게 되지. 이 모든 것들에게 끄는 힘의 원천은 자석이야. 뮤즈의 경우도 즉 마찬가지야. 이 여신은 먼저 스스로 어떤 사람들을 신 지피게 하고, 이 신 지핀 사람들을 통해 다른 사람들이 또 신 지피게 되며 그래서 일련의 고리가 형성돼. 모든 훌륭한 서사 시인들은 그 뛰어남을 기술에서 가져오는 것이 아니라 신 지피고 영감받아서 이 모든 훌륭한 시들을 토해 내고 서정 시인들도 마찬가지야 [⋯]. 그리고 그들은 진실을 말하지. 왜냐하면 시인은 가볍고 날개 달린 신성한 존재이기 때문이야. 그는 그가 영감받아서 제정신이 아니게 되고 더 이상 분별력이 자신 안에 남아 있지 않게 되기 전에는 시를 짓지 못하지." (『이온』 533d–534b)

시인의 힘은 기술로부터가 아니라 신 지핌(enthousiasmos)으로부터 온다. 그리고 이 힘은 자석과 같아서 주위의 사람을 같이 신 지피게 한다. 뮤즈의 힘이 먼저 시인에게 그리고 그것을 읊는 음유시인에게 다시 그것을 듣는 청중에게 옮겨져 마치 자석의 경우에서처럼 신 지핌의 고리가 이루어지게 된다. 시의 근원은 이 같은 신 지핌이며, 시의 비밀은 영감에 있다. 그래서 시인도, 그것을 읊는 이도 읊기는 하되 그 내용의 마땅함 여부에 관해 이야기할 능력이 없다. 그들은 제 정신이 아니기 때문이다. 그들은 무엇인가 귀중한 것을 이야기하기는 하되 신 지펴 제 정신이 아닌 중에 이야기하기 때문에 그것에 대해 설명할 능력이 없다. 그들은 일종의 신의 중개인이며, 그들이 말하는 중에 말하는 것은 실은 그들 자신이 아니라 신이다. 신 자신이 그들을 통해 무엇인가를 우리에게 이야기하는 것이다.

위에서 플라톤은 두 가지를 말하고 있다. 시인은 신 지핌을 통해 무엇인가 귀한 것, 진실인 것을 이야기한다는 것, 그러나 시에 있어 그와 같은 참된 어떤 것은 기술에 의한 것이 아니라는 것을 말하고 있다. 이 같은 기술에 의해 만들어지지 않고 해명될 수 없는 참된 것이 보다 구체적으로 어떤 것인지에 관해서 자세히 이야기되지는 않고 있으며, 신 지핌이나 영감에 관해서도 따지는 논의가 진행되지 않는다. 후기 저술인 『파이드로스』 편에서도 시인은 예언자, 신 지펴 병 고치는 사람, 그리고 철학자와 함께 신적인 열광 (*mania*) 상태에 있는 것으로 그려진다. 아울러 시 가운데 의미 있고 뛰어난 것은 이 열광 상태에 의해 이루어진다고 이야기된다. 기술에 의해 제어되지 않는, 신적인 열광 상태에서 이야기되는 신적인 것의 내용은 그러나 이 저술에서도 자세히 언급되지는 않고, 소크라테스 자신이 신적인 열광 속에서 이야기하는 사랑에 관한 신화가 제시될 뿐이다. 『이온』편이나 『파이드로스』편에 근거하여 우리는 시에 의미 있는 어떤 것, 그리고 신적인 기원의 것이어서 근거를 물어 갈 수 없는 어떤 것이 있음을 플라톤이 부인하고 있지 않다는 점은 이야기할 수 있다.

　『이온』편이나 『파이드로스』편에서 이야기하는 신 지핌이라는 것을 예술에 관한 플라톤의 일관된 견해로 볼 수 있을까? 예컨대 『국가』 10권에서 예술이 현상의 모방이라는 입장은 두 입장이 모두 예술이 자신의 주장에 대해 제대로 로고스를 제시하지 못한다는 점에서 동일하다 하더라도 동일한 것을 이야기하고 있지 않음은 분명하다. 신 지핌은 『파이드로스』편에서 그가 좀 더 분명히 하고 있듯이 일종의 광란 상태, 자신을 벗어난 상태인데, 모방이란 이같이 자신을 벗어난 상태가 아니다. 이는 신적인 것을 모방하여 책상을 제작하는 목수의 경우에 분명하며 여타 목수의 경우도 역시 마찬가지이다. 모방자로서 목수는 자신을 벗어나서는 안 되며, 그래야 그는 목수로서 그가 모방하는 실재에 따라 자신이 만드는 것에 관한 로고스의 제시가 가능하다. 이 두 개념, 즉 신 지핌과 모방이 같은 것을 이야기하는 것이 아니라면 시인이 자신의 이야기에 근거 제시를 못 한다는 데에서 바로 시란 신 지핌의 결과물이라는 입장으로 나아가는 것은 아니라고 할 수 있다. 플라톤에게 시의 본성과 관련하여 『이온』편이나 『파이드로스』편에서와 같은 신 지핌을 이야기하는 입장도 있고, 『국가』 10권과 같이 낮은 단계의 모방이라는 입장도 있다고 하는 것이 타당할 것이다.

4. 모방자로서 실재에서 세 단계 떨어져 있는 시인과 신 지핀 상태에서 영감을 통해 참된 무엇인가를 이야기하는 시인, 시인의 이 두 모습이 어떻게 연결되고 통일될 수 있는지 이야기하기 쉽지 않다. 한 가지 분명히 이야기될 수 있는 것은 시인들이 하는 말이 전문적 앎을 가진 학자나 제작자의 그것은 아니라는 점이요, 그런 만큼 근거 지어지지 않은 앎이요, 또한 어떤 점에서 근거 지어질 수 있는 성격의 것이 아니라는 점이다. 나아가 자석에의 비유가 말해 주듯 시는 자력과 같은 전파력을 가지고 연쇄적으로 사람을 사로잡는 성격의 것이며 그것이 인간의 따지고 근거 짓는 능력이 아닌 감정과 정서적 부분에 작용한다는 점도 또한 이야기될 수 있다.

플라톤이 『국가』편 3권에서 그리고 10권에서 시인의 추방을 이야기할 때, 초점을 맞추는 것이 바로 이 측면이라고 할 수 있다. 『국가』편의 2권과 3권 그리고 10권에서 회화나 시가 다루어질 때, 우리가 놓치지 말아야 할 것이 이 같은 논의가 전개되는 맥락이다. 그것은 시론이나 예술론 자체를 본격적인 주제로 하고서 이루어지는 것이 아니라 인간의 교육, 특히 유년과 청소년기의 교육을 주제로 하면서이다. 교육을 논의하면서 예술 특히 시가에 관한 논의가 중요한 그리고 아주 큰 부분을 차지하는 이유는 그것이 인간 교육, 인간 형성에서 차지하는 역할이 심대하다는 플라톤의 생각 때문이었다. 인간의 성품이 형성되는 것이 유년과 청소년기를 통해서이며, 이 시기의 젊고 부드러운 영혼에는 한 번 받아들여진 것이 잊혀지지 않고 강력하게 각인된다. 이 인간으로서의 형성기에 성품의 틀이 제대로 잡히는 것이 중요한데, 이 시기에 영혼의 형성(*plattein tas psychas, Bildung der Seele*)과 성품의 정착에 중심적인 역할을 하는 것이 예술 특히 문학과 음악이다. 무지케

(mousikē)란 오늘날의 음악만이 아니라 문학, 음악, 춤 등 예술 영역 전반을 포괄한다. 앞에 이야기된 음유시인 이온의 경우 운율이 달린 호메로스의 시를 읊는 그의 일은 음악과 시 그리고 몸짓을 동반하는 일종의 종합예술이라 할 수 있다. 당시 호메로스나 기타 시인들의 시가는 자연과 인간의 삶, 한 집단의 역사와 사회관습 등을 포함한 지적, 규범적 내용의 원천이기도 했다는 점에서 단순히 예술가의 기능뿐 아니라 오늘날 교육자 기능을 함께 하고 있었다고 할 수 있다. 플라톤의 『이온』편이나 『국가』편에서 이루어지고 있는 작업은 당시까지 당연히 생각되면서 수행되어 오던 이 같은 시의 역할 전반을 특히 국가 내의 교육적 측면에 초점을 맞춰 전체적으로 재검토해 보고 있는 것으로 이해될 수 있다. 기원전 5세기에서 4세기에 이르는 시기의 그리스, 특히 아테네는 번성하는 지중해 지역의 중심지로서, 그리고 정치, 경제, 군사, 문화의 중심지로서 더 이상 호메로스의 영웅시에 나타나는 세계 이해로는 복잡한 사회문제를 처리하고 해결할 수 없는 시점에 이르고 있었으며, 여러 직업이나 사회 기능의 분화가 지식과 시가(詩歌) 사이의 보다 명확한 구분과 각각의 기능에 대한 분명한 정의를 필요로 하는 시기였다고 할 수 있다. 30여 년간의 펠로폰네소스 전쟁과 이어지는 전쟁들의 와중에서 문화의 절정기를 지나 이미 쇠망의 기운을 보이고 있던 아테네에서 플라톤은 쇄신된 국가의 모습을 그리면서 교육이 이 공동체 쇄신의 가장 중심적인 역할을 담당해야 할 것으로 생각했고, 당시까지 관습적으로 교육의 중심을 담당해 왔던 시가를 그 내용과 형식에서 전반적으로 검토하고 있다. 문학을 검열해야 한다고 주장한 플라톤의 입장은, 바로 그 이유로 그가 흔히 비난받는 것처럼 이해 불가능한 것은 아니다. 오늘날도 유년기와 소년기의 아이들이 책이건 혹은 이즈음의 텔레비전이건 비디오건 아무것이나 읽고 보아도 무방하다는 부모나 시민이 없다면, 그리고 초등학교 교과서에 최소한 검

정 혹은 인정의 제도를 채택하지 않는 나라가 없다면, 플라톤의 입장도 이상할 게 없기 때문이다.

물론 플라톤의 입장은 이보다 강력하다. 그는 『국가』편의 2권과 3권에서 어린이의 교육이 시가를 들려주는 방식으로 이루어짐을 이야기하면서, 시인에게 내용과 형식에 있어 무엇을 쓰고 무엇을 쓰지 말아야 할지를, 그리고 어떤 방식으로 써야 할지를 엄격히 규정하고 있다. 이 조치를 교과서 심의위원회나 신문, 잡지 또는 공연윤리위원회의 작업 정도로 이해한다고 하더라도, 『국가』편 10권에서 모방적인 시를 쓰는 시인은 국가에 허용하지 않아야 한다는 주장은 분명히 위에 언급된 조치들을 훨씬 넘어서고 있기 때문이다.

『국가』편의 시인 추방의 문제는 그가 왜 그리고 시인을 그의 이상 국가에서 추방했느냐의 문제와 더불어 2, 3권과 10권에서의 입장이 일관된다고 할 수 있느냐의 물음과 관련되어 논의되어 왔다. 이미 언급했듯이 그는 20세 전후에 수학을 중심으로 한 보다 지적인 교육을 시작하기 이전까지의 교육이 시가를 통한 교육이라고 하고 있으며, 그런한 그의 국가에는 검열을 통과한 교육적 목적에 맞는 시가는 존재해야 할 것이기 때문이다. 그리고 그는 3권에서 모든 시인이 아니라, 일부의 극단적 모방적 시인만이 추방되어야 한다고 말한다. 10권에서 세 종류의 제작자를 나누면서 화가나 시인을 모사품 제작자의 위치로 격하시키고 이들이 모방적인 한 모두 추방되어야 한다는 주장이 제기된다면 이 주장은 3권의 주장과 어떻게 무리 없이 연결될 수 있는가?

사실 2, 3권과 10권 사이에는 시가의 본질적 측면이라고 파악되고 있는 모방 개념에서도 동일하지 않은 점이 이야기될 수 있다. 위에서 분석되었듯이 10권에서의 모방은 화가의 작업을 모델로 한 모사 개념에 근거해 있다.

이 모사라는 의미에서 모방 개념은 플라톤의 이전 저술에서나 당시까지 희랍에서의 모방 개념과는 다른 낯선 개념이라고 할 수 있다. 3권에서 플라톤은 시가의 내용과 형식을 분류하면서 디튀람보스와 같은 순수한 3인칭 서술과 비극이나 희극과 같은 모방적 서술 그리고 서사시에서 보이는 이 두 가지의 혼합 형태를 구분하고 있다.(394b-c) 여기서 두 번째 및 세 번째 형식에 등장하는 모방적 서술은 보다 정확하게는 모방을 통한 서술이다. 여기서 모방을 통한다 함은 희극이나 비극에서처럼 극중의 인물이 직접 출연하여 이야기하는 방식을 이른다. 순수한 서술에서는 극 중 인물들을 3인칭으로 하여 서술이 이루어지는 데 대해 모방적 서술에서는 시인이 극중 인물 예컨대 안티고네나 클레온의 말과 행위를 모방하면서 서술이 이루어진다. 시인은 여기서 마치 자신이 안티고네나 클레온인 것처럼 자신을 그들에게 비슷하게 만들면서(homoioun heauton)(393c) 서술하는데, 자신을 비슷하게 만드는 수단으로 목소리나 동작이 사용된다. 시인은 물론 여기서 직접 소리를 내거나 동작을 보이는 것은 아니고 이것을 글로 쓰는데, 음유시인이나 극중의 배우는 직접 소리를 내고 동작을 하게 된다. 쓰는 시인이나 연기를 하는 배우나 모두 극중 인물에게 자신을 동일화시킨다는 점에서 마찬가지인데, 어떤 경우든 타인의 처지나 역할 속으로 들어간다는 측면이 이 모방 개념에서 부각된다고 할 수 있다. 따라서 3권에 그려진 모방이 이처럼 보다 동적이라고 할 수 있다면, 10권의 모사라는 의미에서의 모방은 보다 정적이며 묘사된 것의 인지적 내용과 관계된다고 할 수 있다.

자신을 다른 사람과 같게 함이라는 의미의 모방이 10권에 나오는 모사라는 뜻의 모방과 같은 점이 있다면 아마도 두 경우에 모두 모방을 하는 사람이 모방되는 것에 대해 잘 알지 못한다는 점이 될 것이다. 10권에서 언급되는 모사의 경우는 실재가 아니라 나타나는 일부의 현상만이 제시된다는 의미에서 참된 앎과 거리가 있다면 3권에 나오는 모방의 경우도 시인이건 배우이건 그들의 말이나 동작을 통해 표현하는 자를 잘 알지 못하고 현상하는 어느 한 면만을 표현할 수밖에 없다는 점이 지적될 수 있을 것이다. 『이온』편을 논의하면서 언급했듯이 이 경우 플라톤이 부각시키는 무지는 묘사되는 사람의 성격이나 행위의 측면보다는 그들이 가지는 전문가로서의 앎의 측면에 관련된다고 할 수 있다.

　모방되는 것이 모방 대상의 현상적 일면일 뿐 실재하는 모습을 드러내 주지 못한다는 사실은 그러나 지적인 측면에서 이 현상의 모사가 덜 가치 있다는 것을 이야기할 수 있는 근거가 될지는 몰라도 바로 시인이 국가로부터 추방되어야 한다는 주장을 뒷받침해 주지는 못한다. 더 나아가 3권과 10권에 제시되는 모방 이론의 차이가 두 경우 모두 모방자가 모방되는 것에 대해 잘 알지 못하고, 오로지 나타나는 것, 현상하는 것에만 관계한다는 의미에서 공통점이 지적될 수 있다고 하더라도, 3권에서는 훌륭한 사람에 대한 모방과 또한 3인칭형의 순수 서술 형태의 시가가 허용되는 데 반해 10권에서는 모방적인 한, 모든 시가가 허용되지 않는다는 주장 사이의 불일치가 설명될 길이 없다. 시인이 국가에서 왜 추방되어야 하느냐, 그리고 모든 시인이 추방되어야 한다는 것이 플라톤의 생각이냐 하는 물음이 대답되기 위해서는 물음의 고리가 되고 있는 두 개념, 즉 앎과 윤리적으로 이롭고 해로움의 상관관계가 어떤 것이냐에 대해 간략히 언급할 필요가 있겠다.

　플라톤은 10권에서 화가의 앎이 가진 모사적 성격을 논의하고, 나아가 문학도 본질적으로 같은 성격임을 이야기한 뒤, 사용자의 앎과 제작자의 앎이라는 앎의 두 종류를 구분하고 있다. 플라톤에 따르면 이 두 앎 가운데 사용자의 앎이 제작자의 앎보다 우위에 있다. 그의 이 주장은 제작된 것이 가치가 있는지 없는지에 대해, 즉 그것이 제작된 목적을 잘 수행하느냐의 여부에 관하여 제작자보다 사용자가 더 잘 판단할 수 있다는 데 근거하고 있다. 어떤 것이 사용을 위해 만들어지고 만듦 그 자체가 목적이 아니라면 제작이 그것의 쓰임이 요구하는 데 따라야 하고, 따라서 이 측면이 기준이 됨은 이해될 수 있는 일이다. 그리고 당연히 모방자로서의 화가와 시인은 이 두 앎 가운데 어느 것도 가지지 못한 사가 된다.[06]

　비록 현상에 불과하다고 하더라도, 시인이 스스로 제작하는 대상에 관해 그 가치 유무를 제대로 평가할 능력이 없다는 사실은 인간 영혼의 형성과 교육에 관한 논의에서 시인의 위치와 역할에 중요한 평가의 관점을 제시한다. 모방자로서의 시인은 인간 영혼의 형성 및 그것을 가능케 하기 위한 좋은 나라를 만듦에 있어, 어떤 것이 가치 있고 가치 없는지에 대해, 적어도 현상을 모사하는 자로서는 제대로 된 평가를 내리지 못할 입장에 있다. 그리고 이런 관점에서 보면 시인이란 단순히 인간의 삶과 관련된 특정 부분의 전문 지식을 가졌느냐의 여부와 관련해서가 아니라 인간 자신의 형성과 교육에 관련된 전문 지식을 가졌느냐에 의해 평가되어야 할 존재이며, 이 관점에서 현상 모사자로서의 그의 위치는 대단히 부정적이라는 것이 플라톤의 생각이다. 시인이 시가 내에서 언급되는 개별 전문 분야에 대한 앎이 없다는 것이 『이온』편에서 이야기된 데 대해 『국가』편에서는 시인에게 인간 형성자로서 가져야 할 앎이 부인된다. 『국가』편의 3권에서 어린이들에게 들려주기에 적절한 내용에 관해 언급하면서 기준이 되는 것은 시민으로서 그리고 인간으로서 가치 있고 쓸모 있는 사람이 되는 데 그 내용이 적합한 것이냐의 여부이다. 바로 이 관점에서 당시까지 교육의 역할을 담당했던 호메

06　시인으로 불리는 사람이 자연인으로서 이 같은 앎을 어떤 것도 가지지 못한다는 것은 물론 아니다. 자연인으로 가지는 이 같은 앎은 그러나 모사자인 시인으로서가 아니라 사용자 혹은 제작자로서 얻게 된 앎이라는 것이 플라톤의 논지이다.

로스를 비롯한 시인들의 시가 평가, 판정되고 있다. 그리고 우리는 10권에 근거하여, 이 같은 쓸모 있는 인간의 형성에 시인이 가진 앎이 대단히 부실한 것이라는 플라톤의 생각을 읽어 낼 수 있고, 그런 한에서 훌륭하고 쓸모 있는 인간 형성에 필요한 시가의 내용은 그것을 판단할 능력이 있는 사람에 의해 결정되어야 한다는 것이 그의 생각이라는 점도 또한 확인이 가능하다. 시인이 모방자로서 이 같은 능력이 없는 한, 그는 그 같은 기능을 수행할 위치로부터 추방됨이 마땅하다는 것이 10권의 시인 추방론의 내용이 되겠고, 그것을 판단할 능력이 있는 자에 의해 교육에 적절한 것으로 판정받은 내용의 시가 어린이의 교육에 사용되어야 한다는 것이 3권에 개진된 플라톤의 주장이 될 것이다.

도덕적 모범에 대한 앎에 근거하여 씌어진 시는 인간의 뛰어남의 현실적 구현이 아닌 한, 즉 제작자의 책상과 같은 지위에 있는 것이 아닌 한 진리로부터 제3의 것의 지위를 벗어나지 못한다. 그러나 그것이 인간의 훌륭함과 관련하여 관점에 따라 달리 나타날 수 있는 성격의 것이 아니라 이성에 의해 파악된 것이라는 점에서 단순한 현상을 넘어서는 측면도 이야기될 수 있다. 후자의 경우라면 그것이 시라고 이야기될 수 있을지 분명하지 않다. 왜냐하면 『국가』 10권의 화가의 예에서 그의 제작품을 진리에서 제3의 것이게 하는 요인은 관점에 따라 달리 나타난 대상의 한 측면을 그린다는 점인데, 인간의 훌륭함이 어떤 것이냐에 대한 앎에 근거하여 지어진 시는 바로 정의상, 이 같은 달리 나타남을 넘어서게 될 것이요, 따라서 진리에서 세 번째 존재들이 가지는 현상의 모상만을 그린다는 범주를 떠날 것이기 때문이다.

플라톤은 이 논의에 덧붙여 모방적 시인들에 의해 그려진 시가 바로 그것이 가지는 현상의 모방이라는 성질 때문에 인간의 이성이 아니라 감성에 호소하게 되며, 영혼의 이런 보다 낮은 부분을 부추기고 부풀리는 작용을 함을 강조하여 이야기하고 있다. 가상(假象)을 모사하는 자는 단지 그것을 모사하는 데 그치지 않고 그것을 진정한 실재인 듯이 보이게 하고자 하며, 이 같은 시도는 인간의 이성적 부분에 호소하기 보다는 감정적 부분에 호소함으로써 보다 확실히 이루어질 수 있다. 시가 인간의 감정에 호소함이 화가가 감각에 의존함과 동일한 성격의 것이라는 생각 위에서 플라톤의 논의가 진행된다고 할 수 있는데 그의 이 가정이 무리가 없는지는 검토의 여지가 없지 않다. 물론 그가 이 같은 유비에도 불구하고 화가의 추방은 이야기하지 않고 시인의 추방만을 이야기한 것은 아마도 같은 모방적 성격의 작업이라도 문학이 심성에 미치는 영향력이 훨씬 심대하다고 생각했기 때문일 것이다.

5. 지금까지 간략히 소개된 플라톤의 시가와 예술에 대한 입장은 오늘날 우리의 일반적인 예술 이해와 상당히 거리가 있다. 우리가 부분적으로 혹은 전체적으로 그의 입장에 동의하건 아니건, 지금까지의 논의는 그가 제시했던 문제와 이에 따라 도입되었던 개념 범주들이 오늘날 서구 예술 이론의 기본 범주들을 이루고 있다는 점을 보여 준다. 문학을 비롯해 예술은 자신이 이야기하고 표현하는 바에 대해 진리임을 주장할 수 있는가? 있다면 그것은 어떠한 성격의 것인가? 전문가들의 앎 혹은 철학자들의 앎이 주장하는 진리주장과 그것은 동일한가? 동일한 것이 아니라면 그것은 진리 혹은 진실과는 관계가 없는 것인가? 문학의 진실, 예술의 진실은 학문의 진실과는 어떤 점에서 다른가? 그것은 현실을 단지 현상적 측면에서만 모사할 뿐인가? 실재 자체에는 그것은 접근할 수 없는가? 인생사에 대해 그것은 진지하지 않고 단지 유희일 뿐인가? 문학은 도덕적으로 나쁜 영향만을 끼치는가? 이 같은 일련의 물음들에 대해 제시된 플라톤의 대답들은 이후 여러 모로 비판되고, 여러 측면에서 상이한 입장들이 제시되어 왔다. 부분적으로 혹은 전

체적으로 그의 입장을 수용하거나 또는 거부하는 후대의 여러 의미 있는 입장들이 많은 경우 그에 의해 제기되었던 물음과 개념들을 실마리로 하고 있다. 어떤 입장에 서든 플라톤의 예술에 대한 문제 제기는 오늘날에도 위에서 제기된 물음들에 대해 근거 지어진 대답을 제시하기를 요구하고 있다.

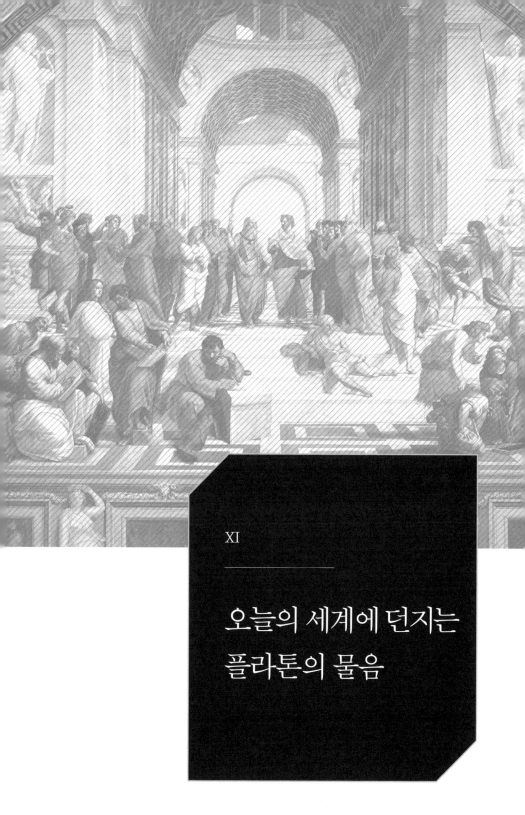

XI

오늘의 세계에 던지는
플라톤의 물음

1. 문명의 텍스트

진정으로 좋은 것에 대한 앎으로서의 정치적 앎에 대한 플라톤의 주장은 앎(episteme, knowledge)과 의견(doxa, opinion)이 분명히 구분되며, 또한 인간이 이와 같은 앎에 접근 가능하다는 전제 위에 서 있다. 이는 정치적 실천의 영역에서는 엄격한 앎은 가능하지 않고 오직 의견으로서의 실천적 지혜만이 가능하다는 아리스토텔레스 이래의 정치적 앎의 성격에 대한 입장과 선명히 대비된다. 또한 앎에 접근 가능한 소수에게 전체의 좋음 추구를 맡겨야 한다는 그의 견해는 정치가 상충되는 개인적 이해의 협의를 통한 조정 과정이라는 오늘날 널리 공유되고 있는 정치의 그림과도 정면으로 배치된다. 정치적 앎의 성격에 대한 플라톤의 이런 입장은 정치 공동체의 좋음의 추구가 투명한 지적 근거 제시의 과정을 통해 말로 접근 가능한 것이라는 합리적 정치 과정의 꿈을 제시하는 것이다. 태양에 비유된 좋음의 이데아는 빛이 모든 것을 밝혀 드러내고 가시 세계의 모습을 모두에게 공유 가능한 것으로 보여 주듯이, 만유(萬有)가 질서 지어진 것이며, 이렇게 질서 지어진 가지계(可知界)의 진상이 말을 통해 드러나고 모두에게 접근 가능한 것이라는 비전을 제시한다. 그러나 이런 그의 비전이 현실 세계에서 실현되기 어려우리라는 것에 관해 플라톤 자신이 큰 환상을 가지지는 않았던 것으로 보인다. 9권 말미에 덧붙인 그의 언명은 이 점을 증언해 주는 것으로 보인다.

"이제껏 우리가 수립하면서 언급해 온 나라 […] 그 나라는 지상의 그 어디에도 존재하지 않을 것이라고 저는 생각하니까요." 그가 말했네.

"그렇지만 그것은 아마도 그걸 보고 싶어 하는 사람을 위해서 하늘에 본 (paradeigma)으로서 바쳐져 있다네. 그러나 그게 어디에 있건 또는 어디에 있게 되건 다를 게 아무것도 없으이. 그[철인 통치자]는 이 나라만의 정치를 하지, 다른 어떤 나라의 정치도 하지 않을 것이기 때문이네." 내가 말했네.

"그럴 것 같군요." 그가 말했네.

이야기를 진행하는 대화자들이 세운 폴리스는 지상 어디에도 존재하지 않는 폴리스이며, 그 폴리스는 오로지 천상에 존재하여 그것을 보기를 원하는 자에게 본으로나 역할을 할 수 있는 그런 폴리스였다. 왜 대화자들은 2권에서 9권에 걸쳐 긴긴 이야기를 통해 지상 어디에도 존재하지 않을 폴리스를 세운 것일까?

아테네 외항 피레우스의 거류외인이었던 케팔로스의 집에서 저녁의 횃불 축제를 보자고 기약하며 시작된 대화는 2권 이후 10권이 끝나기까지 아테네 시민 글라우콘, 아데이만토스, 소크라테스 세 사람의 대화로 진행된다. 1권에 등장했던 집주인 케팔로스 부자를 비롯한 거류외인들은 2권에서 10권에 이르는 긴 대화 내내 듣는 자의 입장에 머문다. 축제를 참관했다는 보고는 끝내 전해지지 않은 채 이어진 그들의 길고 긴 따짐은 죽은 후 저 세상에서 받게 될 보상의 이야기(mythos)로 마감된다. 정의란 무엇이며, 과연 정의로운 자가 행복한지를 물으며 시작했던 탐구의 긴 여정은 태양과 같이 밝고도 밝은 앎의 비전에 근거하여 지혜를 사랑하는 자의 통치를 그리며 그 절정에 이르렀으나, 종국에 아직 오지 않은 지하 세계의 어둡고 알 수 없는 운명을 이야기하면서 마무리된다.

지상에는 존재하지 않는 폴리스, 시간과 공간을 넘어서는 이 같은 폴리스를 그리면서 대화자들의 대화는 이미 역사적으로 존재하는 아테네의 소생과 구원을 넘어서 좋은 나라가 성립할 조건 일반을 논의하는 데에로 나아간다. 논의는 아테네 소생을 위한 구체적 액션 플랜이나 쇄신을 위한 정강 정책이 아니라 인간의 능력이 최대한도로 발휘되는 공동생활의 모습을 그리는 작업이 되고, 시간을 뛰어넘어 성립하는 폴리스에서 공동의 것(to koinon)에 대한 탐구의 성격을 지니게 된다. 인간의 공동체가 공동체로서 지녀야 할 최소한의 필요조건은 무엇인가? 이를 넘어 인간 공동체가 확대될 때, 확대된 단위의 한계를 설정하는 것은 또 무엇인가? 그리고 이렇게 설정된 단위로서 성립하는 공동체가 최대한 그 능력을 발휘하기 위한 조건들은 무엇인가? 이 물음들에 대답하며 그는 지혜, 용기, 절제의 덕(德)이 갖추어진 나라, 나라 안에서 구성원들이 자신이 타고난 능력을 최대한 발휘하도록 조직된 정의로운 나라를 그렸다. 나라를 다스리는 앎이 수학의 앎처럼 엄격한 앎이어야 할 뿐 아니라, 존재하는 것 모두를 시야에 두고서 그 좋음이 분명하게 근거 지어질 수 있는 것이어야 한다는 그의 생각은 쇠망해 가는 그의 조국 아테네를 소생의 길로 되돌려 놓지는 못했다. 그가 그린 나라, 그 나라의 길은 아테네 소생의 길은 아니었으나 로마로, 중세로, 근대로 이어지는 문명의 길이 되었고, 지식이 사회조직의 보편적 토대가 된 오늘에도 이를 수 없는 지식국가의 이념을 그 최대한의 모습에서 주장하고 있다. 인간이 언어로 추구해야 할 것이 일방적 주입과 설득이 아니라 쌍방의 소통과 이해이며, 누구든 어떤 주장을 제기하려는 경우 진리에 정위해야 하고 말을 통한 검토와 논박의 테스트를 이겨내야 한다는 그의 생각은 이후 서양 문자 질서의 토대가 되고 지식이 지배하는 오늘 우리 삶의 당연한 전제가 되었다. 앎과 진리 그리고 정의라는 오늘날 인간 삶의 토대가 된 기본 규범들 위에 자신의 나라를 세웠던 플라톤의 대화자들은 단지 하나의 나라를 세운 것이 아니라 나라들이 그 안에서 흥망과 성쇠를 계속할 수천 년 문명의 터를 닦았다고 할 수 있다. 우리가 『국가』를 '문명의 텍스트'라고 부르는 소이(所以)의 하나가 여기에 있다고 하겠다.

2. 오늘의 세계에 던지는 플라톤의 물음

대체적으로 내재적 읽기를 통해 이루어진 『국가』 읽기로부터 우리는 이제 오늘 우리의 삶까지를 규정하고 있는 서양 문자 문화가 출발하는 지점의 기본 지형의 일단을 함께 살펴볼 수 있게 되었다. 여기서 이 저술이 오늘의 세계에 던지는 물음이 무엇인지를 살피는 일은 아마도 이 텍스트가 시간, 공간적으로 멀리 떨어진 오늘 우리에게 무엇인지를 묻는 일부터 시작할 수 있으리라 생각된다. 그리고 이 물음에 대해 우리가 책의 서두에서 이야기했듯 일단 시간 공간상으로 멀리 떨어져 낯선 것, 생소한 타자라는 것으로 첫 번째 대답이 주어질 수 있을 것이다. 그러나 우리가 『국가』를 읽으며 낯설어 보이는 여러 주장들이 실제로는 이미 우리에게 낯익은 사태의 저변을 이루고 있다는 사실을 발견한다. 오늘 우리가 살고 있는 세계가 결코 제대로 정의롭다고 말할 수 없으나 그럼에도 불구하고 그들의 대화 가운데 생성되는 국가에서 정의가 발견되리라는 대화자들의 가정은 오늘날 거의 모든 국가들이 법에 의해 통치되며, 적어도 법조문에서는 모든 구성원들의 평등과 자기 발전의 가능성을 보장한다는 데에서 이미 제도화된 형태로 정치 공동체의 토대가 되어 있다는 것을 발견하게 된다. 정치나 교육을 비롯한 우리의 삶의 전 영역에서 지식의 역할이 이미 일정 수준 이상의 강력한 위치를 차지한다는 점에서 철인 통치나 시인 추방론의 경우도 그 주장의 핵심이 우리에게 아주 새삼스러운 것은 아니라 할 수 있다.

　남유럽 작은 도시국가에서 발원한 생각이 처음부터 유럽의 생각이고 서양의 생각이었던 것은 물론 아니다. 그리스 문화를 로마가 받아들여 자신의 문화적 정체로 삼고, 게르만족 이동 이후 근대국가들로 새로이 태어나면서 이들이 다시 기독교와 함께 그리스, 로마 문화에서 자신들의 교육적, 문화적 정체의 원천을 찾게 됨으로써 그것은 유럽의 사상, 서양의 문화가 되었다. 유럽 혹은 서양이라는 구분은 이 같은 문화적 정체가 역사적으로 확대되어 온 경계에 붙여져 형성된 경계이지, 본래부터 지상에 있었던 것은 아니다. 그리고 그 내용은 지금 다시 서양을 넘어 세계의 지역들에 그 뿌리를 내리고 있다. 이런 점에서 본다면 서양이란 우리에게 무엇이냐라는 물음은 그 서양의 정체를 이루게 된 사상과 문화가 우리에게 무엇이냐라는 물음으로 바뀌어 물어질 수 있다. 그리고 이 물음은 아마도 우리가 '우리'라는 이름 아래 이해하는 것의 정체는 또 무엇이냐는 물음으로 되돌아올 것이다. 이런 원론적인 물음을 여기서 더 깊이 논의할 자리는 아니다. 서양과 그 기원은 이미 우리에게 낯선 타자가 아니라 우리 속에 깊숙이 들어와 있고, 우리를 삶의 모든 부면에서 규정하고 있다. 그 핵심과 기원에서 서양 문화가 무엇인지를 묻는 일은 서양을 이해하기 위해서뿐 아니라, 우리 자신의 삶을 제대로 이해하기 위해서도 불가결한 일이 되었다.

　우리는 역사적으로 스스로를 동아시아 문화의 맥락에서 파악, 이해해 왔다. 그러나 동아시아적 전통의 범위 내에서 오늘날 우리의 삶과 경험을 더 이상 전체적으로 포괄하기 어렵다. 확대된 삶과 경험의 영역은 제거되어야 할 종기와 같은 타자가 아니라 우리 삶의 떼어 낼 수 없는 하나의 중심이 되어 있다. 우리의 주체는 이미 근대적 자유 위에 선 개체적 자아라는 자기 이해에 익숙해 있으며, 우리의 생물학적 삶을 유지하는 방식도, 사회가 조직되는 방식도, 사람에게 귀한 것과 그렇지 않은 것을 구분하는 기준도 확대된 삶의 경험을 포괄하며 성립되어 있다. 이미 우리 속 깊숙이 들어와 있는 서양을 단순한 타자라고 하기는 어렵다. 그렇다 하더라도 어떤 조건이 갖추어지지 않을 때 서양 문명을 바로 우리 자신이라고도 하기 어렵다. 그 조건이란 우리에게 들어와 있는 그 새로운 전통을 이해하고, 그 선택의 조건을 자신의 것으로 가질 수 있을 때 갖추어 진다. 현실적 선택의 조건을 자신의 것으로 하기 어려울 때, 우리는 그것의 기원에서 성립의 조건을 이해하는 방식으로 선택의 조건을 자기화한다. 문명의 텍스트로서 『국가』 읽기는 이런 의미에서 서양 문화 수용의 조건을 자기화하는 하나의 방식으로 이해될 수 있다.

플라톤의 주장이 이후 서양의 역사에서 있는 그대로 받아들여지지 않았고 끊임없는 논쟁과 반박의 대상이 되었듯이 그 내용에 대해 여러 층위에서 많은 물음이 제기될 수 있다. 통치자의 지식에 자신들의 행복을 위탁한 폴리스에 과연 진정한 의미의 정치가 존재하는 것인가? 정치란 무엇인가? 국가사든 개인사든 개별 사안에 관한 좋음을 의견(opinion)을 넘어 앎(knowledge)의 형태로 확보하는 것이 과연 가능한가? 이데아의 가정은 가정의 성격을 어떻게 넘어설 수 있는가? 수호자 그룹의 공산 사회는 과연 지속 가능한 그림인가? 등등 수많은 크고 작은 물음들이 제기된다. 대화자들 사이의 물음과 대답, 동의와 반론으로 진행되는 변증의 과정은 저술 내에서 대화자들이 가장 높은 단계의 교육과정으로 설정했던 것으로, 특정 주장이 근거 지어지고 다른 사람에게 설명 가능한 것으로 공유될 수 있으며, 제기되는 물음에 대해 대답할 수 있고 스스로를 방어할 수 있어야 한다는 조건들은 변증 과정의 기본 요구에 속하는 것이다. 이런 변증 과정이 단지 저술 내에 그려진 대화자들 사이에서만 이루어지는 것이 아니라 저술과 독자 사이에서도 끊임없이 이루어져야 할 성질의 것으로 이해된다면, 대화자들의 주장과 그 정당화는 영속적으로 이어지는 변증의 과정에 던져져 있다고 할 수 있다. 그리고 플라톤의 저술에서 제기되는 물음들에 대한 답변에의 개방성은 이렇게 대화라는 형식을 통해 이미 준비되어 있다고 말할 수 있다. 그리고 이 개방성은 상호 공유 가능한 앎의 형태로 주어져야 하는 것이라는 명백한 기준을 내재하고 따르는 것이어야 한다는 양보될 수 없는 규범 아래 있다는 점 역시 분명히 이야기될 수 있다.

3. 공생의 질서

『국가』가 지니는 여러 주제와 논의들 가운데 우리가 앞부분에서 국가의 생성과 전개 과정에 특별히 주목하고 천착했던 것은 세 단계로 진행되는 생성과 전개 과정이 오늘의 세계에 의미 있는 물음을 던진다고 생각하기 때문이다. 최소 필요국에서 종기 상태의 나라로 그리고 다시 가장 좋은 나라로 진행되는 과정의 각 단계 이행을 결정하는 요인은 두 번째 병든 상태의 나라와 관계하에 주어진다. 첫 번째 국가에서 두 번째 국가로의 이행은 필수적인 욕구를 넘어서는 한도 없는 욕구가 추구되면서 이루어진다. 두 번째 국가에서 세 번째 국가로의 이행은 다시 제한 없이 확대된 욕구에 일정한 한계가 설정되면서이다. 이 한계 설정은 저술 내에서 수호자 계층을 교육시킬 운율과 리듬을 특정한 것에 제한하면서 시작되며, 대화자들이 이성적 대화를 통해 제정하는 법을 통해 삶의 체제에 확대된다. 욕구의 팽창과 이의 한계 설정이 병든 나라와 건강하고 좋은 나라를 구분하는 기준이 된다는 플라톤의 이 기준에 따라 오늘 우리의 삶은 어떻게 평가될까? 그리고 이 같은 평가에 대해 우리의 대답, 반응은 어떤 것이 될까?

아마도 고름으로 가득 차고 열에 뜬 상태에 있다는 평가가 나올 법한 오늘 우리의 삶의 방식은 단순히 개인적 선택의 결과라고 하기보다는 자본주의적 생산방식에 근거한 삶의 체제라고 말해야 할 것이다. 60억의 인구를 먹여 살리며, 그런 이유로 하나의 지구적 경제 단위가 되어 있는 삶의 체제를 4-5명에서 시작하여 최소한의 크기로 제한된 폴리스 수준의 정치 단위와 비교할 수 없다는 반론도 가능할 수 있다. 이런 크기의 인구를 효율적으로 먹여 살리는 체제는 자본주의밖에 없으며 더 이상 이념과 체제의 대결은 끝났다고 역사의 종언을 이야기한 사회과학자도 있지만, 이를 차치하고서도 이런 체제는 고도의 과학 기술 발전 위에서 가능한 것이며 이런 점에서 인류의 기술적, 문명적 성취 위에서 가능한 제도라는 변호도 가능하다. 그럼에도 불구하고 우리는 플라톤의 텍스트를 따라 묻지 않을 수 없다. 오늘 우리의 삶의 체제의 한량없는 욕구 창출과 소비는 과연 허용될 수 있는 것인가? 우리의 삶의 체제는 과연 지속가능한 것인가? 만약 이에 적절한 한계가 가해져야 한다면 그 기준은 무엇이며, 그 같은 제한 아래서도 경제체제는 유지될 수 있을 것인가? 이런 일련의 물음들은 인간의 생활 방식에 따른 대기권의 변화가 기후변화를 가져오고, 그 결과로 수많은 자연의 종(種)이 사라져 가고, 남극과 북극의 빙하가 녹아내리는 상황에서 더 절박한 것이 될 수밖에 없다.

두 번째 단계 국가의 원리를 플라톤은 "재화의 끝없는 소유에 자신들을 내맡겨 버리게 된" 나라라고 간결하게 표현했다. 이 표현은 가감 없이 오늘 우리의 삶에 적용될 수 있다. 사실 근대 세계는 이 같은 욕망의 해방을 인간 행복의 조건으로 규정하며 출발했다. 근대 경제학은 이런 욕망의 효율적 추구를 목표하는 앎으로 규정될 수 있다. 여기서 인간의 이성은 욕망의 추구를 효율화하고 경제화할 보조자의 위치에 있다. 근대 세계는 이런 점에서 인간의 심적 구조에 관해 플라톤과는 전연 다른 모델에서 출발한다. 욕망, 기개, 이성으로 인간의 심적 구조를 파악했던 플라톤과 달리 근대 사상가들은 감정, 의지, 이성이라는 삼분법에 근거해 인간 행위를 설명하고자 했다. 여기서 결정자의 위치에 있는 것은 의지이며 이성은 의지가 결정하는 것에 적절한 방법을 제공하는 계산자의 위치에 있게 된다. 이성이 시녀의 위치로 떨어진 것이다. 플라톤에서 이성이 결정자요 다른 두 부분이 이 결정에 따르는 것이 올바른 영혼의 질서로 파악되고 있는 데 반해 근대 사상가들에게는 의지가 결정자의 위치를 차지한다. 의지가 결정하는 것의 관철이 행복의 조건이 되며, 자유란 이런 자기 관철의 조건이다. 루소는 국가도 이런 의지의 주체임을 '일반 의지'(volonté générale)라는 개념을 통해 표현했으며, 칸트가 이론 이성의 상위에 위치시켰던 실천 이성이란 의지의 다른 이름이기도 하다.

근대적 인간 이해의 토대 위에 근대 세계의 제반 질서가 성립한 것인 만큼 이런 질서의 변경은 아마도 새로운 인간 이해의 토대 위에서 가능하다고 해야 할 것이다. 데카르트는 그의 『방법서설』에서 인간을 자연의 지배자요 경영자라고 표현했다. 로크는 근대적 사적 소유를 노동 개념을 통해 정당화했는데 그의 이런 이론적 입장은 노동을 통해 사유화될 자연이 다른 사람의 소유 행위에 영향을 미치지 않을 정도로 무한하다는 가정 위에 성립하는 것이기도 하다. 근대 초기를 연 두 사상가에 의해 표현된 무한한 자연과 그것의 지배자요 경영자인 인간의 그림은 오늘 우리가 살고 있는 문명의 모습을 잘 표현해 주고 있다. 그러나 오늘 우리는 이런 인간과 자연의 그림이 과연 타당하며 지속가능한 것인지에 관해 근본적인 물음을 던지지 않을 수 없는 시기에 와 있다. 이 물음에 대한 대안적 그림이 플라톤이라고 간단히 말할 수 없는 것도 분명하다. 우리가 그를 서양 문명의 토대가 놓인 출발점이라고 말할 때 그의 세계 이해는 오늘 우리가 당면하는 문제의 일정 부분을 함께 형성했다는 것을 더불어 함축하는 것이기도 하다. 그럼에도 불구하고 인간의 욕망 추구에 일정한 제한이 가해져야 한다는 그의 주장은 숙고해 볼 만한 통찰이었다고 할 수 있다. 끝없는 욕망의 추구가 우주 전체와 관련해 좋은 질서를 구성하지 않는다는 그의 근거 제시 방식도 그 긍정적, 부정적 측면과 함께 고려해 볼 만한 것이다. 자연 세계의 지배가 아니라 공생(共生)이 우리가 가야 할 길이라면, 이런 공생을 가능하게 할 전체의 모습이 어떤 것인지를 생각해 보기를 그는 촉구하고 있다.

4. 세계 경제체제와 정치적 지식의 공백

"플라톤이 오늘의 세계에 던지는 물음"이라는 제목은 지구적 수준에서 하나가된 '오늘의 세계'가 설정될 수 있다는 전제 위에 서 있다. 사실 오늘의 세계는 그 구성원들이 원하든 아니든 관계없이 공유된 하나의 세계를 이야기할 수밖에 없다는 점에서 그 특징이 이야기될 수 있다. 그리고 우리가 함께 읽은 플라톤의 저술과 함께 우리가 던지고자 하는 두 번째 물음은 바로 이런 '오늘의 세계'에 향해지며, 세계의 이런 특징과 관계된다. 세계화 혹은 지구화라는 말로 표현되는 이런 개념들은 전 지구가 하나의 단위라는 것을 이야기한다. 세계가 하나의 단위라는 것은 우선 교통과 통신 수단의 발달에 의해 가능하게 된 것이지만 이는 다시 좀 더 넓게 과학 기술에 기반한 것이며 무엇보다도 통일된 세계시장에 의해 촉진되는 것이기도 하다. 세계가 하나의 체제가 되었다는 것은 특히 경제적인 측면에서 이야기될 수 있다. 주권의 불가침성과 양도불가능성이라는 이론 위에 출발했던 근대 국가는 국가를 넘어서는 경제의 흐름에 자신을 적응시켜야 하며, 종종 주권의 제한이라고 할 만한 사태를 받아들여야 하는 상황에 끊임없이 처하고 있다. 오늘날 근대 국민국가는 지구화된 자본주의 시장질서에 효과적으로 적응할 때에만 국가 구성원들의 기본적 복지와 같은 국가로서 해야 할 일을 제대로 수행할 수 있다. 탈근대 논의가 한참 진행되었지만 근대적 전제의 부적절함이 가장 분명히 드러나는 경우의 하나가 근대 국가 체제라고 할 수 있다. 이미 광역 국가의 현상이 여러 곳에서 진행 중이며 이런 변화의 기본 원인이 경제 규모의 거대화와 그에 따른 운용 방식의 변화에 기인한다는 점도 잘 알려진 사실이다.

경제적인 면에서 현 체제를 단일 체제라고 했지만 엄격한 의미에서 하나의 통합된 체제라고 하기는 어려우며 느슨한 연계 체제 정도의 표현이 적합할 것이다. 국제법과 국제무역기구, 세계은행, 기후협약, 핵무기확산금지협약과 같은 국제기구나 협약들이 이 체제의 운용을 규제하며 각 국가별 혹은 국가군(國家群) 사이의 협약이 이 체제의 지역적 하부 단위를 이룬다. 그러나 이런 느슨한 체제에서도 각 국가들과 그 법적, 인적 구성원들이 경험하는 압박은 대단히 강력한 것이며 이른바 IMF체제를 통해 우리 자신도 이를 혹독하게 경험한 바 있다. 경제적 단일 체제화의 영향은 경제 부문이나 각 국가 단위에만 미치는 것은 아니다. 이런 단일 체제화와 지구촌 수준의 경쟁이 경제 이외의 부문에 미치는 영향도 결정적인 것이어서 사회의 전 부문이 경제의 하위 체계화하는 경향을 우리 스스로 여러 모로 경험하고 있다. 앞서 지적한 대로 거대 체제는 자신의 유지 자체가 최우선의 과제가 된다. 거대화된 체제의 유지가 예측할 수 없는 여러 요인들의 작용으로 용이한 일이 아니게 되고, 그 예측 불가능성이 각 개별 경제단위에 미치는 영향이 지대하기 때문이다.

시장 규범이 사회 전 부문의 보편적 규범처럼 되고 이런 사회 전 부문의 시장화는 일상적 삶의 모습을 지금까지와는 다른 모습으로 변화, 왜곡시킨다. 시장 규범이 사회의 다른 부문까지도 그 영향 아래 두게 되는 시장의 편재화 현상이 진행되는데, 시장 규범의 편재화란 모든 것의 의미와 가치가 시장 질서의 유지와 시장적 가치의 증대에 의미 있느냐 여부에 따라 규정되는 것을 이른다. 이런 사정 아래서는 시장적 가치 규범의 문턱을 넘어선 것들만이 의미 있는 것으로서 논의와 주목의 대상이 된다. 물론 우리는 인간의 삶에서 시장가치가 모든 것이 아님을 알고 있다. 정치와 교육, 국방과 같은 공공재의 영역은 아직 시장에 편입되어 있지 않으며 가정과 같은 사적 영역은 여전히 사적 영역으로 남아 있다고 말할 수 있다. 그러나 동시에 우리는 이렇게 전통적으로 비시장 영역이라고 이야기되는 부문들도 오늘날 대단히 강력하게 시장의 영향을 받고 있다는 점을 경험하고 있으며, 사회의 거의 모든 부문이 시장의 부분 기능화 또는 보조 기능화하는 현상을 목도한다.

사실 근대 국가체제에서 경제나 시장이 사회의 여러 다른 부문과 함께 국가의 하위 부분 기능이었던 구조가 세계화된 단일 체제에서는 불분명하게 되었다. 그리고 이 사실이 가지는 의미가 사안의 무게에 비해 아직 크게 주목을 받지 못하고 있는 것으로 보인다. 근대 국가의 모델에 비추어 생각해 볼 때 시장 기능을 포함하는 사회의 여러 다양한 기능을 통합하는 심급으로서 국가와 같은 기구는 지구 전체의 수준에서는 존재하지 않는다. UN과 같은 기구가 이런 역할을 한다고 보기에는 그 힘과 존립 기반이 너무 허약하다. 이런 통합 기능으로서의 국가와 같은 것이 지구 전체의 수준에서 존재해야 하는지는 분명하지 않다. 다시 국가에 비추어 보면 그와 같은 기구는 입법권과 그것을 시행할 행정 및 사법권을 가져야 할 것이다. 그러나 지구상에 단일하게 존재하게 될 그와 같은 존재는 아마도 대단히 비효율적이면서 동시에 압제적으로 작용할 가능성이 크다는 점에서 그리 바람직하지 않으리라는 추측이 가능하다.

플라톤이 정치적 지식의 특성으로 그 전체성을 강조했다는 점이 앞에서 지적되었다. 이 같은 정치지식의 전체성은 일단 정치적 단위 내에 한정되며 정치 공동체 밖의 사안들도 정치 공동체의 관점에서 체계화된다. 그러나 여기서 성립하는 전체성은 정치 단위가 제한된 만큼 제한적일 수밖에 없으며 정치적 지식이 요구하는 전체성을 담보할 수 없다. 초국가 경제체제(transnational economic system)와 근대적 국민국가(modern nation state)라는 구도는 오늘날 정치 지식이 가지는 이런 불균형 구조를 잘 드러내 준다. 경제는 국가의 범위를 넘어 초국가적 단위에서 움직이나 정치는 국가 단위에서 움직인다. 국제적(inter-national)이란 말은 정치가 아직 국가를 단위로 하여 움직인다는 것을 보여 준다. 이는 초국적(trans-national)이라 할 수 있는 경제 체제와의 간극을 분명히 드러내 준다. 경제는 근대 국가의 단위를 벗어나 초국적·지구적 단위에서 움직이는데, 정치는 근대 국가의 수준에 머물고 국가를 넘어 국가들을 하위 단위로 가지는 상위 체제를 가지고 있지 못하다는 것이다. 따라서 오늘날 경제는 더 이상 국가의 하위 단위가 아니다. 달리 말하면 경제를 비롯한 모든 기능들을 하위 단위로 가지던 국가가 더 이상 경제를 하위 단위로 가지는 상위 체제로서의 전체를 구성하지 못한다는 것이다.

여기서 간과되어서는 안 될 한 가지 점은 세계 수준에서의 정치적 통합 기능의 결여가 결과하게 될 세계 체제의 구조적 왜곡이다. 정치적 통합 기능이 결여되어 있는 자리에 그 같은 통합 기능에 부적절한 것이 자리를 잡고 지배적인 영향력을 발휘하는 일이 생긴다. 두 가지 방식으로 이런 일이 일어나고 있다는 것을 우리가 경험하고 있다. 하나는 시장이며 다른 하나는 소수 강대국의 무차별한 자기 이익의 추구와 관철이다. 먼저 세계화 체제에서 경제와 시장이 바로 이런 부적절한 지배적 위치에 서 있는 것이 아닌가 생각된다. 국민국가 체제가 힘을 발휘하고 국가 간의 교류가 제한된 범위에 한정되어 있을 때에는 적어도 단일 국민국가 내에서는 국가의 통합 기능이 나름의 역할을 수행해 왔다. 그러나 국가들 사이의 거래를 국가 경제 자체의 틀 내에서 제어하는 것이 불가능해 지고 경제적으로 세계가 하나의 단위가 되면서, 이 단위에서 경제 부문을 다양한 여러 부문과 함께 하나의 하부 체제로 가지는 상위의 정치적 통합 체제가 아직 존재하지 않으며, 그 상위의 정치체제가 어떤 방식으로 존재할지는 아직 대단히 불투명하다. 세계화되고 있는 여러 부문에 대한 통합적 시야와 기능에 결함이 있다는 것이다. 이 불투명함은 경제적인 것의 힘이 강력할수록 더욱 커지게 되는데 그 이유는 세계 시장체제의 강력한 힘에 다른 부문들이 종속화되기 때문이다. 오늘날 개별 국가들이 세계경제체제의 하위 단위처럼 되어 가고 있으며 정보와 문화의 광범위한 국제적 교류도 시장 기제의 조절 아래 진행된다는 점에서 비슷한 평가가 가능하다.

'세계화의 공백'이라고 말할 수 있을 이런 사태가 바로 오늘의 세계 체제에 존재하고 있으나 이 공백이 어떤 방식으로 메워질 수 있을지에 대한 그림은 불투명하다. 지구 전체가 인간 생존의 의미 있는 단위가 될 때, 인간의 생존을 가능하게 하고 삶을 의미 있게 만드는 여러 요소들이 어떤 방식으로 왜곡되지 않고 각 부문에서 자신의 기능을 발휘하면서 상호 공존할 수 있는지는 아직도 물어져야 할 물음이지 이미 합의할 만한 대답이 가시권 안에 들어와 있는 것은 아니다. 세계화가 무엇보다도 경제적 동인에 의해 진행되며 따라서 세계가 오늘날 일차적으로 경제 공동체라는 사실 때문에 세계 체제에서 경제적인 것의 지배적 위치는 점점 더 공고해질 것으로 생각된다.

이런 점은 세계경제를 관리하기 위한 체제로 시장기제가 이야기되고 시장의 조절 기능이 체제가 제기하는 많은 문제를 해결하리라는 오늘날 거의 보편화된 주장이 잘 보여 준다. 시장을 하위 부문으로 가지는 정치체제의 그림이 아니라, 시장이 주된 조절 기능을 하는 체제가 세계 체제로 그려진다는 것이 세계화와 관련해 공백으로 남아 있는 것이 무엇인지를 극명히 보여 준다. 세계화와 관련되어 지적되는 여러 어려움들은 부국과 빈국, 상이한 종교와 문화 사이의 충돌에서 비롯되는 것만은 아니다. 문제는 충돌이 있다는 것이 아니라 그것이 해결되는 기제이다. 이 해결을 담당하는 것이 전통적인 공동체 단위에서 정치의 기능이었다면 세계 체제는 이런 적극적인 정치의 기능에 대한 제도적 전망이 불분명하다는 것이다. 오늘날 세계의 많은 문제들은 경제라는 부분 기능이 전체를 규제하면서 정치가 담당해야 할 통합적 기능이 제대로 수행되지 못하는 데에서 발생하는 문제들이다. 미국이나 중국의 여러 행정부가 보여 주었던 외교정책과 이에 대한 세계 전반의 광범위한 불만은 세계 체제 내에서 정치적 통합 기능의 공백이 왜곡된 형태로 채워지는 한 양상이라고 볼 수 있을 것이다. 강력한 힘을 가진 한 국가가 자신의 이익을 관철하면서 힘을 통해 세계를 질서 짓는 골목대장 모형의 정치 기능이 세계화된 복합 체제의 정치 모델이 되고 있는 것이다. 세계화를 미국화라고 하는 주장은 이렇게 아직 미비한 세계화의 정치기구를 배경으로 이루어지는 희화적 표현이라 할 수 있다.

전체를 통할하는 것으로서의 정치, 이런 기능으로서의 정치에 요구되는 정치적 지혜의 결여는 이 전체의 구성원들의 안녕과 복리가 어떻게 돌보아져야 하는지에 대한 제도적 토대가 결여되어 있음을 의미한다. 세계화된 정치체제에서 그 단위가 국민국가가 되어야 하는지 혹은 근대 국민국가를 구성했던 개인이 되어야 하는지도 불분명하며 기업이나 국제 시민 단체의 정치적, 법적 위치도 전체의 시각에서 규정되어 있지 못하다. 정치적 단위로서 그 구성 부분이 어떤 것이 되어야 하는지, 그래서 전체가 구성되는 방식은 또 어떤 것인지가 불분명한 곳에서 시장이 전체를 규정하는 위치를 차지하고 전체적 지식의 권위를 참칭하는 양상이 오늘의 시장화된 세계 체제의 모습이다. 시장화된 세계 체제에서 산출되는 지식이 일차적으로 시장적 지식이요, 시장적 지식은 경제적 지식이라는 점 때문에 정치적 지식에 요구되는 전체성을 결여할 수밖에 없다면, 오늘의 세계에서 경제를 통할할 통합적 정치 단위가 어떻게, 어느 수준에서 설정되어야 하는지, 지구화된 수준에서 진정으로 통합된 정치 단위와 정치적 앎이 과연 가능한 것인지를 플라톤이 오늘의 우리에게 문제로 던지고 있다.

강철웅 외, 2013, 『서양고대철학 1』, 도서출판 길.

거드리, W.K.C., 2000, 『희랍철학입문』, 서광사.

교수신문 저, 2006, 『최고의 고전번역을 찾아서』, 생각의 나무.

김영균, 2008, 『국가』, 살림.

김인곤, 『국가』, 『철학사상』 별책 제3권 제8호, 서울대학교 철학사상연구소.

남경희, 2006, 『플라톤』, 아카넷.

로스, W. D., 2013, 『플라톤의 이데아론』, 김진성 역, 누멘.

미하엘 보르트, 2003, 『철학자 플라톤』, 한석환 옮김, 이학사.

박종현, 2001, 『헬라스 사상의 심층』, 서광사.

박홍규, 1995-2007, 『박홍규 전집』 1-5권, 민음사.

박희영, 2001, 『플라톤 철학과 그 영향』, 서광사.

이상인, 2006, 『플라톤과 유럽의 전통』, 이제이북스.

_____, 2011, 『진리와 논박』, 도서출판 길.

조요한 외, 1988, 『희랍철학연구』, 종로서적.

플라톤, 2005, 『국가·정체』, 박종현 역, 개정증보판, 서광사.

한국서양고전철학회 편, 1995, 『서양고대철학의 세계』, 서광사.

Adam, J. 1905. *The Republic of Plato*. 2 vols. 1963. (2nd edn.) Cambridge.

Allan, D. J. ed. 1993. *Plato: Republic I*. Bristol.

Allen, R. ed. 1965. *Studies in Plato's Metaphysics*. London 1972. 'The Argument from opposites in Republic V', In *Essays in Ancient Greek Philosophy*, ed. by J. P. Anton & G. Kustas, Albany.

Annas, J. 1981. *An Introduction to Plato's Republic*. Oxford.

_____. 1982. "Plato's Myths of Judgment." *Phronesis* 27.

_____. 1999. *Platonic Ethics Old and New*. Cornell.

Anton J. P. & Kustas, G. ed. 1972. *Essays in Ancient Greek Philosophy*. Albany.

Aronson, S. H. 1972. "The Happy Philosopher Problem — A Counterexample to Plato's Proof." *Journal of the History of Philosophy* 10.

Bailey, D. T. J. 2006. "Plato and Aristotle on the Unhypothetical." *Oxford Studies in Ancient Philosophy* 30.

Baltzly, D. 1996. "'To an Unhypothetical First Principle' in Plato's *Republic*." *History of Philosophy Quarterly* 13.

Bambrough, R. ed. 1965. *New Essay on Plato and Aristotle*. London.

Barney, R. 2006. "Socrates' Refutation of Thrasymachus." In Santas 2006.

Bedu-Addo, J. T. 1978. "Mathematics, Dialectic and the Good in the *Republic* VI-VII." *Platon* 30.

——————. 1979. "The Role of the Hypothetical Method in the Phaedo." *Phronesis* 24.

Benson, H. H. 2000. *Socratic Wisdom: The Model of Knowledge in Plato's Early Dialogues*. New York.

——————. 2003. "The Method of Hypothesis in the *Meno*." *Proceedings of the Boston Area Colloquium in Ancient Philosophy* 18.

——————. 2006. "Plato's Method of Dialectic." In *A Companion to Plato*, ed. H. Benson. Oxford.

——————. 2008. "Knowledge, Virtue, and Method in *Republic* 471c-502c." *Philosophical Inquiry* 30.

Blondell, R. 2002. *The Play of Character in Plato's Dialogues*. Cambridge.

Bloom, A. 1968. *The Republic of Plato*. New York.

Blössner, N. 2007. "The City-Soul Analogy." In Ferrari 2007.

Bobonich, Christopher. 2001. "Akrasia and Agency in Plato's *Laws* and *Republic*." In *Essays in Plato's Psychology*, ed. E. Wagner. Lexington; originally published in *Archiv für Geschichte der Philosophie* 76 (1994).

——————. 2002. *Plato's Utopia Recast: His Later Ethics and Politics* (Oxford: Clarendon Press).

Brandwood, 1976. *Word Index to Plato*. Leeds.

Brentlinger, 1972. "Particulars in Plato's Middle Dialogues." *Archiv für Geschichte der Philosophie* 54.

Brickhouse, T. C. 1998. "The Paradox of the Philosophers' Rule." In Smith 1998. vol. 2.

Brisson, L. 1998. *Plato the Myth Maker*. Tr. G. Naddaf. Chicago.

Brown, E. 2000. "Justice and Compulsion for Plato's Philosopher-Rulers." *Ancient Philosophy* 20.

Burkert, W. 1985. *Greek Religion*. Harvard.

Burnyeat, M. F. 1987. "Platonism and Mathematics: A Prelude to Discussion." In *Mathematics and Metaphysics in Aristotle*, ed. A. Graeser. Stuttgart.

_____. 1999. "Culture and Society in Plato's *Republic*." *Tanner Lectures in Human Values* 20.

_____. 2000. "Plato on Why Mathematics is Good for the Soul." In *Mathematics and Necessity*, ed. T. Smiley. Oxford.

Byrd, M. 2007a. "Dialectic and Plato's Method of Hypothesis." *Apeiron* 40.

_____. 2007. "The Summoner Approach: A New Method of Plato Interpretation." *Journal of the History of Philosophy* 45.

Cherniss, H. 1971. "The Sources of Evil According to Plato." In *Plato: A Collection of Critical Essays*, ed. G. Vlastos. Garden City.

Clay, D. 1994. "The Origins of the Socratic Dialogue." In *The Socratic Movement*, ed. P. A. Van der Waerdt. Ithaca.

_____. 1999. "Plato's Atlantis: the Anatomy of a Fiction." *Proceedings of the Boston Area Colloquium in Ancient Philosophy* 15.

Cooper, J. 1984. "Plato's Theory of Human Motivation." *History of Philosophy Quarterly* 1.

_____. 1997a. "The Psychology of Justice in Plato." Rpt. *In Reason and Emotion*. Princeton. First published in *American Philosophical Quarterly* 14 (1977).

_____. 1997b. ed. *Plato: Complete Works*. Indianapolis.

Cooper, N. 1966. "The Importance of Dianoia in Plato's Theory of Forms." *Classical Quarterly* 16.

Cornford, F. M. 1945. *The Republic of Plato*. London and New York.

_____. 1965. "Mathematics and Dialectic in *Republic* VI-VII." In *Studies in Plato's Metaphysics*, ed. R. E. Allen. London.

Cross, R. C. and A. D. Woozley. 1964. *Plato's Republic: A Philosophical Commentary*. London.

Dahl, N. O. 1991. "Plato's Defense of Justice." *Philosophy and Phenomenological Research* 51.

Davies, J. 1968. "A Note on the Philosopher's Descent into the Cave." *Philologus* 112.

De Jong, I. 2004. "Narratological Theory on Narrators, Narratees, and Narrative." In Narrators, Narratees, and Narrutives in Ancient Greek Literature.

De Jong, I., R. Nünlist, and A. Bowie, eds. 2004. *Narrators, Narratees, and Narratives in Ancient Greek Literature*. Leiden.

Demos, R. 1964. "A Fallacy in Plato's *Republic?*" *Philosophical Review* 73.

Denyer, N. 2007. "Sun and Line: The Role of the Good." In Ferrari.

Diels, H. and W. Kranz. 1951. *Die Fragmente der Vorsokratiker*. 6th edn. Berlin.

Dodds, E. R. 1951. *The Greeks and the Irrational*. Berkeley.

Dorter, K. 2006, *The Transformation of Plato's Republic*, Lanham.

Ferber, R. 1984, 1987(2. Aflg.), *Platons Idee des Guten*, Sankt Augustin.

Ferrari, G. R. F. 2003. City and Soul in Plato's *Republic*. Sankt Augustin. ed.

_____. 2007. *The Cambridge Companion to Plato's Republic*. Cambridge. ed., and T. Griffith, trans.

_____. 2000. *Plato: the Republic*. Cambridge.

Fine, G. 1990. "Knowledge and Belief in *Republic* V–VII." In *Epistemology*, ed. S. Everson. Cambridge.

_____. 1999. "Knowledge and Belief in Republic 5–7." In *Plato 1: Metaphysics and Epistemology*, ed. G. Fine. Oxford.

Fogelin, R. J. 1971. "Three Platonic Analogies." *Philosophical Review* 80.

Foley, R. 2008. "Plato's Undividable Line: Contradiction and Method in *Republic* VI." *Journal of the History of Philosophy* 46.

Forster, M. 2007. "Socrates' Profession of Ignorance." *Oxford Studies in Ancient Philosophy* 32.

Foster, M. B. 1936. "Some Implications of a Passage in Plato's *Republic*." *Philosophy* 11.

_____. 1937. "A Mistake in Plato's *Republic*." *Mind* 46.

Frede, D. 1996. "Plato, Popper, and Historicism." *Proceedings of the Boston Area Colloquium in Ancient Philosophy* 12.

Gallop, D. 1965. "Image and Reality in Plato's *Republic*." *Archiv für Geschichte der Philosophie* 47.

Gill, C. 1993. "Plato on Falsehood – not Fiction." In Gill and Wiseman 1983.

_____. 1996. *Personality in Greek Epic, Tragedy, and Philosophy*. Oxford. and T. Wiseman, eds.

_____. 1993. *Lies and Fiction in the Ancient World*. Exeter and Austin.

Gonzalez, F. J. 1998. *Dialectic and Dialogue: Plato's Practice of Philosophical Inquiry*. Evanston.

Gosling, J. C. B. 1973. *Plato*. London.

Grube, G. M. A. 1992. *Plato's Republic*. Indianapolis.

Guthrie, W. K. C. 1950. *The Greeks and Their Gods*. London. 1975. *A History of Greek Philosophy*, vol. 4: *Plato, The Man and His Dialogues: Earlier Period*. Cambridge.

Hall, D. 1977. "The *Republic* and the Limits of Politics." *Political Theory* 5.

Halliwell, S. 1988. *Republic 10*. Warminster.

_____. 2007. "The Life and Death Journey of the Soul: Interpreting the Myth of Er." In Ferrari 2007.

Hare, R. M. 2012. "Plato and the Mathematicians" in *New Essay on Plato and Aristotle*, ed. by R. Bambrough.

Harte, V. 2006. "Beware of Imitations: Image Recognition in Plato." In Herrmann 2006.

Hatzistavrou, A. 2006. "Happiness and the Nature of the Philosopher-Kings." In Herrmann 2006.

Havelock, E. A. 1986. *The Preface to Plato*, Harvard.

Heiberg, L. 1912. *Naturwissenschaften und Mathematik in Klassischen Altertum*, Leipzig.

Herrmann, F.-G. 2006. *New Essays on Plato*. Swansea.

Hoeffe, O.(hrsg.) 2011. *Klassiker Auslegen: Platon, Politeia*. Berlin.

Huffman, C. A. 2005. *Archytas of Tarentum: Pythagorean, Philosopher and Mathematician King*. Cambridge.

Irwin, T. H. 1977. *Plato's Moral Theory*. Oxford.

_____. 1995. *Plato's Ethics*. Oxford.

Johansen, T. 2004. *Plato's Natural Philosophy: A Study of the Timaeus-Critias*. Cambridge.

Johnson, R. R. 1999. "Does Plato's Myth of Er Contribute to the Argument of the *Republic?*" *Philosophy and Rhetoric* 32(1).

Kahn, C. 1972. "The Meaning of Justice and the Theory of Forms." *Journal of Philosophy* 69.

_____. 1987. "Plato's Theory of Desire." *Review of Metaphysics* 41.

_____. 1996. *Plato and the Socratic Dialogue: The Philosophical Use of a Literary Form*. Cambridge.

_____. 2003. *The Verb "Be" in Ancient Greek*. Indianapolis and Cambridge.

Kamtekar, R. 2001. "Social Justice and Happiness in the *Republic*: Plato's Two Principles."

History of Political Thought 22.

_____. 2006. "Speaking with the Same Voice as Reason: Personification in Plato's Psychology." *Oxford Studies in Ancient Philosophy* 31.

Karasmanis, V. 2002. "Dialectic and the Good in Plato's *Republic*." *Cahiers de Philosophie Ancienne*. Ousia.

Kayser, J. R. 1970. "Prologue to the Study of Justice: *Republic* 327a–328b." *The Western Political Quarterly* 23.

Keyt, D. 2006. "Plato and the Ship of State." In Santas 2006.

Kim, Nam Duh. 1984. *Die Gerechtigkeit und das Gute in Platons Politeria*. Pfaffenweiler. Germany.

Klagge, J. C. and N. D. Smith, eds. 1992. *Oxford Studies in Ancient Philosophy*. suppl. vol.: *Methods of Interpreting Plato and His Dialogues*. Oxford.

Klosko, G. 1981. "Implementing the Ideal State." *Journal of Politics* 43.

Kraut, R. 1973. "Egoism, Love, and Political Office in Plato." *Philosophical Review* 82.

_____. 1991. "Return to the Cave: *Republic* 519–521." *Proceedings of the Boston Area Colloquium in Ancient Philosophy* 7.

_____. 1992. "The Defense of Justice in the *Republic*." In *The Cambridge Companion to Plato*, ed. R. Kraut. Cambridge.

_____. 1997. (ed.) *Plato's Republic, Critical Essays*. Lanham. Boulder, NY. Oxford.

Laks, A. 2000. "The Laws." In *The Cambridge History of Greek and Roman Political Thought*, ed. C. Rowe and M. Schofield. Cambridge.

Lear, G. R. 2006. "Plato on Learning to Love Beauty." In *The Blackwell Guide to Plato's Republic*, ed. G. Santas. Oxford.

Lear, J. 1992. "Inside and Outside the *Republic*." *Phronesis* 37.

_____. 2006. "Allegory and Myth in Plato's *Republic*." In Santas 2006.

Lee, E. N. *et al.* (eds.), 1973. *Exegesis and Arguments* (*Phronesis supplement volume* 1), Van Gorcum.

Lee, H. D. P. 2001. *The Republic*. London.

Lesher, J. 1994. "The Emergence of Philosophical Interest in Cognition." *Oxford Studies in Ancient Philosophy* 12.

Lesher, J. 2010. The meaning of 'sapheneia' in Plato's Divided Line, 171-187 in *Plato's Republic, A Critical Guide*, ed. by McPherran, M. L. Cambridge.

Liddell, H. and R. Scott. 1848. *A Greek-English Lexicon*. 9th ed. rev. H. Jones and R. McKenzie, with 1968 suppl. Oxford.

Mahoney, T. A. 1992. "Do Plato's Philosopher-Rulers Sacrifice Self-Interest to Justice?" *Phronesis* 37.

Marten, R. 1980. *Platons Theorie der Idee*, Freiburg.

McCabe, M. M. 2006. "Is Dialectic as Dialectic Does? The Virtue of Philosophical Conversation." In *The Virtuous Life in Greek Ethics*, ed. B. Reis. Cambridge.

McPherran, M. 2003. "Socrates, Crito, and Their Debt to Asclepius." *Ancient Philosophy* 23.

_____. 2010. ed. *Plato's Republic, A Critical Guide*. Cambridge.

Menn, S. 2002. "Plato and the Method of Analysis." *Phronesis* 47: 193-223. 2006. "On Plato's *Politeia*." *Proceedings of the Boston Area Colloquium in Ancient Philosophy* 21.

Merriman, F. V. 1915. "The Rise and Fall of the Platonic Kallipolis." *Mind* 24.

Miller, M. 1985. "Platonic Provocations: Reflections on the Soul and the Good in the *Republic*." In O'Meara 1985.

Mittelstrass. J. 1970. *Rettung der Phänomene*, Göttingen.

Moravcsik, J. M. E. 1973. "Plato's Method of Division." In *Patterns in Plato's Thought*, ed. J. M. E. Moravcsik. Boston.

_____. Moravcsik & Temko, P.(eds.) 1982. *Plato on Beauty Wisdom and the Arts*. Totowa NJ.

Morrison, Donald. 2001. "The Happiness of the City and the Happiness of the Individual in Plato's Republic." *Ancient Philosophy* 21.1.

_____. 2007. "The Utopian Character of Plato's Ideal City." In Ferrari 2007.

Morrison, J. S. 1955. "Parmenides and Er." *The Journal of Hellenic Studies* 75.

Moss, J. 2007. "What is Imitative Poetry and Why is it Bad?" In Ferrari 2007.

_____. 2008. "Appearances and Calculations: Plato's Division of the Soul." *Oxford Studies in Ancient Philosophy* 34.

Mueller, I. 1992. "Mathematical Method and Philosophical Truth." In *The Cambridge Companion to Plato*, ed. R. Kraut. Cambridge.

Murphy, N. R. 1951. *The Interpretation of Plato's Republic*. Oxford.

Nehamas, A. 1982/1999. "Plato on Imitation and Poetry in *Republic* X." In *Virtues of Authenticity: Essays on Plato and Socrates*. Princeton; originally published in *Plato on Beauty, Wisdom and the Arts*, ed. J. Moravcsik and P. Temko. Totowa.

Nettleship, R. L. 1897. *Philosophical Lectures and Remains of Richard Lewis Nettleship*, ed., with a biographical sketch, by A. C. Bradley and G. R. Benson. London and New York. 1901. *Lectures on the Republic of Plato*. 2nd edn. Oxford.

Ott, W. 2006. "Aristotle and Plato on Character." *Ancient Philosophy* 26.

Pangle, T. ed. 1987. *The Roots of Political Philosophy: Ten Forgotten Socratic Dialogues*. Ithaca.

Pappas, N. 1995. *Plato and the Republic*. New York.

Parry, R. 1996. *Plato's Craft of Justice*. Albany.

Patterson, R. 2007. "Diagrams, Dialectic, and Mathematical Foundations in Plato." *Apeiron* 40.

Popper, K. 1962. *The Open Society and its Enemies*, vol. 1: The Spell of Plato. Princeton.

Price, A. W. 2009. "Are Plato's Soul-Parts Psychological Subjects?" *Ancient Philosophy* 29.

Reeve, C. D. C. 1988. *Philosopher-Kings: The Argument of Plato's Republic*. Princeton.

_____. 2003. "Plato's Metaphysics of Morals." *Oxford Studies in Ancient Philosophy* 25.

_____. 2004. *Plato: Republic*. Indianapolis.

Robin, L. et Moreau, M.J. 1950. *Platon: Oeuvres Complètes* 1-2, La République, Gallimard, Paris.

Robinson, R. 1953. *Plato's Earlier Dialectic*. 2nd edn. Oxford.

Roochnik, D. 2003. *Beautiful City: The Dialectical Character of Plato's Republic*. Ithaca.

Rosen, S. 2005. *Plato's Republic: A Study*. New Haven.

Rowe, C. 1999. "Myth, History and Dialectic in Plato." In *From Myth to Reason? Studies in the Development of Greek Thought*, ed. R. Buxton. Oxford.

Ryle, G. 1966. *Plato's Progress*. Cambridge.

Sachs, D. 1963. "A Fallacy in Plato's Republic." *Philosophical Review* 72. Reprinted in Smith 1998, vol.2.

Sallis, J. 1975. *Being and Logos: The Way of Platonic Dialogue*. Pittsburgh.

Santas, G. 1980. "The Form of the Good in Plato's *Republic*." *Philosophical Inquiry* 2.

_____. 2001. "Plato's Criticism of the 'Democratic Man' in the *Republic*." *Journal of Ethics* 5.

_____. 2006. *The Blackwell Guide to Plato's Republic*. Oxford.

Scheibe, E. 1967. "Über Relativbergriffe in der Philosophie Platons," in *Phronesis*.

Schleiermacher, F. und Kurz, D. 1971. *Der Staat*, Darmstadt.

Schofield, M. 2006. *Plato: Political Philosophy*. Oxford. 2007. "The Noble Lie." In Ferrari 2007.

Scott, D. 2000. "Plato's Critique of the Democratic Character." *Phronesis* 45.

Sedley, D. 2007. "Philosophy, the Forms, and the Art of Ruling." In Ferrari 2007.

_____. 2006. "Unified Agency and Akrasia in Plato's *Republic*." In "*Akrasia*" in *Ancient Philosophy*, ed. C. Bobonich and P. Destrée. Leiden.

Shorey, P. ed. and trans. 1930. *Plato: Republic*, vols. 1 and 2. Cambridge.

_____. 1963. "*The Republic*." In *The Collected Dialogues of Plato*, ed. E. Hamilton and H. Cairns. Princeton.

Singpurwalla, R. 2006. "Plato's Defense of Justice." In Santas 2006.

Slings, S. R. 2003. *Platonis Rem Publicam, recognovit brevique adnotatione critica instruxit*, Oxford.

_____. 2005. *Critical Notes on Plato's Politeia, Mnemosyne Supplimentum*, ed. by Boter, J. & Ophuijsen Ja van, Leiden/Boston.

Smith, N. D. 1996. "Plato's Divided Line." *Ancient Philosophy* 16: 25-46. ed. 1998. *Plato: Critical Assessments*, vol.3. London.

Solmsen, F. 1969. 'Plato's Einfluß auf die mathmatischen Methode.' in *Das Platonbild*.

Sparshott, F. 1982. "Aristotle's Ethics and Plato's *Republic*: A Structural Comparison." *Dialogue* 21.

Stalley, R. F. 1975. "Plato's Argument for the Division of the Reasoning and Appetitive Elements within the Soul." *Phronesis* 20.

Stemmer, P. 1992. *Platons Dialektik*. Berlin.

Stewart, J. A. 1905. *The Myths of Plato*. New York.

Stocks, J. L. 1932. "The Divided Line of Plato's *Republic* VI." In *The Limits of Purpose and Other Essays*, ed. J. L. Stocks. London.

Strauss, L. 1964. *The City and Man*. Chicago.

Szlezák, T. 1985. *Platon und die Schriftlichkeit der Philosophie*. Berlin.

Tatarkiewicz, W. 1960. *History of Aesthetics* Vol. I, Hague/Paris.

Taylor, A. E. 1939. "The Decline and Fall of the State in the *Republic* VIII." *Mind* 48.

Taylor, C. C. W. 1967, "Plato and the Mathematicians," *Philosophical Quarterly*.

Thayer, H. S. 1988. "The Myth of Er." *History of Philosophy Quarterly* 5(4).

Thesleff, H. 1993. "Looking for Clues: An Interpretation of Some Literary Aspects of Plato's 'Two-Level' Model." In *Plato's Dialogues: New Studies and Interpretations*, ed. G. Press. Lanham.

Vegetti, M. Ferrari, F. Lynch, T.(eds.) 2013. *The Painters of Constitutions, Selected Essays on Plato's Republic*. Sankt Augustin.

Vlastos, G. 1954. "The Third Man Argument in the Parmenides." *The Philosophical Review* 63(3).

_____. 1971. "Justice and Happiness in the *Republic*." In *Plato II: Ethics, Politics, and Philosophy of Art and Religion; A Collection of Critical Essays*, ed. G. Vlastos. Notre Dame.

_____. 1977. "The Theory of Social Justice in the Polis in Plato's *Republic*." In *Interpretations of Plato*, ed. H. North. Leiden.

_____. 1981a. "Isonomia politikê." In *Platonic Studies*, 2nd edn., ed. G. Vlastos. Princeton.

_____. 1981b. "Justice and Happiness in the *Republic*." In *Platonic Studies* 2nd edn., ed. G. Vlastos. Princeton.

_____. 1991. *Socrates: Ironist and Moral Philosopher*. Ithaca.

Wagner, E. 2005. "Compulsion Again in the *Republic*." *Apeiron* 38.

Waterfield, R. 1994. *Plato: Republic*, Oxford.

Waterlow, Sarah. 1972–73. "The Good of Others in Plato's *Republic*." *Proceedings of the Aristotelian Society* 72.

Wedberg, A. 1955. *Plato's Philosophy of Mathematics*, Stockholm.

West, M. L. 1992. *Ancient Greek Music*. Oxford.

White, N. P. 1979. *A Companion to Plato's Republic*. Oxford 1984. "The Classification of Goods in Plato's *Republic*." *Journal of the History of Philosophy* 22.

_____. 1986. "The Ruler's Choice." *Archiv für Geschichte der Philosophie* 68.

_____. 2002. *Individual and Conflict in Ancient Greek Ethics*. Oxford.

Wieland, W. 1980. *Platon und die Formen des Wissens*. Göttingen.

Wilberding, J. 2004. "Prisoners and Puppeteers in the Cave." *Oxford Studies in Ancient Philosophy* 27.

Williams, B. 1973. "The Analogy of the City and Soul in Plato's *Republic*." In *Exegesis and Argument: Studies in Greek Philosophy Presented to Gregory Vlastos*, *Phronesis* suppl. vol.1, ed. E. N. Lee, A. P. D. Mourelatos, and R. M. Rorty. Assen.

석학人文강좌 21